每个中国人身上的

春秋基因

史贤龙◎著

中国书籍出版社
China Book Press

图书在版编目（CIP）数据

每个中国人身上的春秋基因/史贤龙著. —北京：
中国书籍出版社，2016.8
ISBN 978-7-5068-5740-6

Ⅰ.①每… Ⅱ.①史… Ⅲ.①中国历史－研究－春秋
时代②人性－研究－中国－春秋时代 Ⅳ.①K225.07
②B82－061

中国版本图书馆 CIP 数据核字（2016）第 191261 号

每个中国人身上的春秋基因

史贤龙　著

策划编辑	安玉霞
责任编辑	杨铠瑞
责任印制	孙马飞　马　芝
封面设计	久品轩
出版发行	中国书籍出版社
地　　址	北京市丰台区三路居路 97 号（邮编：100073）
电　　话	（010）52257143（总编室）　　（010）52257140（发行部）
电子邮箱	chinabp@ vip. sina. com
经　　销	全国新华书店
印　　刷	北京旭丰源印刷技术有限公司
开　　本	710 毫米 ×1000 毫米　1/16
字　　数	300 千字
印　　张	22
版　　次	2016 年 11 月第 1 版　2016 年 11 月第 1 次印刷
书　　号	ISBN 978-7-5068-5740-6
定　　价	100.00 元

本书采取的叙述方式是：以真实还原的场景带领读者进入历史时空，再采用史书原文，叙述人物、事件的前因后果，最后给予点评。本书的基本笔法是基于历史文献的史实还原，重点追问"为什么"：为什么会发生这件事？为什么这个人物要如此行事？

本书不是穿越体小说，不是戏说历史的虚构，不是章回体史论，所言皆有史料证据，以《左传》《国语》为本，《史记》为辅，《东周列国志》基本不采用。

春秋史，不能流于看热闹的争霸故事，不能只知道有诗经诸子，更不能因战国的百家争鸣而忽略了春秋时代的原生思想。我们需要看到更多人物的言论与作为，看到历史事件里的人物做出各种选择的动机或理由。简言之，看看春秋时代的人们，看看他们的思维逻辑与行为逻辑，从中发现不同地域（即春秋时的诸侯国）的人性特点、差异与共性的来源。

春秋时代是中华民族、中华文明最大规模、最大范围、多层面的融合、创造、形成的过程。说春秋时代有今天中国人的人性基因，是因为今天中国人的地域、姓氏，基本都源于春秋时代。

《每个中国人身上的春秋基因》这本书，希望透过真实的春秋历史，观照那个时代中国人的人性特点，看到人性里的黑暗与光明，卑劣与高尚，在春秋时代曾经有过如何表现，借以提供一面镜子，看一看春秋时代的人性基因与今天的中国人有什么关系。这个视野里的春秋，顿时有了一番新天地、新景象。

我们把对春秋历史的认知叫"春秋智商"。春秋智商越高，你的情商就越高，这是阅读春秋史的独特价值。

春秋时代的368年，浓缩了春秋之后中国历史2000多年的所有人性基因。读春秋，就是在阅读我们身上和身边的人性。

智商是情商的基础，情商高的本质是看得远、看得透、看得快。

你对春秋那段历史究竟了解多少？阅读《春秋基因》能使你的知识提高多少？请在阅读之前和之后，各做一次下面的"春秋智商"自测题，看看你的春秋智商数值会有什么变化。

自测评分标准：

知道具体内容：2分；

知道名字、不知道内容：1分；

名字、内容都不知道：0分。

备注：内容指知道该人物做了什么，或说过什么。

总得分评估标准：

A. 大牛：170分以上

B. 小白：120～170分

C. 及格：100～120分

D. 菜鸟：100分以下

人物	阅读前自测			阅读后自测		
	知道具体内容【2分】	知道名字，不知道内容【1分】	名字、内容都不知道【0分】	知道具体内容【2分】	知道名字，不知道内容【1分】	名字、内容都不知道【0分】
1. 鲁隐公						
2. 姜诸儿						
3. 宣姜						
4. 文姜						
5. 息妫（桃花夫人）						
6. 许穆夫人						
7. 祭足						
8. 士蒍						
9. 公子吕						
10. 晋惠公（夷吾）						
11. 郤芮						
12. 里克						
13. 申生						
14. 骊姬						
15. 二五耦						
16. 优施						
17. 夏姬						
18. 狐偃						
19. 先轸						
20. 狼瞫						
21. 葆申						
22. 鬻拳						
23. 臾骈						
24. 石碏						
25. 目夷（子鱼）						
26. 华父督						
27. 仇子						
28. 南宫长万						

续表

人物	阅读前自测			阅读后自测		
	知道 具体内容 【2分】	知道名字， 不知道内容 【1分】	名字、内容 都不知道 【0分】	知道 具体内容 【2分】	知道名字， 不知道内容 【1分】	名字、内容 都不知道 【0分】
29. 斗越椒						
30. 成得臣（子玉）						
31. 熊负羁						
32. 伍参						
33. 樊姬						
34. 优孟						
35. 公子鲍						
36. 由余						
37. 蹇叔						
38. 职姜（叔姬）						
39. 史伯						
40. 董狐						
41. 子都						
42. 赵朔						
43. 荀罃						
44. 庄姜						
45. 崔抒						
46. 庆封						
47. 展禽						
48. 展雄						
49. 季札（延陵季子）						
50. 华元						
51. 公子宋						
52. 士燮						
53. 郤克						
54. 伯宗						
55. 伯州犁						

续表

人物	阅读前自测			阅读后自测		
	知道具体内容【2分】	知道名字，不知道内容【1分】	名字、内容都不知道【0分】	知道具体内容【2分】	知道名字，不知道内容【1分】	名字、内容都不知道【0分】
56. 伯嚭						
57. 栾书						
58. 三郤（郤锜、郤犨、郤至）						
59. 赵武						
60. 赵鞅						
61. 赵无恤						
62. 智瑶（智宣子）						
63. 董安于						
64. 吴太伯						
65. 申包胥						
66. 王僚						
67. 伍子胥						
68. 庆忌						
69. 要离						
70. 计然						
71. 文仲						
72. 范蠡						
73. 齐桓公						
74. 晋文公						
75. 宋襄公						
76. 楚庄王						
77. 吴王阖闾						
78. 越王勾践						
79. 秦穆公						
80. 晋献公						
81. 孙叔敖						
82. 郑庄公						

续表

人物	阅读前自测			阅读后自测		
	知道具体内容【2分】	知道名字,不知道内容【1分】	名字、内容都不知道【0分】	知道具体内容【2分】	知道名字,不知道内容【1分】	名字、内容都不知道【0分】
83. 巫臣						
84. 管仲						
85. 鲍叔牙						
86. 百里奚						
87. 陈完（田完）						
88. 姬林（周桓王）						
89. 王孙满						
90. 颍考叔						
91. 赵衰						
92. 赵盾						
93. 灵辄						
94. 程婴						
95. 勃鞮						
96. 竖头须						
97. 史苏						
98. 郭偃						
99. 宁戚						
100. 蒍贾						
总分						

读春秋，长智商；读《春秋基因》，长情商。

春秋是一碗人性呈现最丰盛的心灵鸡汤。读懂春秋，也就读懂了这片土地，读懂了众生，读懂了我们的祖先，读懂了他人，读懂了自己。

为什么春秋 368 年值得特别研究？

我对春秋史一直有心结：第一，大部分断代史著作都将春秋战国并列，而且看其内容，总是战国史多于春秋史，这样的春秋史只能变成粗线条的五霸轮替的连续剧；第二，通史类著作留给春秋的篇幅更少；第三，对于春秋史，很多著作一笔带过，观点陈陈相因，如奴隶社会向封建社会过渡、贵族社会解体、王纲解纽、礼崩乐坏、陪臣执国命，等等。简言之，这些著作里没有真实的历史：空间、人群、生活、精神、情感等，只有五霸轮替、帝王将相等标志性事件。

我对于春秋这段历史的兴趣，来自三十多年前父亲就《上下五千年》跟我讨论烽火戏诸侯、齐桓公惨死、苏秦"富贵则亲戚畏惧，贫贱则父母不顾"等历史故事的熏陶。

春秋这段历史，被淹没在战国诸子、七雄争霸、大秦统一等宏大、光辉的光环之下太久，只留下春秋五霸的粗线条记忆，这是不够的。过于关注王朝更迭，尤其是倒退及偏颇的"儒家春秋观"（春秋无义战、礼崩乐坏等），忽略了春秋的进步意义，忽视了春秋时代美德自然流露、才情自由勃发的人性闪耀时刻。我认为春秋时代是进步的、进化的，不是一团漆黑。

春秋史留给我深刻的印象，或者说是疑问：为什么在 2700 多年前，中国已经发生那么多匪夷所思的事情，有那么多对人世的精辟洞察与思想，以至于从秦汉到现代历史，总觉得发生的事都有春秋时代的影子？

关于春秋史的基本背景，先解释一下 368 年这个时间段。

春秋时期的起点是前 770 年周平王东迁，终点略有分歧，最远的到前 403 年，三家分晋被周王册封，共 368 年（分晋时间还有前 438、前 453

年）。吕思勉以孔子卒（前 479 年）为止；葛兆光《统一与分裂》以前 475 年（周元王即位）为分界；目前在大陆历史中春秋战国的断代，以前 476 年前后断代为主流。但是，前 473 年越灭吴，前 431 年楚灭越，战国七雄里没有吴、越两国，吴、越都并入楚国。因此，以三家分晋为春秋战国分界的接受者较多。

三家分晋有两个时间点，一是赵、韩、魏三家灭智氏的前 453 年，《资治通鉴》以此事件为开篇；二是三家被周威烈王封为侯国的前 403 年，我国台湾版《中国历代战争史》以此为春秋战国的分界点，春秋总历时 368 年来源于此，春秋史就是指前 770 年至前 403 年这段历史。

晋国灭亡的最后时间是前 376 年，废晋静公，赵韩魏三家瓜分晋公室剩余土地，晋国连虚名亦荡然无存。另外还有一种春秋史指《春秋》一书的起止时间，是记录鲁隐公元年（前 722 年）到鲁哀公十四年（前 481 年）共 242 年大事的历史。春秋史的空间范围如图 1 所示。

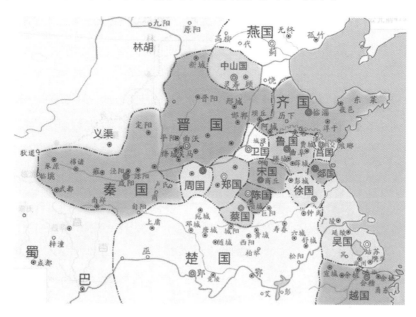

图 1　春秋地图

在春秋地图中，春秋历史的空间范围（不包含所谓夷狄），包括今天的河南、山东、江苏、湖南、河北、山西、浙江、陕西、湖南、川渝等省市。

图 2 是战国中期地图。

图 2　战国中期地图

图 3 是秦并六国、设郡县后的中国地图。

从三张不同历史时期的地图中可以看到，春秋时代的特点是小国林立。西周初期据说有 1773 家（大宗、小宗以姓氏聚集的部落），进入春秋时代，诸侯国有 124 家（一说 154 家），这些国家大部分出自姬姓、姜姓及相互通婚的后代。

例外的宋国是殷商后裔。宋国地位很高，首领每每娶周王的女儿为正妻，宋襄公夫人就是周襄王的姐姐。宋国与周围国家不同姓，风俗、思维也不太一样，郑昭宋聋等讽刺便与这有关系。

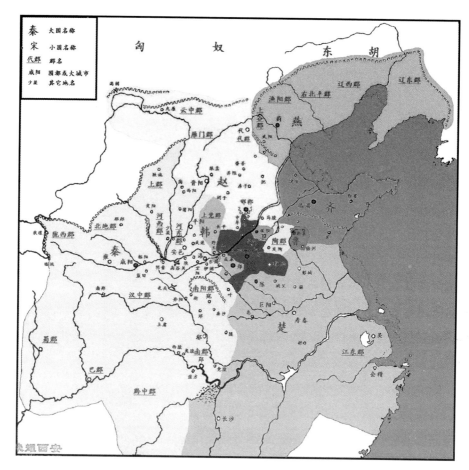

图3　秦并六国、设郡县后的中国地图

春秋时代诸侯国之间血缘、婚姻这条隐秘的线索，是各种战争、结盟的起因。这是读春秋史必须明白的，否则就不能弄清楚为什么很多事件会发生，如周郑交质、齐桓公救卫等。所有事件的背后都是血缘加婚姻关系。重耳为什么流亡十九年还能回晋国执政？远远近近的亲戚关系是主要原因。春秋以后，重耳这类事情就很少发生了。

春秋368年的历史，比春秋五霸的故事更丰富、更多彩，令后人惊叹不已。更不要说我们对春秋史还可以探索更有意义的话题：造成强国与弱国的根源是什么？文化与文明的地方差异是如何形成的？领导与叛逆、忠诚与野心、智慧与阴谋如何改变一国、一族、一人的命运？究竟是哪些历史条件让人性的崇高与卑劣见之于行为？春秋时代君子与小人的真实故事留给后人哪些教训？或者说春秋时代真实发生的那些高尚与卑劣的事件与人物，有哪些在 2785 年（前 770—2015 年）后，依然可以见之于当今社会的人性特征？

这是我的一点愿望，或者是读史应该有的一点意义。春秋时期是华夏文明真正繁殖、成长的阶段，那里有中国人最初的人性基因。

今天中国人的人性未必是春秋基因的影子，但春秋基因一定是中国人的人性母本。人性在历史的洪流里，究竟是在进化还是在退化？究竟是变了还是没有变？后人能不能通过对历史人性的认知，思考改进人性及人性生存土壤的方法呢？

本书希望透过真实的春秋历史，观照那个时代中国人的人性特点，看到人性里的黑暗与光明、卑劣与高尚，看看人们在春秋时代曾经有过何种表现，借以提供一面镜子，看看春秋时代的人性基因与今天的中国人有什么关系。通过这个视野，春秋顿时有了一番新天地、新景象。

春秋时期的 368 年，有耳熟能详的郑伯克段、齐桓公、晋文公、楚庄王、宋桓公、越王勾践；有曹刿论战、孙武斩妃、伍子胥鞭尸、赵氏孤儿；有周游列国的孔子、千里救国的墨翟、骑牛出关的老聃；有更多不太著名却一样有意义的人物、事件，如鲁隐公之死、鲁庄公之死、孔子先祖孔父嘉之死、骊姬乱晋、舍身救兄的公子寿（宣姜子）、爱鹤亡国的卫懿公、弑君的公子州吁、南宫长万、里克、五朝元老祭足、柱国之臣吕省、家无积蓄的首相楚令尹叔孙敖、改变春秋热点的巫臣、春秋第一圣展禽（即柳下惠）、春秋第一盗展雄（盗跖——展禽之弟）；有那些不可不说的美女，如春秋第一美女宣姜、第一位女"性神"夏姬、第一位爱国女诗人许穆夫人、被后世诗人吟诵最多的息妫（息夫人）、神预言的女人职姜（叔向母亲）、笙箫和鸣的弄玉（秦穆公女）；更有不可不提的智者，如为郑国做建国大纲战略规划的史伯、秉笔直书的董狐、不惧杀戮的齐史官三兄弟及南史氏。

西方因为希腊罗马写了多少著作？希腊罗马变成文明的朝圣地，难道中国不应该吗？春秋历史的空间、时间、故事、人物，比希腊罗马历史丰富得多。

本书不是重复一遍春秋时代的历史故事，实际上，历史的故事，尤其是过于详细的细节，大多数不靠谱。但这种历史演义并非完全没有价值，在史书记载的字里行间，存在过生动鲜活的人物、事件，小说家以想象复原史实，让干巴的文字变成鲜活的场景，是让后代感知历史的方式之一。

在我眼里，春秋时代首先是美的，不仅美丽，还有原始、直接、简单、浓烈、特殊的美，为后世所未及。包括历史人物的语言、诗歌、行为，都有深沉浓郁的审美意趣——也许领略这种美，是民族历史叙述的主要价值。

人性是经验的、现实的、个体与群体并存的。在本民族历史生活里认知、反思人性，在各民族历史生活里比较、观照人性，是人性进步进化的必由之路。

人类作为自然物种的最大优点，是可以通过历史、他人、文献获得理性和经验，而不像动物一样，仅仅通过遗传与环境去训练本能反应。动物本能无疑优于人类本能，人类物种退化论大多以此现象为基础，但另一个事实是：在生命层面，动物伤害人类的能力更强，但能够控制动物物种命运的却是人类。

尽管有人认为"人类从历史里汲取的唯一教训是，人类不会汲取任何历史教训"，但每个人、每个民族生存的现实却在昭示俾斯麦说的话的价值：只有愚蠢者是从自己的经验里吸取教训，聪明人善于从他人的教训里吸取经验。历史的教训、历史的经验是值得后人借鉴的财富。没有历史感的人生，才是一种悲哀。

那些无视历史的人，最后都可能用滑稽的方式，重新表演一次历史的故事。历史中的人物如此，日常生活里的个人依然如此。解决社会问题，可以有制度的、经济的、政治的、心理的路径，但归根结底，所有的路径都应落到人性的层面。我相信无论个体的人，还是群体（民族），即个性或国民性，都是可以并且应该进步、进化的。

推动个性及国民性进化的重要手段，是对历史的认识。历史与每个人都有关，如果中国融入世界，中国文明融入世界文明，春秋基因就是每个中国人都值得借鉴的人性教材。

历史虽然是"死"的，但是并不宁静。围绕历史特别是价值判断的历史观的分歧，比现实更诡异复杂。再回头看这句话，我们会发现：历史不仅缠绕着每一个人，还缠绕着一个国家、一个民族当下的存在状态。

那么，人性是什么？我认为有三句话可以解释，即认识自我、认识他人、认识关系。

认识人性的目的不是为了满足知道的兴趣，而是为了掌握行动的规律。人性形成性格，性格主宰人格，这是一个从普遍元素到个性特质，最后变成人生轨迹、生命结果的过程。

人性的面相多种多样，如万花筒般各不相同。阴与阳、显与隐、善与恶、真与假构成复杂的组合，这些组合有些有逻辑、可预测，更多时候却是无逻辑、不可测。人性之所以成为无解的谜题，就在于其不可测。

人的一生，穷与富、顺与逆、爱与性、乐与忧、聪与拙、进与退、聚与离，甚至生与死，都会面临诸多选择，涉及多种关系、利害相关人的判断与抉择。人生路向、苦乐、穷通、生死，本质上由每个人的思维水平决定，由每个人的行为习惯塑造。这就是人性、性格与人格的闪现时刻。

时间与空间是伟大的。人在天地间，身外是空间，心内是时间。万事因缘都在此时间与空间里凝结、化育。思维能到什么地方，就能看到什么风景。

正能量的人性关键词：忠诚、守信、守道、丈义、善良、结义、托孤、为师、礼让、退让、尊敬、尊师、尊上、礼贤、礼尚、扶弱、宽厚、仁厚、厚道；负能量的人性关键词：出卖、背叛、贪婪、好色、复仇、暗杀、阴谋、乱伦、卑鄙、背信、无义、固执。

一次喝酒微醺，新朋友知道我在写作春秋史，拷问：你最欣赏的三位春秋人物是谁？一句话说明为什么？

我答道：对后世最有影响力的，当然是老子、孔子、墨子。若论对春秋当世最有影响力也比较有趣的是这三个人物：重耳，中国历史第一团队领袖；巫臣，为了娶中国第一个精通房中术的女人，改变了春秋历史进程的男人；展禽（柳下惠），活了100岁没说过一句假话的圣人。当然，我最仰慕的是管仲、孙武。

莎士比亚笔下的朱丽叶说：充实的思想不在于语言的富丽，只有乞儿才能细数他的家私。真挚的爱情充溢在我心里，我无法估计自己享有的财富。春秋史，就是这样一座让我情有独钟的无尽藏。

阅读、思考春秋这段历史，会让我们与身处的社会、时代、人性自然产生对照与反思。本书不可能解答人性基因这个复杂、庞大的问题，却开启了一个新的视角，与读者一起探寻、思考中国人身上的春秋基因。春秋基因的答案，在每个读者的心里。

本书抛砖引玉，若有不确之处，请不吝赐教，以便修正。

导　言 001

"春秋智商"自测题 001

自　序 001

第一章　最危险的敌人：做错了什么，齐桓公惨死 001

第二章　带头大哥的格局：姜小白为什么值得尊敬 005

第三章　《春秋》第一政治事件真相：郑庄公的千年秘密 014

第四章　雄主之后多阿斗：郑国政坛不倒翁祭足 020

第五章　厚道与狡黠的纠缠：秦晋难好 026

第六章　昏君有能臣：晋献公悖论 036

第七章　不死不反不走：谁逼死了太子申生 042

第八章　都是你的错：厚黑鼻祖晋惠公 051

第九章　流亡派到坐江山：重耳的磨难 061

第十章　患难照见人性：晋文公的恩怨情仇 068

第十一章　老大金身不可自毁：周王室为什么衰败 077

第十二章　正统与篡逆：信仰压倒亲情 086

第十三章　美女门前是非多：让卫国五世不宁的宣姜 092

第十四章　二子同舟：一段高贵品德的历史定格 097

第十五章　老实人遭殃：弑君成了新常态 103

第十六章　传奇夏姬：史上第一位真实女"性神" 109

第十七章　沉静领导者：楚庄王为什么是好老板 117

第十八章　首相成了首穷：楚国人民的好总理孙叔敖 125

第十九章　争议千年的道德两难：宋襄公的仁义 130

第二十章　成功无早晚：百里奚的传奇人生 141

第二十一章　能将干臣：每个组织都需要一个先轸　146

第二十二章　小人物的忠勇：好兵学狼瞫　152

第二十三章　预测之谜：最神奇的预言　159

第二十四章　第一个巴尔干化的诸侯国：夹缝中的郑国　165

第二十五章　权臣的兴衰：从赵盾到赵氏孤儿　174

第二十六章　楚国的天敌：俘虏的傲骨　183

第二十七章　美目盼兮：春秋时代的绝世美女　190

第二十八章　位尊而无德：这几届齐国老大不行　199

第二十九章　完人不能做朋友：和圣柳下惠　208

第三十章　大盗有门道：盗圣展雄　213

第三十一章　季子挂剑：中国式友情的高贵符号　220

第三十二章　美味血案：宴会请客要讲政治　225

第三十三章　谁火谁先死：晋三代的权力诅咒　231

第三十四章　打不垮的赵家人：赵氏开国　242

第三十五章　人生不怕有敌人：复仇者伍子胥　253

第三十六章　复仇之国：吴越历史教训　262

后记　春秋的脉络与中国历史走向　275

《荣枯鉴》译评　280

圆通卷一：小人的来源　281

闻达卷二：毁三观的十五个字　283

解厄卷三：如何脱离困境　284

交结卷四：君子为何斗不过小人　288

节义卷五：为什么小人多了起来　291

明鉴卷六：至亲也要提防　294

谤言卷七：江湖有规矩　299

示伪卷八：困难时不要骗人　301

降心卷九：谋以暗成　304

揣知卷十：看破不说破　308

《权经》译评：中国的《君主论》　311

求权卷一：权力的来源　311

争权卷二：暗争为上　312

用权卷三：能用的才是真权力　313

固权卷四：重权要抓在手里　314

分权卷五：权力可以分给谁　315

夺权卷六：夺权先夺心　315

拒权卷七：危险的权力不要碰　316

让权卷八：贪权者丧命　317

第一章

最危险的敌人

做错了什么，齐桓公惨死

最危险的敌人是谁？春秋时代的第一位霸主、标杆性历史人物齐桓公（小白）的悲惨结局昭示后人：最危险的敌人是自己。

春秋五霸里，真正拥有霸权，又得到周王室颁发"打人执法执照"的，齐桓公是第一个。小白的霸业，来自与管仲的完美组合——责任内阁制王权。从齐桓公登基之初对鲁国的两次战争失败后，到管仲死，齐桓公对于管仲的任何意见都是无条件同意，只有管仲临死前的最后一次意见，小白先听后改，最后酿出了这段著名的惨祸。

齐桓公越来越痛苦，越来越郁闷：没有了易牙，饭菜吃得不香了；没了竖貂，起居不顺心了；没了开方，没人逗他开心了。

易牙，蒸子奉君王；竖貂，自宫留王侧；开方，父死不奔丧。皆舍己、忘身、抛家，侍奉老大的奇葩忠臣。齐桓公妻子大卫姬，为了让儿子篡权接班，与三个人结为公子党，耳旁风把三个人吹回齐桓公身边。鲍叔牙一气之下辞官回家，不久病故。齐桓公周围换上一群阴谋家，小白忘了他与季父管仲的临终对话：

又问易牙，管仲正色曰：此正臣所虑也！三佞不可近之。吾在，三佞尚无可为；吾去，必坏朝纲。望君逐之！

管仲在交代齐桓公接替自己的隰朋、鲍叔牙后，听到齐桓公问易牙如何，忽然声色严肃地表示反对。

齐桓公说：易牙为了让我满足口腹之欲，把自己的儿子杀了做给我吃，他对我的忠心有什么可疑吗？竖貂为了留在宫里伺候我，把自己阉割成太监，这个忠心难道也可疑吗？公子开方，父母死了都不回去奔丧，留下来服侍我，这不说明对我很忠诚吗？

管仲说：人之常情，无不爱自己的孩子，易牙忍心杀了自己的儿子，这种亲儿子都不爱护的人怎么会爱护君上呢？人之常情，莫不爱护自己的身体，竖貂却忍心残伤自己的身体，这样的人难道会爱护君上的身体？开方是卫国太子（养鹤王国卫懿公的长子），自己父母死了都不回去奔丧，说明他心里图的是比卫国太子更大的利益。这三个人都是不通人之常情的残忍之人。杀自己儿子的，不可信；不顾自己身体的，不能当亲人；违反人伦伺奉君主的，不能当忠臣。

齐桓公在听了管仲对三人的评价后，问：这三个人的问题，您为什么以前没对我说过？管仲说：这三个人，君上离开了吃饭不香、没人逗你开心。我活着，他们翻不了大浪，就没有说。以后我不在了，君上千万不要重用这三个小人！

齐桓公听了管仲之言，把三个人逐出身边。但最终还是放松了警惕，又有大卫姬吹耳旁风。个中原因，是自然规律：姜小白老了！但是，权力的争斗不会因为任何人变老就停止。对于掌权者来说，老就是危险的代名词。

一代霸主齐桓公，生前有旷代名相管仲辅佐，九合诸侯，一匡天下，"尊王攘夷"的功绩被孔子评价为"微管仲，吾将被发左衽"。就是指：东周时，中原衰微，西戎北狄南蛮经常到中原骚扰，诸侯国内乱不已，无法形成合力抵抗。管仲提出尊王攘夷，团结了中原诸国，打了几次仗，阻遏了外部戎狄族对中原的侵蚀。顾颉刚也说：周天子虚位还能保持数百年，是管仲、齐桓的功劳。

小白一生的贡献及为人都是无可挑剔的，仅仅因为老迈时的一次错误，就落到如此悲惨下场，确实令人唏嘘。据说齐桓公临死前以袖遮面，说自己无脸见仲父。

值得思考的不是齐桓公的最终命运，而是管仲评论三个人的依据：为什么"非人情"（不合人之常情）的三种忠诚是不可信任、难以亲密、难以接近的？

三佞之佞，佞在哪里？管仲指出三种违反人之常情的行为背后，意味着不可信、不可亲、不可近，因为这些人必然另有所图，或所图的目标超过自己牺牲的。

古往今来，有舍生取义、杀身成仁、临危不惧的，主动残害自己以谄媚君主的，无不包藏祸心，是为了接近权力中心、谋取不可告人的利益。烧菜的、面首、讲段子的就能成为一国之君的宠臣，获得比十年寒窗或血战沙场更多的权力与利益，这种交换的诱惑岂不很大、难度与风险很小吗？

齐桓公的故事，反映了中国历史的根性悖论：君主或皇帝，一面是朝廷大臣的道德规矩、理性宏图，一面是后宫内宠的情绪按摩、感性快感。满朝经纶，抵不住一道美味、一夜云雨。如此治国，岂能不陷国家于荒唐混乱？

齐桓公一世英名，一生伟业，一身善行，称霸当世，齐国富足安宁，临淄城"举袂成云，挥汗如雨"的繁华，最后却落得独自一人被扔在高墙里不管不问，活生生被饿死，死后曝尸六十七天，尸体滋生的蛆虫爬出宫墙才被发现、被收殓安葬的悲惨结局。

领导者要警惕让自己开心、快活的感官嗜欲：五色令人目盲，五音令人耳聋，五味令人口爽，驰骋畋猎令人心发狂，难得之货令人行妨。让君王拒绝这些感官嗜欲之乐不现实，老子的意思是提醒嗜欲享乐存在的危害。

齐桓公之死有三个历史教训：第一，领导身边的忠臣未必是好人；第二，老迈是集权者的毒药；第三，王者死于所好。

齐国是姜姓，是著名的姜太公（约前 1156 年至约前 1017 年，姜姓，吕氏，名尚，一名望，字子牙，也称吕尚）的封国。前 1066 年，姜太公帮助周武王伐纣，灭了商朝，建立周朝。

周文王曾问太公如何治理国家，姜太公说：王天下的国家，百姓富足；称霸天下的国家，军人富裕；朝不保夕的国家，官员富足；要灭亡的国家，国君富足。国富民穷，是很危险的。周文王因此将国库里的财富拿出来分给领地百姓。

周成王时，由于平定管蔡叛乱有功，且周王年幼，召公特地给齐国下了一道"打人执照"：东至海，西至河，南至穆陵，北至无棣，五侯九伯，实得征之。齐国在姜太公时代就已经是分封诸侯国里的大国，齐桓公的霸业还是有由来的。

第二章

带头大哥的格局

姜小白为什么值得尊敬

法定的老大（周王室）既然做不了老大，江湖上又是小鬼众多，就一定会出现带头大哥，带头大哥不是改朝换代、一统江湖的枭雄，而是收拾人心、锄乱济困的英雄。春秋时代堪称带头大哥的只有一个人：姜小白，即齐桓公。

带头大哥虽然风光，却不好当。除了金身难塑易破，要想善始善终更是难上加难。正因为如此，带头大哥的影响与精神是弥足珍贵的。

少见的大度，可敬的胸怀。

管仲射小白，小白诈死，小白继位后听从鲍叔牙推荐，用计将管仲引渡回国，斋戒三日问政管仲，授职、授权、赐地、拜父，任用管仲组阁，一连串冰释前嫌、以国相托的故事，简直就像管鲍之交一样，如梦如幻般地发生了。这一年（前 685 年），管仲只有三十五岁。

小白一夜之间登上王座，掌握所有的权力，另一夜之间就把治理国家的所有权力全部交给了管仲！真的是全部，从齐桓公登基之初对鲁国的两次战争失败后，管仲为相的四十一年里，齐桓公没有反对过管仲的任何一项决定——仅此一点，旷古绝今。

为了保证齐人相信自己对管仲施政的绝对信任，第二年正月大朝期间，齐桓公举行了隆重的祭祖仪式，在宗庙里敬告祖先：自从我听了管夷吾的话，我的眼睛亮堂了、耳朵灵敏了。这件事我不敢独自决定，特来告诉先祖，请夷吾来辅佐我。小白甚至说：仲父命寡人东，寡人东；令寡人西，寡人西。仲父之命于寡人，寡人敢不从乎？不仅说得出，而且做得到。不仅做得到，而且终身不变。

其后有人来找齐桓公汇报，齐桓公都是一句话：以告仲父。如此者三次，朝廷里开始有流言蜚语：一则仲父，二则仲父，易哉为君！意思是，什么事都找管仲，你当这个国君也太容易了。齐桓公听说后，大笑：吾未得仲父则难，已得仲父之后，曷为其不易也？意思是，我没有得到管仲辅佐，做这个君王是难的；已经得到管仲，为什么不可以容易些呢？

战国时秦孝公任用卫鞅，也达到了齐桓公与管仲的境界，可惜的是秦孝公先死，才出现商君的悲剧结局，如果商鞅先于孝公而死，商鞅变法的结局或许就成了一段旷世佳话。

自商鞅后，包括吴起，变法就变成一件悲壮的事，谋国者不能谋身的悲剧一再上演，究其本源，都是缺少了齐桓公对管仲这样毫无保留、终身不变、不听非议的船主。

大海航行靠舵手，可让谁做舵手，是由船主说了算的。好舵手难寻，好船主更难得。

人性的弱点，可爱的真实。

小白虽然任用了管仲，第二年，还是没有听管仲的反对意见，执意发动对鲁国的战争，这就是著名的长勺之战，有曹刿论战的故事，齐桓公被打败。齐桓公不服，又联合宋国对鲁国发动第二次战争，结果齐宋联军又被鲁军击败，主将宋国的南宫长万被俘，齐军主动撤退。回国后，齐桓公开始反省，决定放手让管仲执政，自己做起了甩手掌柜。

齐桓公不是天纵神武的一代英主，像楚庄王那样大部分决定是出于自己的判断，齐桓公并不是机敏睿智的人。但小白的优点就是懂得信正确的人、听正确的话，每次自己疑惑难决的时候，就去问仲父，问题都能圆满解决。

这一点很有用，何必事事自己做选择、做判断呢？如果愿意承认自己智慧不够、判断力不够，找到一个可信的、有能力的人，听他的，岂不比刚愎自用或者迟钝学习更容易做出正确的决定？既见君子，云胡不喜？

听话、照做，这四个字简单却难以做到。很多人的失败，就是源于不愿意听话，更不能照做，不愿意接受比自己高明的人，自以为是，结果以半吊子水认知，把自己的人生变成了错误认知的残次品。

人不怕有弱点，怕的是不知道如何克服弱点。齐桓公对管仲的治国理政能力深信不疑，突然提出另一个问题：管老师，您说的都对，可是我有三个大毛病，不知会不会影响成就霸业呢（寡人有大邪三，其犹尚可以为国乎）？管仲说，我不知道是哪三个大毛病（臣未得闻）。小白说：我喜欢打猎、好色、喜欢喝酒，而且经常一喝就控制不住，这些毛病能无害于称霸吗（寡人有疾，寡人好色，且常使爵腐于酒，肉腐于俎，得无害于霸乎）？

驰骋畋猎使人心发狂。春秋时代，射、御是贵族的一门课程，也是一项娱乐，与高尔夫一样是奢侈消费。学习射御之道是必修课，射御比赛既是考试也是娱乐，但超过了度，恐怕就心发狂了。

万恶淫为首。这句话那时也没出现，小白的前任齐襄公、公子诸儿，不仅好色，还与妹妹文姜私通，因为私情暗杀了妹夫鲁庄公，最后齐襄公自己也被杀了，被传为国际丑闻。

喝酒就更危险，夏桀、商纣都因酒池肉林而亡国。滥饮、好色、畋猎，这些让人心发狂的毛病，是否无害于谋霸呢？

管仲说：这些确实是坏毛病，但对于君主来说，却不是致命的缺点（恶则恶矣，然非其急也）——管仲思维就是与众不同，出口不凡，不流于庸见。

君主的最大缺点只有两个：优柔寡断、反应迟钝。优柔寡断就会失去众人的追随；反应迟钝就不能及时处置事情（人君唯优与不敏为不可。优则亡众，不敏不及事）。

管仲认为做领导不是要成为清心寡欲的圣人，而是要有判断力与决断力。做老板，决策与敏察是最重要的两件事。换句话说，优与不敏之所以必须避免，就是因为这两个缺点会动摇君主（老板）的两个根基：得众、及事（处置事务）。

所以老板可以有人性的毛病，却不能有智商的短板。老板的智商短板，轻则使投资失误，钱打水漂，重则送命。齐桓公没有听管仲的最后建议，即不敏，任用易牙、竖貂，导致自己被活活饿死。一世英名，毁于最后一次的不敏！

管仲对人性与领导力关系的论点并不是谄媚君主，反而是后世儒家把人品与领导力划了等号，君主就变成了两面派：朝堂上正人君子，后宫里花天酒地。君主都是两面派，国民哪还能是君子？

管仲更列举优与不敏导致的五种妨碍称霸的问题：不知贤，害霸；知而不用，害霸；用而不任，害霸；任而不信，害霸；信而复使小人参之，害霸。

这五条归结为一句话，就是善善能用、恶恶能去。因为对管仲的任用，齐桓公确实避免了这五种情况，按照管仲的逻辑，称霸是必然的。

求贤若渴，爱才如命。

齐桓公把国事交给管仲，难道就无事而整天酒色畋猎了吗？当然不可能。小白虽然有这些毛病，却是"好而不滥"。

这一点值得注意：好色，不是沉迷美色；好酒，不是烂醉如泥；好畋猎，不是从此不干正事。好而不溺、好而不滥、好而知度，这样的爱好，有何不可呢？

齐桓公把朝政、人事权都交给管仲，自己干什么呢？两个字：选贤！小白把主要内政放在找人才上，即求士！齐桓公用了三种挖掘人才的方法。

一为庭燎待士。燎是祭天的火炬，庭燎即表示以盛礼诚意接待来宾。火炬是晚上才点燃，意为无论白天、黑夜，日夜等待贵宾。庭燎待士是个仪式性很强的场面，齐桓公每夜端坐在宗庙的火炬之中，以虔敬庄重等待人才来应招，甚至经常一坐一夜，用真诚感动士子。

齐桓公用了100支火炬，整夜燃烧，《礼记》规定庭燎的数量，天子为一百，诸侯为五十，侯伯子男均为三十。小白用天子之数的庭燎招揽士子，非礼的举动，一是显示诚意，二是引发议论，三是显示齐国有钱。

二为三选之法。也就是乡选（地方推荐）、官选（政府任职考察）、君选（国君亲自面试），三选之法是自下而上、发动基层、先赛马后相马的人才选拔制度。

三为游士招贤。即走出去、到民间、到基层察访，甚至不限于齐国境内。齐桓公派出八十人的招贤大使，带着车辆、财货、衣裳周游列国，招贤纳士。

招揽贤人到如此"纵到野间，横到列国"的高调嚣张程度，又有管仲、鲍叔牙这样给官、给钱、给地还不禁止好色、喝酒、畋猎的榜样，还有招不来的人才吗？周公吐哺，天下归心，这是领导的德性感召。齐桓招士，天下神往，这是齐国好吃、好喝、好玩、好机会的诱惑，大大的诱惑！

卫懿公的世子开方即卫国太子，来了，不做卫国国君，宁可跟着齐桓公做大夫。陈国的公子陈完来了，陈国公子放下优裕的生活，在齐国做工正，也就是管理手艺人的官职。开方与陈完都是一国的贵胄公子，来到齐国，选择不同，结局也不同：开方被管仲列为三佞之一，陈完扎根齐国，其后代累世经营，最后田氏代齐，成了战国时代的齐国国君。

五顾布衣，用人不疑。

刘备三顾茅庐的故事家喻户晓。诸葛亮是闻名江东的知名学者，故意让刘备跑三趟，试其诚意。齐桓公偶然听说有一个叫稷的贤人，一天拜访三次都没有见到，齐桓公的随从都说：万乘之主，见布衣之士，一日三至而弗得见，亦可以止矣！

齐桓公却不以为然，他认为：士可以轻视爵位、俸禄而怠慢君主，君主若怠慢士人就是轻视国家的霸业。齐桓公去了五次才见到，可谓五顾布衣，其见识胸怀若此。

卫人宁戚，是卫国破落贵族，流落到齐国，穷困到沦为流浪汉。一天管仲野游选士，发现宁戚是人才，就写了推荐信，让宁戚等齐桓公车队到后拿着推荐信去求见。宁戚在齐桓公车队到时，在路边唱《饭牛歌》，引起齐桓公注意，招来带回宫中，请宁戚沐浴更衣，向他请教，畅谈两日而大喜，此时宁戚才拿出管仲的推荐信，齐桓公更是喜欢，要马上封官大夫（相当于某部部长）。

群臣争相阻止：客，卫人也。卫之去齐不远，君不若使人问之，而固贤者也，用之未晚也。就是让齐桓公到卫国去对宁戚做尽职调查，摸摸底再授以高官，毕竟国之大事，考察一下何妨？

精彩的一幕出现了。齐桓公断然拒绝，说道：不必如此。你去调查他，我反而害怕他曾经有过小恶行。因为过去的小错误就失去一个有大才的人，这正是君主失去天下人才的原因（不然。问之，患其有小恶。以人之小恶，亡人之大美，此人主之所以失天下之士也已）！

确实，管仲这样做生意多分给自己钱、打仗怕死当逃兵、三次做小吏被辞退的人，都做了一人之下的相国，对于好人才的过去，有什么值得去在意的呢？

今天各类组织的用人，包括投资人选择创业者，都要把尽职调查、品德考核、个人的亲属关系等弄清楚，还把项目失败归结为品德、过去经历调查疏忽等，真的是正确的吗？那些整天觉得自己身边缺乏大将、人才的领导，是不是要深刻领会一下齐桓公的思维境界？

事实证明，宁戚是不输于管仲的大才。他上任后，改革了齐国的土地制度，把公田、私田统一按肥瘠程度折算，包产到户，废除劳役地租，改为实物地租，多劳多得，可谓解放了农业生产力。这是翻天覆地的巨大变革，齐国富庶及于平民农人，以至于齐国平民不仅丰衣足食，而且有能力娶两个老婆，所谓"齐人之福"就是说的这个现象。

陈完做工正后，到各国收购先进武器，回来研究，使齐国的武器水平成为列国之冠。司马王子成父则把训练士兵的技击水平作为治兵的核心课目，使得搏击之术广泛普及，提高了单兵作战能力。

管仲、齐桓公广搜人才组成的齐国治理团队，人才济济，极一时之盛。这才是九合诸侯，一匡天下，却不以兵车的底气所在。不战而屈人之兵，不是回避战斗，单靠伐谋或伐交，而是战斗能力拥有压倒性优势，强大到没人敢轻易挑战，望而生畏，伐谋、伐交自然顺水推舟。

扶危济困、仗义疏财。

齐桓公高举"尊王攘夷"的旗号，得到周王室的"征讨执照"，九合诸侯即九次会盟的事迹就不再多述，总体来说，齐桓公的会盟是实至名归的真结盟。

更重要的是，齐国几次出兵征讨都取得了成功。帮助燕国消灭孤竹国，平定北方；帮助卫国、邢国击退北戎，并带领联军建造新卫都、新邢都，将齐国境内500里土地赠送给燕庄公；把被征获得的战利品分给答应出兵却没有派兵的鲁国，对于鲁国用刺客手段签订的盟约也予以遵守，树立信用；晚年对流亡来齐的重耳，给予国君级待遇，赠房舍、赠土地、赠马车，还将一个姜氏女人嫁给重耳。

齐桓公这个带头大哥，在管仲的教导下，的确是做到了扶危济困、信守承诺，还乐于馈赠，得到了诸侯的普遍赞赏。想挑战中原的楚国，窥视中原的秦国，动摇分子晋国、郑国，也不得不收敛野心、贼心，拜服在齐国联盟的旗下。

那么，小白身上带头大哥的超凡品性源于何处？源于大心胸、大格局。

什么是大格局？小白的范例就是以德服人、胸怀宏大。在齐桓公、管仲、鲍叔牙这个铁三角关系里，能当得上大格局的不是管仲，而是小白与鲍叔牙。没有鲍叔牙就没有管仲；没有齐桓公，就没有《管子》（在此，以《管子》这本书代表管仲四十一年治理齐国的政绩与思想）。

回到小白登基，要诛杀公子纠集团的那个场景：鲍叔牙对齐桓公说，管仲这一箭之仇不可报。治理国家，我行；要称霸天下，唯管仲有此能力。

齐桓公的大格局是不记仇，真诚、信任、放手；管鲍的大格局是知人、知己、存人、默契；管仲的大格局是深谙人性、思维宽阔。管仲说，生我者父母，知我者鲍子也！齐桓公、管仲、鲍叔牙三个有大格局的人，成就了春秋第一霸的伟业，《管子》一书，留下了一份辉煌的思想财富。

管仲和鲍叔牙的友情，是中国历史上最著名的历史事件，管鲍之交成为君子之交的代名词，2700多年后的今天，依然令人赞叹不已：

《史记·管晏列传》记载：管仲夷吾者，颍上人也。少时常与鲍叔牙游，鲍叔知其贤。管仲贫困，常欺鲍叔，鲍叔终善遇之，不以为言。已而鲍叔事齐公子小白，管仲事公子纠。及小白立为桓公，公子纠死，管仲囚焉。鲍叔遂进管仲。管仲既用，任政于齐，齐桓公以霸，九合诸侯，一匡天下，管仲之谋也。

管仲曰：吾始困时，尝与鲍叔贾，分财利多自与，鲍叔不以我为贪，知我贫也。吾尝为鲍叔谋事而更穷困，鲍叔不以我为愚，知时有利不利也。吾尝三仕三见逐于君，鲍叔不以我为不肖，知我不遭时也。吾尝三战三走，鲍叔不以我为怯，知我有老母也。公子纠败，召忽死之，吾幽囚受辱，鲍叔不以我为无耻，知我不羞小节而耻功名不显于天下也。生我者父母，知我者鲍子也。

鲍叔既进管仲，以身下之。子孙世禄於齐，有封邑者十餘世，常为名大夫。天下不多管仲之贤，而多鲍叔能知人也。

简单地说，管仲家里贫穷、做生意多分钱、三次做官三次被撤职、三次打仗三次当逃兵、辅佐公子纠失败被囚禁，是一个生活中的失败者，鲍叔牙却始终坚信管仲有大才，向自己的学生小白极力推荐，而且心甘情愿地以身下之，这份友情震烁千古。

没有鲍叔牙，就没有管仲；没有管仲，就没有齐桓公霸业；没有齐桓公，也没有管仲与《管子》。

第三章

《春秋》第一政治事件真相

郑庄公的千年秘密

《卧虎藏龙》里，碧眼狐狸说玉娇龙：一个十三岁的孩子就有了心机。什么叫毒？这才叫毒！玉娇龙的毒可比不上拉开春秋序幕的郑庄公，当年（前743年，郑庄公元年），郑庄公即位时也只有十三岁，却说出了千古名言：多行不义必自毙。还有一句显出其毒的话：子姑待之。

《春秋》一书开始纪年的鲁隐公元年（前722年，郑庄公二十二年），入选《古文观止》第一篇：郑伯克段于鄢。《国语》评论，郑庄公设计，等待剿灭亲弟弟，是以兵机施于骨肉，真残忍之尤。

我三十多年前初读《古文观止》，对这个评论不以为然：设想姬寤生作为一个少年新君，面临太后母亲的偏心，他能做什么选择？

这个故事里的武姜，幸好是个有爱无脑也不懂得弄权的妇人，才会一步步将小儿子姬叔段推到绝境。要不然，晋献公与骊姬的故事里，申生的结局就是寤生的下场。

一个十三岁的少年国君，不仅能忍，还能暗地布局，等待收网。郑国确实不简单，是个从一开始就充满阴谋，或者说少而有谋、"少"谋深算的国家。

《左传》：书曰，郑伯克段于鄢。段不弟，故不言弟。如二君，故曰克。称郑伯，讥失教也，谓之郑志。不言出奔，难之也。

"谓之郑志"很关键，《左传》认为，"克"段是郑庄公的意思（志）。春秋之世的历史话语权，掌握在史官的手里。周天子、诸侯国君都还没有这种力量。

寤生在洞室之中做了首诗：大隧之中，其乐也融融！武姜和了一首：大隧之外，其乐也泄泄！这两句诗，从三十多年前第一次看，到现在写这一章，总觉得怪异且诡异。

汲泉见母（掘地见母），是庄公在平定叔段的反叛后，因为母亲姜氏是内应，说了句：不及黄泉，无相见也！即不到黄泉就不要再见面了，母子今生恩断情绝的意思。

庄公后来又后悔了，又或者是受到百善孝为先观念下的诸侯及国民的非议，颍考叔就来到京城，给庄公支了一招，一个既不违背誓言，又能母子和解的办法：挖一个隧道，让姜氏在里面，庄公去接母亲回来，这不就是到了黄泉（地下）再相见了。于是就有了寤生到洞里接姜氏的对话。寤生说：我来到地道里见母亲，心里快乐得如融融阳光！姜氏则回答：来到了地道的外面见儿子，我也快乐得心情舒畅！母子俩经过几十年的龃龉、暗战终于和解，两个人说出的话，都是在抒发自己的情绪，而不是对对方的感情。

在母子破镜重圆的场景下，要么是儿子对母亲说：对不起，总算见到妈妈了；做了错事的母亲对儿子或者说句歉意的话，或者说句儿子你为难了之类的话，都是人之常情。可是偏偏这对母子，没有一个说出对对方有何情感的改变，岂不怪哉！这样的母子情，岂不诡异？

何为孝？发自内心的情感，母亲护犊不惜生命，孩子承欢无拘无束。当孝变成显示孝心的仪式，成为做给外人看的证明，这样的孝还有多少自然自发的情感呢？庄公母子这两句对白，实在让人大跌眼镜。

母已不母，子也不子。孝乱了，亲也乱了。两千多年来，儒家对这段列入《春秋》纪元元年的故事，有各种微言大义的阐释，认为孔子在这个事件里，对于春秋之乱的根源做了评判：父不父、子不子、君不君、臣不臣，春秋之乱，就在这十二个字里。

各种阐释争论了两千多年，也没有争出个是非黑白。今天看，这种赞成或反对的阐释分歧，本质上是缺乏思辨的表现。以礼治国，孝为礼先，这套逻辑推演是自周公至孔子，再开启后世儒家的一种国家治理观念。

孔子说：其为人也孝悌，而好犯上作乱者，鲜矣！儒家抓住这句话，到处找犯上作乱的孝悌根源。可是，我们看春秋，包括中国古代史，真正的祸乱源头，大部分来自父不父、君不君。

晋献公、武姜、卫宣公自己就昏聩荒唐，把国家弄得乱七八糟、乌烟瘴气，孝子就如申生对献公，自杀了事；不孝就如寤生对武姜；兄弟相悌的，如公子寿与伋子（卫宣公故事），弟弟代哥哥去死；不悌就如叔段、寤生，兄弟斗法相残。无论孝与不孝、悌与不悌，乱来自父母（包括荒唐的多妻宫斗）与君主（掌权者），儿女辈孝悌、不犯上作乱就国家安宁了吗？

孔子显然没有理会他所处时代的基本事实，后世儒家也回避了这个基本的政治困境。孔子给时代开出的解药，不是理想主义与现实主义的问题，而是空想主义。

在春秋那个时代，面对荒唐的皇帝制度，否定皇帝制度（多妻制、绝对专制、暴力恐怖主义），提出另外一种新制度（哪怕是复三代，复什么？复其民本、勤政节用、推举传贤的初级民主制度），这才叫理想主义；接受皇帝制度，提出让荒唐制度变好的各种方法（孝悌修身以治国），叫空想主义。

理想主义与空想主义的区别是什么？理想主义今天不实现，它的理想也是对现实的批判，明天、后天还有可能实现；空想主义今天不实现，它的空想实际在肯定、维护现实的状况，明天、后天永远不会实现。

不是孝悌修身的观念不好，而是把国家之乱归结到孝悌修身的好坏是错误归因，遮蔽了政治制度的本质问题。

皇帝制度的维系靠什么？仁义道德、孝治天下？当然不是。答案是：暴力。暴力靠什么？靠阴谋。阴谋靠什么？特务网络，即情报网。

郑伯克段于鄢的过程，字里行间的背后，实际都写着两个字：阴谋。

郑武公娶了申国姜氏，即武姜，生了寤生与叔段。武姜因为生寤生时受惊，不喜欢他，喜欢小儿子叔段，多次请求武公废长立幼，武公没有答应。等郑庄公即位，武姜就要求庄公把制邑（今虎牢）封给叔段。庄公说制邑是个险要的地方，虢叔就死在那里，选个其他地方吧。于是武姜请求京邑（今河南荥阳境内），庄公同意了，叔段因此被称为京城大叔，这一年，叔段十岁，庄公十三岁。

故事正式开场：

第一个来劝谏庄公的是祭足，这是历史上第一个政治不倒翁。祭足说，京城与国都的面积差不多，封给叔段不符合法度，君上你以后会很难办（今京不度，非制也，君将不堪）。

庄公说：姜氏要给，哪能避免这个祸害呢？（公曰：姜氏欲之，焉辟害？）庄公称母亲姜氏，是"非礼"的，今天的儿女都很少在外人面前直呼父母姓名。

祭足说，姜氏哪里会满足？不如早点处理，以免她的欲望越来越大。野草长多，都很难除掉，何况您宠爱的弟弟？（姜氏何厌之有？不如早为之所，无使滋蔓！蔓，难图也。蔓草犹不可除，况君之宠弟乎？）

一个大臣敢于用这种语言评论太后，而且是与太后的儿子，这个儿子只有十三岁，说明武姜在郑国与大臣的关系很僵。这段对话就预示姜氏的失败已成定局。

庄公说：多行不义必自毙，子姑待之。这十一个字已成名言，历代解释都感慨庄公的善谋，却忽视这句话的隐蔽内涵：寤生凭什么说叔段不义？难道太后宠爱小儿子就是不义？一个十岁的小孩，能干出什么不义的事？

玄机在叔段的外号上：十岁的小孩却被称为京城大叔，是不是很奇怪？这个外号是怎么来的？谁叫起来的？谁叫开的？武姜在朝廷里不被大臣待见，反而是大臣可以与十三岁的庄公公开讨论武姜与小儿子的问题。显然，从叔段被封到京邑，庄公集团的阴谋其实就开始了。京城大叔的外号就是第一个阴谋。

八年后，叔段长大成年，在武姜的教唆下，开始谋划取代哥哥的步伐，就做出试探性动作，让西部、北部边疆的守城官，既要听庄公命令，也要听自己的命令。

公子吕（武公弟弟，寤生叔叔，武姜的小叔子）来对大侄子（庄公）说：国家不能接受两个君主，君上你打算怎么办？要是想把国家交给大叔，我请求去听命于他。如果不想，请除掉他。不要让国民疑惑（既而大叔命西鄙、北鄙贰于己。公子吕曰：国不堪贰，君将若之何？欲与大叔，臣请事之；若弗与，则请除之。无生民心。）

公子吕说的话杀气腾腾。庄公说：不用担心，他会自己倒下的。（公曰：无庸，将自及。）第二个阴谋出现了：庄公稳坐钓鱼台，根本没把弟弟放在眼里。凭什么如此自信？难道庄公真的相信弟弟会自己倒下？自及，这个词真是够毒，就是说叔段会自己走上绝路。

不久，叔段索性把西、北贰鄙收归自己所有，并扩大到了禀延，也就是控制的地盘更大了。公子吕又来对庄公说：可以动手了，他势力大了国民就会跟他跑。寤生依然不紧不慢地说：他不讲道义，又不会收买人心，势力越大就崩溃得越快（大叔又收贰以为己邑，至于禀延。子封曰：可矣，厚将得众。公曰：不义不昵，厚将崩）。第三个阴谋：公子吕又跑来说"可矣"，一副憋了很久跃跃欲试的样子，说明公子吕的备战磨刀是一直在进行的。

叔段也在备战磨刀，打算偷袭新郑（大叔完聚，缮甲兵，具卒乘，将袭郑），可惜他不知道自己的一切行动都在哥哥的掌握之中，包括他与母亲的通信渠道。第四个阴谋：共叔段与武姜里应外合的政变计划，被庄公知道了具体日期（夫人将启之，公闻其期）。注意，郑庄公是怎么及时"闻"到"其期"的？

庄公说：可以收网了（可矣）！命令公子吕（子封）带领二百乘战车讨伐京邑，京邑的人背叛了大叔，叔段跑到鄢邑，公子吕讨伐鄢邑，叔段又跑到共邑，最后自杀（命子封帅车二百乘以伐京。京叛大叔段，段入于鄢，公伐诸鄢。五月辛丑，大叔出奔共）。

第五个阴谋：京叛大叔。为何会叛？因为京邑人民觉悟高？当然不是。只有一种解释，那就是待在京邑的大叔根本不知道，恐怕除了身边的几个人，其他人都已经成了庄公的内应。

郑伯克段于鄢这个事件，看上去是叔段在阴谋篡位，实际上是庄公阴谋收网。玩阴谋，武姜与叔段跟庄公不是一个段位上的。

寤生与叔段阴谋与阴谋的斗法，在后世的政治绞杀里反复出现，路径都很相似。

儒家解读郑伯克段于鄢的微言大义，一词褒贬曰：段不弟，故不言弟。如二君，故曰克。称郑伯，讥失教也，谓之郑志。不言出奔，难之也。

儒家只看到这些道德层面的东西，却不去指出庄公集团的阴谋。孔子的一个"克"字，说明他知道这从头至尾都是一个阴谋。孔子指责庄公"失教"，即没有教育弟弟，与齐桓公伐楚与指责楚国没有向周王进贡"包茅"是一个路数，欲加之罪，其无辞乎？

阴谋是皇帝制度的标配。不是当权派的阴谋"克"了反叛者，就是反叛者的阴谋"克"了掌权者。阴谋是皇帝制度的宿命。

研究如何才能没有阴谋是缘木求鱼，毫无意义。两千多年中国儒家政治学说，都在研究、纠结、争论这个无解的问题。

唯一正确的解法是：彻底、全部消灭皇帝制度。

第四章
雄主之后多阿斗
郑国政坛不倒翁祭足

郑庄公这种"少"谋神算的君主，十三岁就知道忍，弟弟跋扈，亲妈不爱，却能把朝臣都攥在自己手里，那边还没谋反，这边大兵已经包围叛乱分子，忍了二十二年，终于拔掉威胁王位的最大隐患。

颍考叔被射杀，为了逼暗放冷箭的人出来，不惜让全军献祭，举行仪式，形成强大的舆论压力，最后逼自己的侄子、有着中国美男子美誉的公孙阏（子都）自杀身亡。

州吁借口为叔段报仇，组织四国联军讨伐新郑围住东门，郑庄公闭门五日不理，联军自动撤军（东门之役）。周桓王撤掉郑庄公在周王室里卿（相当于总理）的职务，郑庄公就派人去周王领地割麦子（温地割麦），周王御驾亲征，差点被一箭射死（繻葛之战）。

跟亲人斗，胜；跟大臣斗，胜；跟敌国斗，胜；跟中央斗，胜。郑庄公这样的君主，没有谁是不害怕的。国君一牛逼，臣民如竖鸡。

越厉害的君主，越解决不了继承人的问题，齐桓公、晋文公、楚庄公都如此，郑庄公也如此。不同的是，郑庄公生前就意识到了潜在的危机，对祭足说：我看太子忽优柔寡断，不如他弟弟突处事果断。祭足说：宋国、鲁国都因为废长立幼出了问题，咱们不能重蹈覆辙。

太子忽就是两次拒绝齐僖公嫁女儿的人，郑国国民对他拒绝娶文姜、不顾国家的任性多有不满。宋国刚发生华父督弑杀宋殇公事件，迎回的宋庄公就是流亡郑国的公子冯，因此，郑庄公决定送公子突去宋国，以免干扰太子忽即位。

但郑庄公临死前还是说了句：郑国自此多事矣！是啊，寄居郑国的公子冯能回到宋国继位，寄居宋国的公子突怎么不能回郑国夺权呢？老子英雄儿笨蛋，雄主之后多阿斗。郑庄公一死，郑国真的多事，不仅多事，还一乱二十多年。

从郑庄公继位时就坚决为寤生谋划的，是祭足；第一个去劝谏郑庄公不要封京邑给叔段的，是祭足；带兵去温地割麦子的，是祭足；跟随庄公去洛阳，遭到周王冷遇，却出主意夸大周王赏赐，发布周王授权郑庄公管理诸侯虚假消息的，是祭足；繻葛之战，周桓王被射伤，出使慰问，给周王台阶下的，也是祭足。

祭足，前682年去世，生年不详。但寤生继位时，祭足已经是郑武公的大臣，应该在三十岁左右，因此，祭足死时估计在九十岁左右。在郑庄公时代，祭足是能文能武、始终充当庄公先锋的肱股之臣。对于太子忽与公子突，祭足也知道太子忽的弱点，但出于正统观念，还是在郑庄公想废长立幼的时候主张保留太子忽。太子忽即位，是为郑昭公。

寄居宋国的公子突还是有了夺位的想法，就托舅姥爷（他母亲的父亲）找宋庄公（公子冯）达成一笔交易：宋庄公支持公子突回郑国夺权，公子突继位后，承诺回报宋国以城池、白玉、黄金、稻谷等大量土地与财物。

怎么做呢？公子冯（宋庄公）对郑国权力结构进行分析，认为搞定祭足即可。于是，借祭足来宋国访问之机，宋庄公与华父督劫持了祭足，逼祭足答应回国后赶走郑昭公，迎公子突回国继位。祭足不答应，这几个人就威胁要带兵进攻郑国，灭祭足全家。祭足没辙，只得答应，心里暗想，如果太子忽与齐国联姻，宋国哪敢造次？

回国后，祭足借口生病，郑国大夫都去祭足府上探病，祭足说要废郑昭公迎公子突。大夫们一看已经进了贼府，不答应估计是出不了祭足府，加上高弥渠（也是郑庄公时代武将，射中周桓王的人）带头赞成，还要求亲自去杀郑昭公，大夫们就同意祭足意见，迎公子突回国。祭足不愿杀死郑昭公，就传信给他，郑昭公只好逃往卫国。从即位到出逃，还不到一个月。公子突回国，是为郑厉公。

郑厉公即位，宋国就来索要当初承诺的城池、财物。郑厉公当了家，才发现当初答应的条件无法满足，郑厉公、祭足也不想给，心里想宋庄公当初不也是靠郑国扶持才回国继位的，我们也没有索要城池、财物。但宋国索要很急，祭足眼看着迟早要刀兵相见，又出一计，请鲁桓公居中斡旋。果然，宋庄公根本不给鲁桓公面子，郑鲁两国决定联合出兵，攻打宋国。

鲁桓公与郑厉公正要攻打宋国，传来齐僖公邀集卫、燕、宋攻打纪国的消息，纪国赶紧向鲁桓公求援，郑厉公转而带兵先帮鲁桓公打齐国联军。结果，单独打齐国还不一定能胜，打齐国联军反而稳操胜券。卫、燕、宋三国军队一开战就溃败，拖累得齐军也溃不成军。《孙子兵法》说的乱军引胜，就是这种情形。

打败了齐国联军，宋国来郑国讨债的事情就不了了之。没有外患，就要内斗，郑厉公想起祭足当年在郑庄公前拥立郑昭公的事情，决定清除祭足。

当年宋国威逼祭足的时候，为了拉祭足下水，让祭足把女儿嫁给了郑厉公的表弟兼死党——宋国人公子雍纠。郑厉公让雍纠去杀祭足，雍纠回家把要杀祭足的事情告诉了妻子，也就是祭足的女儿。祭足女儿听说后，自告奋勇去请父亲，给雍纠创造机会。

第二天祭足女儿回家，见到母亲，问：丈夫与父亲，哪一个更亲？娘说当然爹亲。女儿问：为什么？娘说了句千古名言：人尽夫也，父一而己，胡可比也！爹只有一个，丈夫哪个都行，怎么能比。人尽可夫出自于此，最早的意思并不是骂放荡女人。

这句话救了父亲，害死了丈夫。祭足派人杀了雍纠，扔到城里的一个水坑里。郑厉公把雍纠捞出来，带着他的尸体跑去了蔡国。说了句：谋及妇人，宜其死也！

祭足迎回郑昭公，郑厉公则带着自己的一部分军队攻占了栎城。宋国、鲁国来攻打郑国，想帮助郑厉公，结果都没有打赢，郑国就形成了两君对峙的局面。三年后，齐襄公要娶周王女儿，祭足前去道贺，想拉齐国为郑昭公撑腰，结果传来郑昭公被杀的消息。

杀了郑昭公的是高弥渠。郑庄公时代，打算让高弥渠做卿，当时还是太子的忽表示反对，高弥渠就此对太子忽暗生憎恨。祭足第二次迎回郑昭公的时候，曾劝昭公杀了高弥渠，昭公说不愿追究过去的事。高渠弥却害怕昭公翻旧账，趁祭足去齐国，派杀手暗杀了郑昭公，又不想迎回厉公，就从蔡国迎回昭公弟弟公子亹，接任国君。

第二年，齐襄公举行首止会盟，邀请郑国前往，祭足劝公子亹不要去，公子亹不听，带着高渠弥去了，结果公子亹被杀，高渠弥被齐襄公车裂。祭足又从陈国将公子婴迎回郑国。公子婴虽然在位十三年，却没有谥号。

十三年后，祭足死，盘踞栎城的郑厉公起兵攻郑，战场上俘虏了带兵的傅瑕。傅瑕说：如果您放过我，我去杀了公子婴，迎您继位。傅瑕就回去杀了公子婴。郑厉公即位后，背弃不杀傅瑕的承诺，将傅瑕杀了。前679年，从第一次继位被赶走的十七年后，郑厉公复辟成功。

从前701年郑庄公去世，到郑厉公复辟，郑国动乱了22年。祭足从郑武公开始，服务了郑国六代国君，长达六十四年，在他手上先后立过四位国君，不管谁上台，祭足都是上卿，这份功夫不是一般朝臣可比，堪称春秋最牛政坛不倒翁。

郑厉公复辟后，杀了傅瑕，逼死另一个权臣原繁，杀了祭足的同党公子阏、强锄，没有对祭足及其家族予以追究，后来还迎回共叔段的孙子公父定叔回国，任命为大夫。郑庄公克死的弟弟共叔段，总算有后不绝，郑国民众称赞郑厉公宽宏大度。

不追究死人，毫不犹豫除掉所有潜在的对手，迎回一个无害的亲戚显示宽容，厉公流亡十七年，政治手腕确实有所提高，祭足这个政坛不倒翁的结局以完满收尾。

无独有偶。同样是丈夫要杀老丈人，女儿事前知道，结局却不一样。

公元前545年，齐国崔杼与庆封杀了齐庄公后，庆封又设计灭了崔杼家族，独相景公，专揽朝政。庆封到家臣卢蒲嫳家里，见他的妻子貌美，便和她私通，自此把政权交付给儿子庆舍，自己带领妻妾财帛，搬到卢蒲嫳的家里，共在一处，两家妻妾，彼此相通，庆舍还把自己的女儿嫁给了卢蒲嫳的哥哥卢蒲癸。

卢蒲癸是庄公的侍臣，崔杼弑君时逃到鲁国，被庆封召回后留在庆舍身边。卢氏与庆氏形成了一种父子、兄弟、妻妾、翁婿的复杂关系。庆舍虽然将女儿嫁给了卢蒲癸，可是卢蒲癸却一心要为庄公报仇，与另一名庄公侍臣王何，决定合谋杀死庆封父子。

卢蒲癸与王何在准备时，庆舍的女儿（卢蒲姜）看出有异动，就询问丈夫有什么事情。卢蒲癸犹豫了半天，还是说出要在秋祭那天刺杀庆舍的计划。

卢蒲姜说：我父亲喜欢跟人唱反调，如果没有人劝他那天别去，他未必会去；如果有人劝他不要去，他肯定会去。我回家去劝我父亲不要去，他肯定会去，你的计划就成了。卢蒲姜回到家里，告诉父亲不要出门，秋祭那天有人要在宗庙里刺杀他。没想到庆舍很不耐烦地说：谁敢刺杀我？没当回事，按计划前往祖庙。

结果没有悬念：子雅、子尾、陈须无、鲍国的手下偷偷地调走了庆舍卫兵的武装。庆舍已经喝了不少酒，正在举杯时，子尾抽出一支鼓槌在门上敲了三下，卢蒲葵双手握住长戈，戈锋插入庆舍的身体。庆舍还没有来得及惊叫，王何又一戈斜扫过来，将他的左膀硬生生地砍下。庆舍虽然勇武过人，终究还是被杀死。

这里只谈一下卢蒲姜为什么没有像祭足的女儿一样挽救父亲？

从历史记载看，卢蒲姜虽然回家告诉庆舍有人要杀他，却没有告诉父亲是自己的丈夫要杀他，卢蒲姜是一个两面派，对自己的丈夫"半忠"，对自己的父亲"半爱"。

可以推测，卢蒲姜与庆舍的父女关系恐怕并不亲密，她处在丈夫与父亲之间，选择了一种隐晦的听天由命的方式。从古代女人出嫁后的社会角色来看，应该说丈夫比父亲更亲密。卢蒲姜提醒父亲，却不是告密。作为女儿，不合格；作为妻子，也不合格。庆舍死于他的狂傲，死在亲人手里也是活该。

此时，正在外地玩乐的庆封带人进攻临淄，没有攻下，就跑到吴国，吴国将朱方这个地方封给了他。庆封于是聚拢逃出来的族人居住在朱方，很快又富甲一方。

鲁国大夫服惠伯对叔孙豹说：庆封又在吴国富起来了，难道是天降福给淫人吗？叔孙豹说：善人富贵，叫上天的赏赐。淫乱者富贵，是上天的祸害。上天要降祸给他，庆封恐怕要被聚而歼之呢（善人富，谓之赏。淫人富，谓之殃。天其殃之也。其将聚而歼旃）！果然，后来楚国攻打吴国，在朱方抓到了庆封，尽灭其族。

乱臣贼子让历史充满血腥，为了祭足夫人的一句话，为天下有女儿的父亲计，希望所有的女儿都记住这句话：人尽夫也，父一而已。

这是句大实话。

第五章

厚道与狡黠的纠缠

秦晋难好

入镐京平定犬戎，晋文侯姬仇、郑武公姬掘突、卫武侯姬和、秦襄公嬴赵开带兵勤王，赶走了犬戎，与申侯一起，扶立太子姬宜臼即位，即周平王。平王封赏，三个姬姓侯国都晋升为公国，并在周王室担任卿的职务（既是封建国的首领，也是周王室中央政府的官员），只有秦襄公是大夫，级别低了一等。

秦襄公护送平王东迁有功，平王眼见宗周（镐京，今西安长安区）破败不堪，就加封秦襄公为伯爵，列为诸侯，让秦经营河西之地（岐山以西），摒卫周室的西大门。秦襄公捡了个大便宜。

自秦襄公到秦始皇，秦国所有有贡献的关键文臣都来自中原诸侯国，如百里奚、蹇叔、三帅（白乙丙、孟明视、西乞术）、由余、士会、卫鞅、张仪、吕不韦、李斯、芈月（芈八子），而最后将秦国力量发挥到极致的武将白起、王翦则来自秦国。也就是说政治、文化靠外脑，带兵打仗靠子弟兵。

春秋时代的秦国不是主角，是老好人。秦穆公两次帮助晋国确定国君（夷吾、重耳），而且是在晋献公儿子的兄弟同代人之间，秦晋之间的恩怨纠结留下了秦晋之好的俗语。但细看平王东迁后100多年的秦晋关系，秦晋难好是主流，秦晋之好是偶然，这是一场厚道与狡黠的百年纠缠。

秦晋之好是秦晋两国的开始，此后即是秦晋难好，根源在于秦晋两国地位的不平等。

先来看看晋国的来历。周武王灭商，姜太公功劳居第一，太公不仅是周武王的老师（尚父），还是周武王的岳父，姜太公把自己的女儿邑姜嫁给周武王做王后。邑姜的大儿子是成王姬诵，小儿子是姬虞（又叫叔虞），兄弟俩都很孝悌。有一天哥俩在王宫里玩耍，成王拿起一片桐树叶，用小刀切成方块，当作一块圭玉，送给叔虞说：我把这个封给你了。

一句小孩子玩耍的戏言，史官史佚（左史记言，右史记事）站出来问：大王，您准备把叔虞封在哪里？成王说：我们这是玩游戏呢。史佚说：天子无戏言。言则史书之，礼成之，乐歌之。原来礼乐是用在这里的，把天子的决定用礼仪确定，用音乐表彰庆祝。

成王还要推脱，史佚说：如果你不封叔虞，我就把天子说瞎话这件事记到史册里。成王惹不起史官，就把十二岁的叔虞封在了唐地（今晋南翼城、绛县、曲沃一代），唐在河、汾之东，方百里。赵盾不杀董狐的事件和晋国历史是春秋史里记录内容最多的，不知是否与这段渊源有关？

唐地的原住民是夏代的后裔，又叫夏墟，周公灭唐后，将唐国公族迁到了杜邑（陕西境内），唐地还有狄人居住。叔虞封唐后，太后邑姜跟着一起去上任，成王护母亲和弟弟达到翼城安置好后，才回到成周。唐地是夏、商、周三代与多民族混合的一个国家，而且是血统纯正的周王室嫡系。

叔虞学习他外公姜太公治理齐国的方法，因地制宜、因人制宜（启以夏政，疆以索戎）。让夏人、戎人各做自己擅长的事情，门户开放，和平共处；与狄人通婚，欢迎各兄弟国来交换货物（晋商的源头），兴修水利，培育优质麦种。晋国的麦穗颗粒饱满，叔虞进献给成王，成王赐给周公，周公特地做了一篇《嘉禾》表示赞赏。

叔虞把唐地治理得物阜民丰，一派欣欣向荣。后人在太原修建唐叔虞祠，叔虞儿子因为唐地有晋水，改国名为晋，唐叔虞祠就是今天的晋祠。

晋国是一个有显赫背景的高贵家族。

说完晋国再看秦国。秦国的来源要到《封神演义》里寻找。商纣王有两个嬴姓的部下，父亲叫蜚廉，是位神行太保；儿子叫恶来，是位大力士。武王伐纣时，恶来被杀，蜚廉自杀。恶来后代叫非子，为周孝王养马养得好，被封在秦地，曾带领7000周兵击败犬戎。传到秦襄公时，因勤王有功，被封伯爵，秦国正式成为诸侯国。

秦地在成周的西北边，今陕西凤翔、咸阳一带，对抗西戎、北狄，是由附庸国发展起来的戍边国，并没有周王室血统，是一个养马倌的后代，地位与晋国不可同日而语。

由于这个原因，秦晋之间天然是不平等的。晋国人瞧不起秦国人，秦国人对晋国人有更多的敬仰、羡慕、感恩之心。这是秦国人为什么屡次帮助晋国，而不计较晋国背信弃义的根源。

一个皇室嫡系，一个草根逆袭，这是秦晋两国的基本背景。

穷人的孩子早当家。秦国没有显赫的背景，秦国的历史主要就是两件事：对内促生产（不仅是物品、武器、马匹等的生产，也是人口的生产），对外搞兼并（不断蚕食周边小族，兼并小国，扩大地盘）。到了秦穆公嬴任好，秦国已经是一个中等规模的诸侯国（兵车三五百乘）。秦穆公的秦国阔了起来。

阔起来的穷孩子干什么？修建宫室？需要人才？引入文化？文化人都不愿来。打仗？打小国行，跟恩主打可不行。娶贵族家的小姐，改什么都没有比改血统来得快且意义长远。

前655年（秦穆公五年、晋献公二十二年），穆公派公子絷去晋国求婚。晋国朝臣一看，养马倌的暴发户想吃天鹅肉，都表示反对。晋献公却说：秦国人带了一车狼皮，这是很贵重的礼物，说明秦国人有诚意。女儿（伯姬，又称穆姬）是申生的亲姐姐，都二十一岁了，属于大龄剩女，嫁给姬姓贵族已经不可能，就嫁给穆公做正妻吧。

晋国公主下嫁，对于秦国来说是件有面子的事情，秦晋之好就是这么来的。

公子絷这次的晋国求婚之行，还想为秦国引进中原人才，他在路边发现了一位晋侯缗家族的没落贵族——公孙枝，将之带回了秦国。穆姬出嫁的陪嫁目录里，把灭虞国时俘虏的百里奚编入。公孙枝知道百里奚的来历，间接为秦穆公推荐了百里奚，百里奚推荐了蹇叔，百里奚和蹇叔的儿子陆续来到秦国，成为秦军三帅。

秦穆公听从了百里奚的谋划，集中精力向西扩张，挖角由余，灭西戎十二国，成为西方一霸，国力兵力让晋国不敢小觑。

世家贵族的窝里斗是永恒的主题。生在富贵之家的孩子，从小衣食无忧，却一生都要活在刀光剑影的生死场里。

晋国自叔虞建国后，传到晋昭侯，昭侯把自己的叔叔成师封在曲沃，号曲沃桓叔。曲沃城比翼城还大，当时就有人（师服）预言曲沃将成为晋国动乱之源。

自晋昭侯七年（前739年）至晋侯缗二十八年（前678年），曲沃经过三代人（桓叔、庄伯、武公）的争斗，晋侯缗被杀，曲沃武公获得周王室册封，也就是周王室正式承认晋国六十多年内斗的最终结果，即小宗取代大宗，旁系取代嫡系。这一年是晋武公三十七年，也是齐桓公称霸的第一年。

三年后（前676年），武公儿子诡诸继位，即晋献公。

晋献公即位，内乱依然火苗不息，"桓庄之族"的公族，也就是献公的爷爷辈到子侄辈，四代亲戚元老都来插手朝廷，要官、要钱、要封地，献公不胜其烦。大夫士蒍献计，挑动公族内斗，献公收渔翁之利。

前670年（鲁庄公二十三年），《左传》记：晋桓庄之族逼，献公患之。士蒍曰，去富子，则群公子可谋也已。公曰：尔试其事。

士蒍不简单，擒贼先擒王，知道抓牛鼻子，说先把富子干掉，其他群公子也就好办了。献公给了一句话：那你去试试吧。

有本书叫《把信送给加西亚》，谈的是主动执行的问题，但要说善于谋划，还能够主动执行，甚至冒着生命危险为国君排忧解难，士蒍的执行力才叫高，是真正的榜样。只用了两年时间，士蒍先离间富子与公族的关系，接着挑动公族杀死封到聚邑的游氏大夫，到鲁庄公二十五年（前668年），得到聚邑的群公子被晋献公杀了，"晋侯围聚，尽杀群公子"。士蒍被任命为大司空（建设部部长）。

叙述秦晋两国先祖及春秋时期的建国历程，就是为了说清楚，秦国是屌丝，却内乱较少，积极向中原文明学习，引进人才，国家开始蒸蒸日上。晋国是贵胄，内斗持续近100年，晋献公消灭内乱后，却又出现骊姬之乱，混乱了三十多年，直到重耳继位，晋国翻开新篇章。

晋国经历一百多年的持续内斗与内乱，依然是春秋时期数一数二的强国，是因为重耳之前晋国的历代国君虽然都做了很多不靠谱的事情，但晋国的大臣，以士蒍、吕省、里克等为代表，是忠勇皆备的人才。大户出身的晋国真不简单。

秦穆公娶回来的穆嬴，关键时候以死相逼，让秦穆公放了被俘的晋惠公；娶回怀嬴（后来叫文嬴）的晋文公死后，文嬴让儿子晋襄公放虎归山，放走崤之战中被俘虏的秦国三帅。秦晋这一时期的通婚，还是发挥了历史作用，秦晋之好也名副其实。

不过，晋国放走三帅犯了历史性的大错，最后还搭上一代名将先轸的性命。秦穆公在与晋文公围攻郑国期间，被烛之武的说辞打动，决定撤兵，对晋文公来了一次釜底抽薪，这是秦穆公干的一件背信的事。老好人要是干起背信弃义的事，真是让人如吃了苍蝇般难受。

幸好重耳知恩图报，对秦穆公这次的背约没有引兵相向，但先轸记了仇。晋文公去世后，趁秦军偷袭郑国不成的返回途中，发动崤之战，全歼了 200 乘秦军，俘虏三帅，差一点把秦军打回原形。

有人要问罪三帅，秦穆公说：是孤之罪也。周朝芮良夫之诗曰：大风有隧，贪人败类，听言则对，诵言如醉，匪用其良，覆俾我悖。这句话说的就是寡人啊。寡人由于贪婪而使孟明受祸，孟明又有什么罪呢？

穆公素服（穿白色丧服）来到郊外，对着孟明视等人号哭道：孤违蹇叔以辱二三子，孤之罪也。不替孟明，孤之过也。大夫何罪？且吾不以一眚掩大德。

晋国几位国君，献公不用说了，当太子时就与父亲的小妾私通，生下倏子；继位后抢了太子申生的老婆骊姬，申生被骊姬逼死；用士蒍计谋，尽杀群公子；追杀亲儿子夷吾与重耳；假途伐虢，顺道灭虞；晋国在春秋的地盘与实力，实际上起自献公。

夷吾在得到秦穆公帮助继位后，不感念秦国"泛舟之役"对晋国的帮助，在秦国歉收时拒不帮助，导致秦晋爆发第一次战争，自己被俘虏。

重耳对秦比较厚道，没有计较秦穆公（岳丈）临阵逃跑的背盟行为。但到了重耳儿子晋襄公，先轸还是不宣而战，发动崤之战，全歼秦军。秦晋关系因此一役，老一辈缔结的秦晋之好变成秦晋结仇。

秦穆公厚道吗？纵观其一生，总体来说，做的都是厚道事，尤其对夷吾、重耳、穆嬴都是厚道的。可惜厚道人还是做了三件不厚道的事：一是背叛与晋文公的盟约，私自撤兵；二是趁晋文公、郑文公去世，不听蹇叔劝告，竟然动起歪脑筋，劳师袭远，结果令秦军全军覆没；三是死后使用人殉 170 多人，包括秦国三良，即三位有德君子。

《诗经·秦风·黄鸟》沉痛地唱到：

彼苍者天，歼我良人。如可赎兮，人百其身！

苍天啊，怎么能杀害了我国的君子啊！如果可以交换，我们愿意一百次换下他们啊！

秦晋之交变成秦晋恩怨之后，秦国开始与楚国结盟、通婚，著名的芈八子、张仪都是从楚国进入秦国。

秦国在春秋的历史，就像《天龙八部》里的段誉，到处与人交手，到处有奇遇，还有外部高手输送功力。功夫没有炼成前，打不胜别人，别人也打不死他；炼成六脉神剑后，成为绝世高手。往远一点看，商鞅变法是锻造、激发、打通秦国"六脉神剑"的历史性事件。

秦穆公是位传奇君主，在位三十九年，是秦国的转型之君，将秦国从部落联盟转变为一个相对健全的国家。与晋联姻，地位改变；引入百里奚等人才，国策稳定；挖到由余，平定西戎；建立军队体制；没有参与中原诸侯争霸，获得发展机会。

宽厚待人，冥冥有报。韩原之战时，秦穆公曾被晋军围困，即将束手就擒，忽然有数百野人杀到，救出穆公，还将晋惠公俘虏。这批野人不是秦国士兵，而是以前穆公释放的一批偷马吃的乡下人。当年这三百野人偷了在梁山打猎的穆公的马烧了吃，秦军找到丢失的战马，打算派兵剿灭。秦穆公听说后，不仅没追究野人偷马的罪过，还派人送了几坛酒，说光吃肉不行，要喝酒解腻。这些野人感念穆公恩德，碰到这次机会就赶来拼死相救。这与楚庄王在"许姬折缨"事件里"积阴德者必有阳报"是一个道理。

秦穆公是一个有情感温度的人，这不仅在于他接受了穆姬救弟的威胁式请求，还体现在他对女儿弄玉的宽容。

秦穆公有一个女儿，抓周时抓住碧玉不放，故起名弄玉。及长，容貌绝世，善于吹笙，不用乐师，自称音调，声如凤鸣。秦穆公为她专门修筑一座凤楼，楼前有台，名凤台。

弄玉十五岁，穆公要为他择婿，弄玉说自己只嫁善吹笙与自己唱和的人，其他人一律不嫁。一日，弄玉梦见凤台前来一男子，用赤玉箫吹奏一曲《华山吟》第一弄，弄玉梦醒，穆公派孟明视去华山寻找此人。果然找到，名叫箫史。

箫史见穆公，穆公问是否会吹笙，箫史说只会吹箫，穆公就打算让他走。弄玉说：笙、箫是同一类，请他演奏无妨。箫史一曲，清风习习，第二曲，彩云四合，第三曲，白鹤翔舞，孔雀来集，百鸟和鸣，经时方散。

穆公问：为什么你吹箫能让珍禽前来？箫史说：箫声虽然比笙要细轻，却是模仿着凤鸣之声。过去舜帝做《箫韶》之乐，有凤来仪，何况百鸟翔集？

穆公乃命弄玉和箫史八月十五完婚。箫史居凤楼，不食伙食，时或饮酒数杯。弄玉学其导气之术，渐渐也能绝粒。箫史教弄玉吹箫，为《来凤》曲。

约居半年，有一夜，二人月下吹箫，有紫凤集于凤台之左，赤龙盘于凤台之右。箫史对弄玉说自己是天上谪仙，为华山之主，与弄玉有缘，箫声作合。今龙凤来迎，当返回天界。于是，弄玉乘紫凤，箫史乘赤龙，于凤台翔云而去。是夜，太华山凤鸣不止。乘龙快婿，弄玉吹箫，笙箫和谐等，皆出于此传说。

真实的历史恐怕是，箫史弄玉早有私通，弄玉立誓非吹笙不嫁，再编造一个梦，去华山寻找到情郎，让穆公相信。

为何半载要宵遁？必然是弄玉婚前已经怀孕，即将临产，不离开，过去的私通就会暴露。编造一个龙凤来迎的故事，是让穆公不要搜寻，否则搜起来，还真不一定跑得了。又或许，这一切都是穆公隐晦家丑编造的故事，也未可知。

世间只有红尘冤家，哪有神仙眷侣？不如怜取眼前人，玉人何处教吹箫？

公元前 624 年五月，孟明视再次请求攻打晋国，请穆公亲自督战，孟明视当着文武百官发誓道：若今次不能雪耻，誓不生还。年迈的穆公答应了孟明视的请求，并说：寡人凡三见败于晋矣。若再无功，寡人亦无面返国也。

秦穆公起，倾国之兵五百乘，由蒲津关而出，攻打晋国。秦军渡过黄河以后，孟明视下令焚毁全部船只，穆公问孟明道：元帅为何焚舟？孟明视答道：此番伐晋，不胜无归，所以我烧毁渡船，自绝后路，以示誓死克敌，有进无退！

秦军进入晋国，赵衰死前曾遗嘱，秦国再来报仇，不要迎战。赵盾也自觉理亏，闭城不出，连晋国百姓都认为对不起秦国。秦军也没有放纵掠杀，见晋国不战，就来到崤之战的战场，还有很多秦军将士的白骨没有埋葬，秦军大哭三日。

秦穆公率领军士掩埋骸骨，发表训词：嗟！我士！听无哗！予誓告汝群言之首。古人有言曰：民讫自若是多盘。责人斯无难；惟受责俾如流，是惟艰哉。我心之忧：日月逾迈，若弗云来。惟古之谋人，则曰未就予忌；惟今之谋人，姑将以为亲。

秦国的士兵们听了主帅的豪言壮语，群情激昂，齐声高歌《诗经·秦风·无衣》：

岂曰无衣，与子同袍；王于兴师，修我戈矛。与子同仇。

难道担心没有衣服吗？我的衣服你可以穿呀！大王要发兵打仗，赶快把家里的长矛磨亮，我与你是伙伴呔！

岂曰无衣，与子同泽；王于兴师，修我戈戟。与子偕作。

难道担心没有衣服吗？我的内衣你也可以穿呀！大王要发兵打仗，赶快把自家的戟枪磨亮。我和你一起干呔！

岂曰无衣，与子同裳；王于兴师，修我甲兵。与子偕行。

难道担心没有衣服吗？我的护腿衣服你可以拿去穿呀！大王要发兵打仗，赶紧回家把铠甲磨亮。我和你一起参军去呔！

1993年3月，中国的考古学家在崤山附近发现了一处超大的秦人墓地，墓地南北宽 3 公里，东西长 5 公里，总面积 15 平方公里，这些墓葬均为竖穴方坑墓，单人仰面直肢或侧身屈肢葬，陪葬品为铜带钩或护心镜，经过考古学家严密的考证和研究，这些墓葬就是崤之战中三万秦军阵亡将士的墓地。

令人震撼的是，这三万秦人的亡灵，竟然如军队列阵一般，排着整齐的队列，头一律朝向西土，将崤函古道西端这一处战略要道堵得密密实实，没有一丝缝隙。如果有人去参观这一历史遗迹，心头可以浮现这首雄壮诗篇：

岂曰无衣，与子同袍。王于兴师，修我戈矛，与子同仇……

第六章

昏君有能臣

晋献公悖论

从晋献公到晋惠公，一个糊涂，一个混蛋，却有士蒍、荀息、里克、郤芮、吕省、丕郑等能臣。好像是国君越荒唐，大臣越贤能，还宁可被杀而不叛，都是忠臣。

晋献公是春秋早期最有能力的混账国君，与父亲的妃子偷情，抢了儿子的老婆，三代通吃。听信耳边风，杀了大儿子太子申生，聚歼群公子（即亲兄弟、叔伯及其家族子弟），以至于国无公族。

骊姬杀太子申生后，就把屠刀指向了晋献公狐姬生的两个公子重耳与夷吾。两公子早已分别被派去驻守边城，听到骊姬派出杀手，重耳逃到翟国（舅舅家），夷吾跑到梁国（未来岳父家）。晋献公死后，里克等连杀了即位的奚齐、卓子，最后迎夷吾（晋惠公）继位。

早在晋穆侯七年（前802年），师服是第一个预言晋国将会出现弟弟代替哥哥的人，理由竟然是哥哥（太子）被命名为姬仇，弟弟却被名为姬成师。虽然这是因为穆姜生这两个儿子的时候恰好赶上晋国一次败仗、一次胜仗，为有所纪念，乃名为仇与成师。

师服说：奇怪，君上如此给孩子取名。名是用来说明道义，道义产生礼仪，礼仪体现政治治理，治理是为了让人民走正道。这样才能治理得法，国人听从。如果改变了上面的关系，就很容易产生混乱。古人的命名，美好伴侣叫妃，互相埋怨叫仇。如今君上名太子叫仇，弟弟叫成师，以后的混乱就此萌芽了，恐怕弟弟要代替哥哥吧。

异哉，君之名子也！夫名以制义，义以出礼，礼以体政，政以正民。是以政成而民听，易则生乱。嘉耦曰妃。怨耦曰仇，古之命也。今君命大子曰仇，弟曰成师，始兆乱矣，兄其替乎？

前745年，封桓叔于曲沃，距师服第一次预言已有57年，师服此时可能年近九十，再次预言：国家要稳定，应该本大而末小，即国君的都城要大于公子的封地城。从天子到诸侯、卿、大夫、士、庶人、工、商，不同阶层要有不同家族规模，这样才能各自服从他做的事，上下不会产生觊觎僭越的念头。现在晋国之本已经弱了，怎么能持久呢？

吾闻国家之立也，本大而末小，是以能固。故天子建国，诸侯立家，卿置侧室，大夫有贰宗，士有隶子弟，庶人、工、商，各有分亲，皆有等衰。是以民服事其，上而下无觊觎。今晋，甸侯也，而建国。本既弱矣，其能久乎？

六年后（前739年），晋大夫潘父弑晋昭侯而立曲沃桓叔（即晋献公曾祖父）。此后，经过三代人（桓叔、庄伯、武公）的争斗，前678年，晋武侯最终杀死翼城的晋侯缗，并获得周王室的册封，成师一族的弟弟取代了哥哥一族，成为晋国的正统。师服124年前的预言变成现实。

作为一个经过六十多年、三代人同姓内战才掌权的家族传人，晋献公继位之日，就拥有一批能文能武的大臣。

第一个出场的是史苏。

晋献公占卜讨伐骊戎的吉凶，史苏说：能打胜，但不吉利（胜而不吉）。献公问：这话怎么讲？史苏说：卦象是齿牙互相咬着一块骨头。这个卦象就是说双方各有胜负。而且牙齿象征口舌，恐怕会有谗佞之口搬弄是非，离间国人，民心恐怕会有转移。

献公说：何口之有？口在寡人。寡人弗受，谁敢兴之？200 多年后，智瑶也说了类似的话：难将由我。我不为难，谁敢兴之？（见本书第三十四章）

史苏说：既然是能够说动，听到的时候也就很顺耳，是非搬弄得逞，你还未必知道，怎么能堵塞得住呢（苟可以携，其入也必甘受，逞而不知，胡可壅也）？

献公不听。伐骊戎，将骊姬带回，宠爱有加，把他与他父亲的小妾、继位后立为夫人的齐姜逼得自杀，立骊姬为夫人。齐姜是太子申生的母亲、晋献公父亲的妃子，如今献公宠幸骊姬姐妹，齐姜就被冷落一旁。

第二个出场的是士蒍。

士蒍用三年时间，帮助晋献公尽杀群公子，灭"桓庄之族"，晋献公旁系的公族爷爷、叔伯、兄弟、子侄四辈公子，围而杀之，从此晋国无公族（没有皇亲家族），这是导致外姓大夫由卿变成公族，最后三家分晋的原因。

第三个出场的是郭偃。

史苏认为夏、商、周三代亡国之君，夏桀宠妹喜，勾结伊尹；商纣王宠姐己，勾结胶鬲；周幽王宠褒姒，勾结虢石甫，都是内宠女人，外比（比，结交之意）谗佞，最后导致亡国。晋国现在也有这个苗头，亡无日矣。

郭偃却不这么悲观，他也说出了一番道理。郭偃认为，三代的国君之所以因宠信女人而亡国，是因为放纵迷惑而没有反省，肆意奢靡却没有人提意见，行为随心所欲，从来不反省。晋国是小国，有大国的威胁，就算放纵，也难以随心所欲。如果国君做得过分了，国内的大族和邻国都可能会教训他。说到卜卦里两个牙齿咬住的骨头，是一根小鱼刺，会带来伤害，但是不会致命丧国。而且小鱼刺要是伤害了人，自己首先会被除掉，对晋国也没有伤害。郭偃的结论是：晋国惧则甚矣，亡犹未也。有所恐惧就够了，还达不到亡国的程度。

针对同一个卦象，史苏与郭偃的解释各有不同，史苏比较悲观，郭偃更为自信。郭偃还详细解释了为什么骊姬这跟小鱼刺（小鲠）不会给晋国带来灭顶之灾，也是很有道理的，几乎解释了所有凭借皇帝内宠得势的"妇人干政"的规律与结局。

郭偃说：我听说依靠动乱掌权的，如果缺乏谋略，超不过三个月；得不到多数人支持的，很难避免被杀掉；不懂得礼仪的，支持不到一年；违反道义的，恐怕难得善终；没有高尚品德的，传不到下一代；没有天命保佑的，延续不了几代。如果这些品德做不好，想发动政变，恐怕就像是隶农，虽然在肥沃的田地上辛勤劳作，可是自己享受不到果实，为别人忙碌而已。

吾闻以乱得聚者，非谋不卒时，非人不免难，非礼不终年，非义不尽齿，非德不及世，非天不离数。今不据其安，不可谓能谋；行之以齿牙，不可谓得人；废国而向己，不可谓礼；不度而迂求，不可谓义；以宠贾怨，不可谓德；少族而多敌，不可谓天。德义不行，礼义不则，弃人失谋，天亦不赞，吾观君夫人也，若为乱，其犹隶农也。虽获沃田而勤易之，将不克飨，为人而已。

听了史苏、郭偃两位的话后，士蒍说：诚莫若豫，豫而后给。什么意思？士蒍直接说：两位大夫的话都有道理。既然如此，与其向大王进言，不如早做准备，有准备，乱的时候就能处理。

第四个出场的是里克。

前660年（晋献公十七年），献公派太子申生攻打东山国，里克说太子出征不合规矩，晋献公"不悦"，把里克批评了一顿。出来后，申生问里克：君上赐给我偏衣、金玦是什么意思？是不是要废掉我的太子之位啊？

里克说：这是要你有忧惧之心。衣躬之偏，而握金玦，令不偷矣。孺子何惧！夫为人子者，惧不孝，不惧不得。且吾闻之曰：敬贤于请。孺子勉之乎！

里克没有说实话，不敢跟申生说献公的真实意思，等于是要滑头，两面不得罪。孔子说里克：善处父子之间矣。里克自己说：我不佞，虽不识义，亦不阿惑，吾其静也。

第五个出场的是荀息。

里克向他说了献公有意废太子的想法，荀息说：吾闻事君者，竭力以役事，不闻违命。君立臣从，何贰之有？我只知道忠君，不管君上下什么命令，都服从。

第六个出场的是丕郑。

他说：吾闻事君者，从其义，不阿其惑。惑则误民，民误失德，是弃民也。民之有君，以治义也。义以生利，利以丰民，若之何其民之与处而弃之也？必立太子。丕郑态度明确，不接受废太子的决定，要坚持道义，即长幼有序的礼法。

第七个出场的是狐突，即重耳、夷吾的外公，晋献公妃子大小狐姬的父亲。

太子出征，狐突是护卫，先有担任车右。申生问先有：君上赐我偏衣、金玦是什么意思？先有与里克一个说法，意思是君上勉励你。狐突说：用杂色衣服给太子，又给了一块金镶玉玦，玦者，绝也。即使能努力杀敌，能把狄人杀绝吗？意思是献公给太子一个"不可能完成的任务"，是为了给废太子找借口。

太子申生果然打败了狄人，回来后却谗言四起，狐突借口年老，闭门不出。孔子说狐突：善深谋也。

在骊姬耳旁风的吹送下，另立太子已经是晋朝文武都知道的"秘密"。晋国祸乱的源头，就是史苏卜卦的"胜而不吉"。骊姬等说动晋献公废长立幼，甚至丧心病狂地诛杀诸儿子，晋朝七位主要朝臣或明哲自保，或暗中防备，等待一场祸乱的发生。

骊姬逼申生自杀，派杀手追杀重耳、夷吾。晋献公去世后，里克先后杀了想即位的奚齐、卓子，大小骊姬自杀。晋国这群"豫而后给"的大夫，毫不犹豫地除掉了骊姬母子，应验了郭偃预言的"将不克飨，为人而已"。

献公让旬息做奚齐的老师，临死前将奚齐托孤给旬息。里克杀奚齐时，旬息立卓子，里克又杀了卓子。旬息在安葬献公后自杀，兑现了他对献公托孤的承诺：不济，则以死继之。

骊姬之乱，晋国先后经历五个国君（申生、奚齐、卓子、夷吾、公子圉），才以重耳继位为标志，结束这场持续了166年（前802年至前636年）、跨越三个世纪的内斗，晋国开始成为春秋时代的主要政治核心。晋献公这一班大臣，虽然各有各的观点与选择，却没有一个反叛者，也是一大奇观。

晋国的历史，不仅记录最全，各种善、恶、忠、奸演绎得也最丰富。所以我说，一部晋国史，半部春秋史。通过晋国历史，可以看到春秋时代一个完整的国家演变轨迹。

第七章

不死不反不走

谁逼死了太子申生

　　在晋献公时代骊姬乱国事件里，申生是实际的主角，却被后世关注不多。他的一生是一个巨大阴谋的焦点，其人却优秀到有点平淡乏味。没有不良嗜好、没有做错事、没有说错话、更没有做过坏事、没有绯闻、没有谋反、没有逃亡，连老师都是一个要名声不要命的人。这样一个太子，本可以是一个好君主，却硬生生地被逼到自杀。逼死申生的不是骊姬，也不是晋献公，而是他心里的三个信念：孝、忠、直。

　　骊姬之乱的独特之处在于，这是春秋《左传》记录非常详细的一次宫廷斗争戏。说这场阴谋是一幕戏剧并不是比喻，骊姬之乱的另外三位男主角：嬖人"二五耦"（梁五、东关五）、优施，是春秋时代为国君服务的专业相声演员与戏剧演员。

　　嬖是内宠、喜欢的意思，优是演戏、演员的意思。这两个称呼带有地位的界定，但在春秋时代，只是相对于贵族，说明其出身低下，并没有贬低的含义。古人取名，太子、公主的名字都经常有后来的"负面词"，如仇、圄、诡等，要明白今天很多字的意思，在春秋时并不一定与今天的意思相同，只是一个代号、标记而已。

　　嬖人与优人里也有杰出的人。楚庄王时代，嬖人伍参在军营之中能够与令尹（宰相）孙叔敖唱反调，主张打邲之战；为孙叔敖后代讨到封地的叫优孟。伍参是伍子胥的曾祖父。所以不要一见嬖人、优人就认为是坏蛋。

嬖人"二五耦"、优人优施，虽然扮演了为骊姬出谋划策的角色，但是三个人的能力水平令晋国卿大夫也不敢小觑。申生一个"孝、忠、直"的君子，落在骊姬等人手上，也是劫数。但在四人的阴谋衬托下，申生的品德也更加鲜明，申生的命运也更值得深思。

骊姬本来是要嫁给申生的，晋献公见骊姬漂亮，就据为己有。申生并没有表现出反对意见，据说骊姬后来想与申生私通，申生未许，骊姬反爱成仇，才开始谋划对申生及其他公子的翦除计划。《东周列国志》里，骊姬设局陷害申生，在会见申生的时候，故意将蜂蜜涂在头发上，引蜜蜂来吃，让献公看到，以为申生轻薄、调戏骊姬，才决定杀死申生。

骊姬的帮手，最先找的是献公的嬖人（给国君说段子解闷的人）梁五与东关五，晋人说他们叫"二五耦"，即两个人就像一个人似的，又或讽刺他俩是同性恋。

两个嬖人向献公进言，让太子、夷吾、重耳等去守卫晋国的边城，说这样是：狄之广漠，于晋为都。晋之启土，不亦宜乎？明明是要把群公子从首都赶走，却被说成是巩固边防、扩张领土。这样的好事，献公当然是"悦之"了。献公忘记史苏的话：可以携，其入也必甘受，逞而不知，胡可壅也？

申生、重耳、夷吾分别被派到曲沃、浦城、屈城驻守，等于将太子、公子从献公身边调走，都城里只有骊姬姐妹的两个公子奚齐、卓子。

支走了申生等公子，申生依然手握兵权，带兵征战，灭耿、灭霍、灭魏。献公为申生加固曲沃城墙，将耿地赐给赵夙，魏地赐给毕万，这两家是三家分晋的两家。

前661年（晋献公十六年），晋献公将晋国军队分为上下二军，自己做上军统帅，太子做下军统帅，让申生带领下军去讨伐霍国。

春秋基因
每个中国人身上的

　　既然是太子，也就是晋国的继承人，却被国君赏赐到曲沃，掌管下军，这个举动并不正常。士蒍，就是帮助晋献公三年内"尽逐群公子"的人，向献公劝谏：君上与太子分掌两支军队，是上下为贰，而不是左右之贰。左右能相救，上下难同心，容易形成"贰不一体"的情况。这样可以打小国，却不能打大仗。晋献公不客气地说：寡人有子而制焉，非子之忧也（我的儿子我自己调教，不是你需要操心的事）！

　　士蒍碰了一鼻子灰，出来后说：太子不得立矣！封城封卿，这是告诉太子，恩宠已经到头了。君上已经有了改立太子的想法，太子又怎么能立得住呢？派申生去打仗，胜了，就会被谋害；败了，就是罪名。无论打胜还是打败，都逃不过被问罪。与其辛苦出力还不让人满意，不如效仿吴太伯（吴国的祖先，周太王要立老三季历，即姬昌，后来的周文王为太子，老大泰伯与老二雍纠就一起跑到南方，创立了吴国），离开晋国，遂了君上的意愿，还能保留一个好名声。老话说，心苟无瑕，何恤乎无家？上天要是保佑太子，就不要待在晋国了吧。

　　申生听到士蒍的话后说，子舆（士蒍）是为我着想谋划，这是忠诚。但是我听说，为人子者，患不从，不患无名；为人臣者，患不勤，不患无禄。如今我不才，却得到听从与效力的机会，还能要求什么呢？我怎能与吴太伯相比呢？

　　申生的"忠"的信念，让他不愿面对正在到来的危险。

　　作为一个戎人的女儿，骊姬深得晋献公的宠爱，却也不是一个如武姜（郑庄公母亲）一样有心无脑的女人。骊姬的第二个帮手是给献公表演解闷的人，叫优施。骊姬问优施：我想做大事，怎么才能把三位公子除掉呢？优施说：要早下手，让他们三个人知道自己的顶点是什么。一个人知道自己到了极点，就很难再生出傲慢心。就算有傲慢心，也容易被摧折。

　　骊姬问：到底要怎么做呢？优施说：要先除掉太子申生。申生为人谨慎，内心干净，有大志向，有不忍之心。内心干净，就容易受辱；谨慎稳

— 044 —

重，突然发动就应对不了；不愿意为难别人，就一定会为难自己。

骊姬又问：申生做事稳重，是不是很难改变？优施说：知道羞耻的，羞辱他的时候，就能让他改变稳重的习性。如果不知羞耻，也必定不知道什么要坚持。现在你对君上说的话他都相信，你要表面对申生友善，暗里羞辱他。我听说，过于精明的人反而愚昧。越精细就越容易被羞辱，愚昧就不知道回避灾难。就算他不想改变，能做到不被改变吗？

最后一句话的意思是树欲静而风不止，就算是一个完美无缺的人，也不意味着不能被诬陷栽赃。世上有优施这种人，是无法太平的。

骊姬问焉，曰："吾欲作大事，而难三公子之徒如何？"对曰："早处之，使知其极。夫人知极，鲜有慢心；虽其慢，乃易残也。"骊姬曰："吾欲为难，安始而可？"优施曰："必于申生。其为人也，小心精洁，而大志重，又不忍人。精洁易辱，重债可疾，不忍人，必自忍也。"骊姬曰："重，无乃难迁乎？"优施曰："知辱可辱，可辱迁重；若不知辱，亦必不知固秉常矣。今子内固而外宠，且善否莫不信。若外弹善而内辱之，无不迁矣。且吾闻之：甚精必愚。精为易辱，愚不知避难。虽欲无迁，其得之乎？"

优施教导骊姬的政治手段不是简单的依靠恩宠撒娇，而是对要打击对象的性格及行为特点有准确判断，并据此制定瞒天过海的暗战手法。晋献公对骊姬、"二五耦"、优施说的话，无不"悦之甘受"。

优施对申生性格的分析不可谓不精准，优施认为申生既不会逃跑，也不会反叛。狐突（重耳、夷吾的外公）在申生带兵讨伐东山时劝道：我听说，国君喜欢宠臣，大臣们就要遭殃。国君喜欢妃子，嫡子就会危险，国家也就危险了。如果可以爱护父亲自己又可以远离死地，这可以考虑吗？劝申生逃跑。

申生说：不可以。君上派我出征，并不是因为他喜欢我，而是想看看我的本心。赐给我奇怪的衣服，授我兵权，又说了很多好话。言之大甘，其中必苦。谮在中矣，君故生心。诽谤的话如蝎子一样狠毒，哪里能躲的过去呢？不如苦战。不战而逃跑，我的罪过就太大了。如果战死，还能保留一个好名声。

这里对这两句话做解析：大臣、国丈都劝申生逃走，申生并不是不知道危险在哪里，这两句话说明，申生考虑的竟然是父亲的苦衷（言之大甘，其中必苦）——不知晋献公生前是否听到儿子的这句话，作为要杀儿子的父亲，听到这样话应该有所羞愧吧。

这句话就是优施所说的，申生的性格弱点：不忍人，必自忍也。

申生耿直的性格，给他的悲剧划出直奔终点的导轨。

第三幕谗言大戏由优施导演，骊姬出演。

骊姬与献公鱼水之欢后，骊姬忽然"夜半而泣"，这个时间点表演，想必也是优施指使的。骊姬对献公说：我听说申生爱好仁义，性格坚强，对下属很宽容恩惠，对封地的人民很慈善，他做这些都是有目的的。外面都在传说，君上是被我迷惑，一定会乱国，他们准备为了国家安宁对您采取措施。君上还没有尽享天年，我也没有死，你打算怎么办呢？不如杀了我，不要因为我扰乱了百姓？

献公说：难道他爱护百姓却不爱护父亲？骊姬说：我也是害怕啊。我听人说，为仁义与为国家是不同的。为仁义的人，爱护亲人就叫仁义了。为国家的，有利国家就叫仁义。所以，爱护百姓的就不在意亲人，而是以民众为亲人。如果有利民众让百姓喜欢，岂能在意国君？因为民众而不爱护亲人，民众反而厚爱他，他就能先作恶后得到赞美，用给民众的好处掩盖恶行。民众都是唯利是图的，谁给好处就说谁好，杀了亲人却对民众好，民众还会反对他吗？现在外面都将君上比于商纣王，说如果纣王有好儿子，把纣王杀了，就不会有周武王来讨伐了。既可以掩盖纣王的恶行，又能保持商朝至今，谁又能知道纣王是好是坏呢？君上你对此不担心吗？

如果等到这些都发生了，怎么来得及呢？

优施教骊姬的这段长篇大论，可谓逻辑严密，巧妙假设，让献公不得不感到恐惧。这段话的真实背景就是，爱护百姓是罪过，宽惠民众是罪过。因为这些都是别有用心，是要讨好民众伤害亲人，给民众好处是为了让他们对伤害亲人的恶行不当回事。有人可能会问：骊姬说这些献公为什么会相信？

优施是深谙权力的高手，他深知权力的恐惧无所不在，晋国历史血腥，各国弑君案的发生，足以让每一位君王活在恐惧之中。至于百姓，得到好处就不管谁杀了国君，案例就在说此话的四十五年前，鲁桓公默许公子翚暗杀了老好人鲁隐公，鲁国包括诸侯国，都没有对这件弑君案追究。

献公害怕了，问：那要怎么办呢？（公惧曰：若何而可？）骊姬就又说了"国际形势"分析，指出派申生去攻打一个叫皋落的狄族部落，如果打败了就可以问罪太子；如果太子打胜了，他必定要求更多，到时再做打算。这一仗，要是打胜狄人，连诸侯都会害怕晋国，好处多着呢。

夜半之中，骊姬做完政治形势分析并制定了开战决策后，《左传》写道：公说（悦）。床笫之间就能决定开战，晋国朝臣岂不等于空气？君主制的问题并不在于专制，而是主宰专制的并不只有君王，而是他身边陪他的人。这样的体制下，国家的法制、礼仪、学问、道德还有什么意义呢？

献公派申生讨伐东山，衣之偏裻之衣，佩之以金玦，连申生身边一个叫赞的仆人听说此事都说：太子要完了！君上赐给他这么奇怪的东西。（奇生怪，怪生无常，无常不立。危自中起，难哉！且是衣也，狂夫阻之衣也。其言曰：尽敌而反。虽尽敌，其若内谗何！）

整个晋国，连仆人都知道国君要除掉太子，优施说申生"甚精必愚。精为易辱，愚不知避难"。申生为什么被优施这种人算得这么准？因为申生的性格就是一根筋，直！不会转弯，不想转弯。

第四幕谋杀表演上场，还有酒有肉，又唱又跳。

东山之战，申生得胜而返，谗言虽然继续弥漫，但暂时找不到废太子的理由。五年后，骊姬再次对献公说：太子功劳越来越大，民众都很信服他，正在暗自谋划。君上要是不动手，灾难很快就来了。献公说：我没有忘记，可是没有找到罪名（吾不忘也，抑未有以致罪焉）。

骊姬找到优施说：君上已经同意我杀太子而立奚齐了，我现在为难的是掌握兵权的里克，怎么办？优施说：我来说服里克。你给我准备一桌全羊宴，我跟他喝酒。我是演员，说的话不怕他传出去，即可以推托是戏言（我优也，言无邮也）。

骊姬就准备了一桌全羊宴赐给里克，让优施负责招待。酒宴之中，优施站起来跳舞，对里克的妻子说：里克夫人请我吃饭，我来教里克大夫如何让国君高兴（里克因为劝谏献公，让献公"不悦"过）。

优施唱道：暇豫之吾吾，不如乌乌。人皆集于苑，己独集于枯。别看你清闲快乐，还不如一只小小鸟。鸟儿还知道飞到林里，你却独自待在枯枝上。这是告诉里克不要站错队。里克笑着问：谁是林子，谁是枯枝？优施说：母亲是夫人，儿子要做国君，这不是林子吗？母亲自杀死了，自己又被诽谤，这不是枯枝吗？不但是枯枝，还是一个有伤的枯枝！

里克半夜又把优施请来问：刚才你说的是笑话，还是传闻？优施说：君上已经答应骊姬杀申生，这事已经决定了。里克说：让我杀太子，我不忍心。让我给太子通风报信，我不敢。我保持中立，能不能让我免于这件事？优施说：免。

第二天一早，里克去见丕郑，说了这件事，并说自己保持中立。丕郑批评里克不应该说保持中立，应该表示反对。里克问丕郑是什么态度，丕郑说：我没什么态度。我是侍奉君上的，君上的心就是我的心，决定权不在我（我无心。是故事君者，君为我心，制不在我）。

里克第二天就"称疾不朝"，躲了起来，三十天后，申生就被害（三旬，难乃成）。

最后一击开始了。找不到罪状，就制造罪状。

骊姬给身在曲沃的申生传话，说君上梦到你的母亲齐姜，你赶快祭祀，把祭酒、祭肉送回来。申生照办，骊姬派人在申生送回的酒肉里下了毒，献公用申生的酒肉祭祀时，泼酒到地上，地上起了小坡。申生惊恐地退了出来。骊姬让狗来吃肉，狗死。又让小臣喝酒，小臣也死了。献公大怒，命人杀了太子老师杜原款，申生跑去了新城。

最戏剧的一幕上演：骊姬跑到新城去见申生说，你的父亲都忍心杀害，何况对国人？杀害自己的父亲想有利国人，国人会接受你的好处吗？这些都是国人厌恶的，是不会长久的！

对于骊姬一番恶人先告状的表演，史书记载：申生自杀，让家臣猛足代自己传话给狐突，说自己没有听狐突的话，以至于死。现在父亲老了，国家多难，狐突要是不出来，君上怎么办？狐突如果能出来为君上谋划，我就算被赐死，也没有什么后悔的（申生有罪，不听伯氏，以至于死。申生不敢爱其死，虽然，吾君老矣，国家多难，伯氏不出，奈吾君何？伯氏苟出而图吾君，申生受赐以至于死，虽死何悔）。

临死还在为年老的父亲及国家担心，申生之忠与直，确实到了愚而不知避难的程度。

骊姬为何要亲自去对申生传话？这就是优施说的"知辱可辱，可辱迁重"。明明是诬陷，却言之凿凿、大义凛然。骊姬责难申生的那段话（有父忍之，况国人乎？忍父而求好人，人孰好之？杀父以求利人，人孰利之？皆民之所恶也，难以长生），就是在用献公年老羞辱申生，扰乱申生的心神，改变申生一向稳重的作风（可辱迁重），让申生无路可退、无路可进。

申生逃到新城的时候，有人说：又不是你下的毒，为什么不离开晋国呢？申生说：不可。去而罪释，必归于君，是怨君也。章（彰）父之恶，取笑诸侯，吾谁乡而入？内困于父母，外困于诸侯，是重困也。弃君去罪，是逃死也。吾闻之：仁不怨君，智不重困，勇不逃死。若罪不释，去而必重。去而罪重，不智。逃死而怨君，不仁。有罪不死，无勇。去而厚怨，恶不可重，死不可避，吾将伏以俟命。

这段话是申生逃到新城时说的。都到了生死时刻，还长篇大论。申生跑出来后，并没有直接逃回曲沃，而是发现自己处置失当，就在新城停了下来，等待君上的命令。这段绝命辞，通篇就是一个"孝"字。

《左传》还记录了这段话：有人劝申生去向献公辩解，献公必然可以知道不是太子下的毒。申生说：君非骊氏，居不安，食不饱。我辞，姬必有罪。君老矣，吾又不乐。君上没有骊姬，睡觉不安稳，吃饭没味道。我去辩解，肯定要让骊姬有罪。君上老了，我不能让君上快乐，就让骊姬陪君上吧。

这一年是前656年，从晋献公前677年即位，前672年得骊姬，前665年骊姬生奚齐，开始谋划除掉申生，一直持续了十年，申生终于被逼自杀。

申生的死，是被一个阴谋集团（骊姬等四人），以及一个保持中立的明白人集团（晋国大夫们），一步步导向最后的结局。糊涂父亲当然难辞其咎，申生自己的孝、忠、直才是杀死自己的真正凶手。

骊姬下毒栽赃申生事发后，申生先跑了，献公就下令杀死杜原款。杜原款死前，派出一个叫圉的小臣跑去给申生传话，核心意思就是让申生以一死保住名声。（吾闻君子不去情，不反谗，谗行身死可也，犹有令名焉。死不迁情，强也。守情说父，孝也。杀身以成志，仁也。死不忘君，敬也。孺子勉之！死必遗爱，死民之思，不亦可乎？）

杜原款对学生说：犹有令名，死民之思，即保留好名声，让国人想念，可以一死。这种观念，可乎？不可乎？相信不同的人都会有不同的态度。

从后来的历史看，重耳、夷吾没有走申生的路，说明死是解决不了问题的，自杀殉名，不如重耳这样坚忍"待机"，才能重振国家，才是大爱大善。

第八章

都是你的错

厚黑鼻祖晋惠公

如果春秋时期要找出一位心狠手黑、厚颜无耻的代表，非晋惠公即重耳的同父异母弟弟、公子夷吾莫属。夷吾的一生，是厚黑到底的一生。"欲加之罪，其无辞乎"，就是被晋惠公逼死的里克说出来的。

总结晋惠公的性格特质，可以用一句话描述：都是你的错。

对于帮他的人、有恩于他的人、亲人，他都可以毫无愧疚地将他咎由自取的灾祸归结为别人的错，且一旦能报复，绝不心慈手软。有这种思维偏好的人并不鲜见，下面我们从七个厚黑事件，见识一下厚黑鼻祖的真面目。

骊姬之乱后，里克等请重耳、夷吾回国，两公子都怕国人说自己不孝，不肯主动回来继位。郤芮知道里克是倾向重耳的，吕省、郤称本来就是夷吾派，就让吕省给里克带话，说夷吾承诺，如果里克支持夷吾继位，就奖赏他汾阳的土地。杀两公子的是里克，但吕省、郤称等都来说夷吾的好话，又有封赏，里克的天平也就倒向了夷吾。

吕省出了一个主意，建议到秦国，请秦穆公考察重耳、夷吾，帮助晋国立新君，这样就显得公正，也不会有不孝的把柄。为什么找秦穆公？秦穆公娶了晋献公女儿，叫穆姬（太子申生的姐姐），穆公就是重耳、夷吾的姐夫。当时的秦国还算不上大国，又不是周朝正卿诸侯国。

秦穆公派公子絷去考察重耳、夷吾。重耳听了狐偃的建议，暂时不回去，就对公子絷说自己不想因父亲去世而谋利，为父亲守孝即可。夷吾听了郤芮的意见，决定抓住机会，回国继位。所以，不仅向公子絷表达了为国奉献的意思，表示感激姐夫、永修秦晋之好的意愿，且承诺送黄河以西的五城给秦国，并以黄金、宝玉贿赂公子絷。

公子絷回国后向秦穆公汇报考察情况，认为重耳重德，夷吾务实，虽然一个君子、一个小人，但从秦国利益出发，能收获晋国五城名利双收，也是个诱惑。

秦穆公又让郤芮来秦国亲自问：如果夷吾回去继位，有什么可依靠的？郤芮回答：我们流亡在外，国内没有什么朋友。但是夷吾豁达大度，老百姓还是挺喜欢公子的。夷吾的老师是在暗示秦穆公，夷吾有晋国国民的支持。秦穆公于是派出 300 乘战车，前往梁国迎接、护送夷吾回国登基，这就是晋惠公。

公子絷说夷吾：他说的话既猜忌多又刻薄好胜，想管理好国家难（其难多忌克，难哉）。秦穆公说：猜忌多就怨恨多，又怎么能取胜呢？这对我们有好处（忌则多怨，又焉能克？是吾利也）。

可是，秦穆公的算盘打错了，秦晋的噩梦开始了。

晋惠公继位后，对于不是自己铁杆的大臣大开杀戒。

最先被杀的是里克。里克在骊姬之乱里先是明哲保身，放任骊姬杀死太子申生。晋献公去世后，掌握兵权的里克先后杀死大小骊姬的儿子奚齐、卓子，逼死荀息、骊姬。里克想迎回重耳，在重耳拒绝继位后，与秦穆公、吕省等迎回夷吾。

晋惠公继位后，知道里克更看好重耳，三个月后，晋惠公对里克说：微子则不及此。虽然，子弑二君及一大夫，为子君者，不亦难乎？惠公说：里克啊，没有你我就坐不上这个位子。虽然如此，你杀了两个国君

（奚齐、卓子）、一个大夫（荀息），做你的国君是不是很难啊？

里克说：如果没有我废了两个继位者，君上怎么能坐到这个位子上呢？要加给我罪名，还找不到理由吗？我按您说的办就是了（不有废也，君何以兴？欲加之罪，其无辞乎？臣闻命矣）。

晋国一代权臣里克，不得不拔剑自裁。晋惠公的心腹大患总算除掉了。

第二批被杀的是亲重耳的丕郑家族。

里克自杀时，丕郑正出使秦国，说明拒绝割让河西五城。听说里克被逼自杀，就反过来劝说秦穆公诱杀郤芮、吕省、郤称，带兵废了夷吾，迎回重耳。

丕郑说：吕省、郤称、郤芮最不服秦国。若用重礼将他们引诱到秦国抓起来，就可驱逐晋惠公，迎立重耳，事情必能成功。秦穆公正因为晋惠公不兑现承诺而恼火，就答应派人与丕郑一同回晋国，向吕省、郤称和郤芮三人送厚礼，邀请他们去秦国访问。

郤芮识破了丕郑的阴谋，说：币重而言甘，诱我也（礼重话甜，这是在引诱我）。于是诛杀丕郑，并诛杀所谓"重耳党"的七舆大夫（即七个军中大夫），被杀的七舆大夫里有曾经放了夷吾生路的救命恩人贾华。丕郑的儿子丕豹逃到了秦国。

翻脸不认人，即位前对里克、秦国的承诺，晋惠公继位后一概不承认。

秦穆公送晋惠公继位时，夷吾的姐姐穆姬（秦穆公夫人）将太子申生的妻子贾君托付给夷吾，请他照顾贾君，并要求夷吾把流亡的公子召回国。夷吾将贾君给"烝"（指晚辈男人将长辈女人纳为妻妾）了。

晋惠公逼死里克，自然不用兑现给里克汾阳之地的承诺，对于答应给秦国的河西五城，也决定不给了。不兑现承诺不是第一次发生，郑厉公（公子突）也不兑现对宋国的承诺，就算是即位前不当家不知柴米贵，现在当了家也舍不得，秦穆公看在妻子的份上忍了，更绝的是有恩也不报。

晋惠公三年（前647），晋国大旱，找秦国借粮，公孙枝、百里奚都主张借粮，丕豹劝穆公趁机伐晋，秦穆公却说：夷吾虽然不是好国君，但老百姓没有过错（其君是恶，其民何罪）。于是送粮食给晋国，运粮的船队从雍城一直排到绛城，连绵不绝，史称"泛舟之役"。

第二年秦国歉收，粮食短缺，秦国派人到晋国，要求购买粮食，晋惠公的小舅子虢射说：皮之不存，毛将焉附？现在给秦国粮食，并不会减少秦国的怨恨，却能帮助敌人，不如不给（无损于怨，而厚于寇，不如勿与）。

庆郑说：秦国多次施恩于我国，如果背弃秦国的恩德，恐怕人心离散，那就是不亲；幸灾乐祸，就是不仁；贪小便宜，乃是不祥；惹恼邻国，叫作不义。亲、仁、祥、义四德俱失，您拿什么保住国家（背施，无亲；幸灾，不仁；贪爱，不祥；怒邻，不义。四德皆失，何以守国）？我们赖掉了答应给人家的土地，忘记别人的恩惠，背离应有的品德，就算我是秦公，也要来打。不给，秦国肯定要来攻打我们。

晋惠公对庆郑说：非郑之所知也（这不是你庆郑能知道的）！对虢射的话说了一个字：然！于是，决定不卖粮食给秦国。

秦国"借"给晋国的粮食，运粮船在河道里排成长龙，秦国来"买"粮食都不给。夷吾的黑不是一般的黑，他的小舅子虢射更是个奇葩。

秦穆公大怒，前645年（晋惠公六年）的春天，秦国度过灾荒，秦穆公率军大举进攻晋国，韩原之战爆发。这个时候晋惠公才发现能打仗的人都被自己杀了。里克、贾华、七舆大夫都是著名的战将，现在秦国人打来了，晋惠公才感叹：芮也，使寡人过杀我社稷之镇！

郤芮是什么人？夷吾的老师，儿子郤缺，孙子郤克，郤家是晋国的望族之一，郤芮是个冷酷实用主义者——真是什么老师教什么学生。

里克等大臣邀请秦国（秦穆公是重耳、夷吾的姐夫）来决定继位人选的时候，里克使迎夷吾於梁。夷吾欲往，郤芮曰：内犹有公子可立者而外求，难信。计非之秦，辅彊国之威以入，恐危。乃使郤芮厚赂秦，约曰：即得入，请以晋河西之地与秦。及遗里克书曰：诚得立，请遂封子于汾阳之邑。

郤芮对夷吾说：要贿赂秦国。夷吾说：我哪里有那么多宝物呢？郤芮说：人实有国，我何爱焉？入而能民，土于何有？就是说，国家已经被别人占据，你还可惜什么土地呢？如果继位后得到百姓，土地还不是我们的吗？

郤芮是夷吾掌权的第一功臣，晋惠公杀了里克、七舆大夫，到与秦国要开战时，发现没将可用，却首先埋怨老师让自己杀了"社稷之镇"——夷吾总是数落别人的不是，很少说自己有错，与齐桓公、秦穆公比格局差太远，而且为他谋划要被埋怨，做他老师也难。

晋文公继位后，秦军将郤芮杀死，暴尸街头。

眼看秦军深入晋国境内，晋惠公问庆郑：秦军已经深入我国境内，该怎么办？庆郑说：这都是君上你招来的，还能怎么样（君实深之，可若何）？晋惠公怒道：你太放肆（不逊）！

出战前，晋惠公让人占卜庆郑是否可以给自己驾车和做护卫，都得了吉卦，晋惠公不想要庆郑，改由步阳驾御战车，让一个名叫徒的家仆担任车右护卫，还驾驶一匹郑国送来的漂亮小马。庆郑又劝谏：打仗要用本国产的马，熟悉水土，听从驾驭。用别国的马打仗，一旦碰到意外情况，马就会恐惧，进退不能。你用这种小马，一定会后悔的。晋惠公没搭理庆郑。

晋国参战的大夫和士兵，本来就觉得理不直气不壮，在差一点可以活捉秦穆公的时候，又杀出一帮野人解了围——天意都是要秦国胜利。战场上，晋惠公的小马陷入土坑里跑不动，晋惠公招呼庆郑来救援，庆郑驾车来了，却没有救晋惠公，而是说：劝你，你就是不听；占卜的结果，你也违背。是你自己要找这种失败的，何必逃呢（愎谏违卜，固败是求，又何逃焉）？庆郑竟然扬长而去，晋惠公成了秦国的俘虏。

后来晋惠公被放回国，有人劝庆郑逃跑，庆郑说：陷君于败，败而不死，又使失刑，非人臣也。臣而不臣，行将焉入？我等待君上的处罚，以成全君上的政令。庆郑看来是为了出口气，而不是叛逆者，他在生死关头还是忏悔了自己的过错。

晋惠公听说庆郑在城里，停下来不进城，下令处死庆郑，而且一定要公开行刑（斩郑，无使自杀）。惠公一个叫徒的家仆说：如果君主不记恨臣下的过失，大臣愿意以死认罪，这样贤德的名声比处以刑罚更好。

梁由靡说：君主有刑罚的权力，才能管理民众。不听指挥随意进退，这是违反法令；为了逞能让君上被敌人俘虏，这是违反军法。庆郑贼害国君，扰乱国家，不可以赦免。如果作战时擅自撤退，撤退后自杀，这就让下属得行其志，君上失去刑罚的价值，以后还怎么发号施令？

晋惠公让司马说去执行死刑，将庆郑押到三军面前，数落庆郑的罪状。韩原之战时宣示过军令：队伍不整，不能执行号令者，斩；主将被俘而将士不割伤脸面者，斩；传递错误情报贻误部队行动者，斩。庆郑你没有管住本军部队，一罪；擅自进退，二罪；误导梁由靡，让秦公逃走，三罪；君主被俘虏，你不割伤脸面，四罪。现在宣布你领罪，处以死刑。

庆郑说：司马说，现在三军之士都在场，世上有死都不怕，还怕割伤面孔吗？要杀就赶快动手吧！

庆郑不救晋惠公固然是意气用事，可是晋惠公家仆都认为可以不处斩庆郑，换一个宽容贤德的好名声，惠公却不同意，这也符合他一贯气量狭小、睚眦必报的性格；梁由靡、司马说是不除庆郑不足以解恨的同侪倾轧。

处斩庆郑后，晋惠公才进城。他不理庆郑那一套，毫不犹豫地杀之后快，还要公之于众。

韩原之战，秦军抓获了晋惠公后，晋国大夫韩简、庆郑、虢射等，一个个披散头发跟在晋惠公囚车的后面。这一幕，把秦穆公感动了，他派公孙枝对大夫们说：你们别跟着了，穆公只是带晋侯到西面叙叙旧，你们回去吧。晋国大夫们集体跪在地上发誓：我们都相信秦侯会说话算话的。晋国这些大夫真是聪明又忠诚，还懂得使用心理战。

秦穆公是打算杀了晋惠公来祭祀的，穆姬在咸阳宫里带着三个孩子，包括太子罃，架在柴火堆上，让人给秦穆公带话：上天降灾，让秦晋两国不能玉帛相见，却兵戎干戈。如果你带晋君早上入城，我们就晚上死；如果你晚上进城，我们就早上死。请夫君裁决吧。

太庙祭祀在城里，进不了城，就杀不了惠公，秦穆公只好答应穆姬的请求，把惠公安置在郊外的灵台囚禁。

夷吾有一个好姐姐，可是惠公被押解到秦国，也依然翻出一笔旧账。

当初晋献公将穆姬嫁给秦穆公的时候，进行了占卜，得到"归妹"卦变成"睽"卦的结果。史苏说：这个卦象不吉利。爻辞的意思是：男人刺羊却不见血，女子抱个筐却没有装东西。这是做事没有所得的意思。西边的邻居责备下来，晋国没法应付。归妹变成睽，说明没有人帮忙。震卦变成离卦，也就是离卦可以变成震卦，震是雷，离是火，意味着嬴姓要打败姬姓。兵车要脱辕，旗帜被火焚，不利于出军，会在有宗庙的地方被打败。归妹是嫁女，睽是孤单，象征敌人拉开弓箭，侄子要去跟随他的姑姑（指惠公太子圉到秦国做人质），六年后逃脱，逃回母国，抛弃妻室，第二年死在高粱地里（太子圉即位为晋怀公，晋文公回国后，被杀死在梁地）。

夷吾被囚禁在秦国，翻出这个占卜说：如果先君当初听了史苏的占卜，我也就不会落到这个地步了吧？

跟着惠公的韩简（晋国韩姓祖，韩万之孙，韩姓第三代族长，三家分晋之韩的祖先）说：龟，象也；筮，数也。物生而后有象，象而后有滋，滋而后有数。先君做了多少错事，数的过来吗？史苏的占卜，听了难道会有什么益处吗？《诗》有言，下民的罪过，不是来自上天。当面奉承，背后憎恨，终究是人自己做错造成的（职竞由人）。

都是你的错——夷吾竟然把自己被打败俘虏的原因归结于姐姐不该嫁给秦穆公，从一个占卜之言找自己失败的原因，难怪韩简这个时候也不给他留面子，连晋献公也数落进去。

昏君有忠臣。晋国历史如此，春秋历史也如此，中国历史更是如此。

为了让晋国百姓接受晋惠公回国，大臣吕省、郤芮借惠公名义发布惠民政策：作辕田，作州兵，也就是垦荒土地私有，地方武装国有。吕省的这两项政策，是管仲之后最重要的制度创举，开创了鲁国初税亩、后世（西魏至于隋唐）府兵制的先声。

吕省（即吕甥，又叫阴饴甥）教郤乞回到晋国，对大臣们转达惠公的意思（其实都是吕省的意思）：以惠公名义奖赏大臣，说君上虽然要回国，但是自己辱没了社稷，还是请大家占卜，选个日子立太子圉为君吧。大臣们都哭了（众皆哭）。吕省等又以惠公名义，颁布了作辕田、作州兵的政策，当作晋惠公罪己强国的措施，大臣、贵族们都很高兴（皆悦）。一哭一悦，吕省为晋惠公回国铺路，收买晋国的民心。

吕省代表晋国去与秦国盟誓，迎接惠公回国。秦穆公问：晋国团结吗？吕省说：不团结。小人们为君上被俘虏而羞耻，哀悼战死的亲人，不怕加大征税和重整武装，立太子圉为君，说宁可侍奉戎狄，也要报仇。君子们爱护君上，知道君上的罪过，也不怕加大征税和重整武装，等待秦伯的决定，说一定要报答秦公的恩德，死也不再有二心了。所以国内小人派与君子派是不团结的。

秦穆公又问：晋国人认为秦国会怎样处置晋君呢？吕省回答：小人忧心忡忡，认为晋君必会被杀死。君子则心思坦坦，认为秦公一定会放晋君回来。小人们说：我们伤害秦国这么多，秦国怎么会放君上回来呢？君子们说：我们已经知道自己的罪过，秦伯一定会放君上回来的。

吕省接着对秦穆公说：贰而执之，服而舍之，德莫厚焉，刑莫威焉。

服者怀德，贰者畏刑。此一役也，秦可以霸。纳而不定，废而不立，以德为怨，秦不其然！意思是，有二心的抓起来了，服从的就放掉，没有比这样更厚道的恩德，没有比这样更威严的刑罚。服罪的人怀念恩德，有二心的人畏惧刑罚。这样一来，秦国就能称霸诸侯了。接纳却不安定，废了又不立新君，使恩德变成了埋怨，秦国是不会这样做的！

吕省的这段话，被认为是一篇最佳外交文本，其要点又在于：借君子、小人两派之口，既传达了国家意志，又承认了错误，让对方只能选择君子派的道路。

这种外交手法很有用。十一年后，鲁僖公二十六年（前634年），齐孝公决定攻打鲁国，鲁僖公派展喜前去交涉，并让展喜向展禽（即柳下惠，此时已88岁）请教如何措辞，展禽教了他这套外交辞令。

齐孝公还没有进入鲁国境内，展喜就带着礼物迎接孝公，说：敝国君听说齐侯亲自来我国，特派小臣前来犒劳军队，听您使唤。齐孝公问：鲁国人害怕吗？展喜用展禽教他的应对：小人恐矣，君子则否。孝公不屑地说：你们屋里空空，田野里没有青草，凭什么不害怕？

展喜说：我们凭的是先王的命令。当年，鲁国的始祖周公和贵国的始祖姜太公，共同辅佐成王。成王让两位先祖订立盟约：世世子孙，无相害也。这个盟誓仍保存在盟府之中，由敝国太师保管。齐桓公召集诸侯国，对不团结的进行调解，改正诸侯做错的事情，并且救助受灾的国家，这就是履行过去的职责啊。君上您即位后，诸侯都盼望齐侯继承齐桓公的功业。敝国在鲁齐边境上，都没有派兵驻防。敝国认为，齐侯继位才九年，难道会背弃先祖对成王的盟誓，不去遵守太公的命令了吗？齐侯肯定不会的。我们就是凭这个，不感到害怕（恃此以不恐）。齐孝公被说得哑口无言，撤兵回国。

小人恐，君子不恐。小人战，君子和。这都是借君子和小人之口，传递国家意志，委婉地规劝对方。所谓折冲樽俎，上兵伐谋，其次伐交，这就是经典案例了。

果然，秦穆公听完后说：是吾心也！这就是我心里想的！于是，改馆晋侯，馈七牢焉——把囚禁改为馆驿，赠给晋惠公牛、羊、猪等七种美食，等于以来访国君的礼仪规格招待。

晋国不仅有忠臣，更有能臣，吕省就是有道行的能臣。但能力强也不要站错队，前636年，公子重耳回国即位，吕省、郤芮先是背叛晋怀公，迎立重耳，后又害怕晋文公报复，预谋火烧文公寝宫，勃鞮向晋文公告密，秦穆公、重耳诱杀了吕省、郤芮。

晋惠公回国后，是否有悔改呢？

再次大跌眼镜的是，夷吾回国第一件事还是杀人：追杀自己的兄弟，也是最大的隐患公子重耳，重耳于是从翟国逃往齐国。

惠公回国的这一年，晋国粮食歉收，闹饥荒，秦穆公不计前嫌，又送给晋国粮食：吾怨其君，而矜其民。且吾闻唐叔之封也，箕子曰：其后必大。晋其庸可冀乎？姑树德焉，以待能者。

秦穆公以非凡的胸怀，为秦国赢得了晋国和诸侯国的广泛尊重。他那一句"其君是恶，其民何罪"，令后世之人无限敬佩。甚至有人评论：造就秦国帝业者，是秦穆公；灭亡秦国帝业者，是秦始皇。

与秦穆公相比，晋惠公夷吾的厚黑就太突出、太扎眼了。翻翻中国历史，夷吾可算是"厚黑祖宗"：逼死里克，杀死丕郑、七舆大夫，不卖粮给秦国，责怪郤芮，翻出姐姐出嫁的占卜，杀死庆郑，追杀重耳。

跟那些有"都是你的错"思维习惯的人打交道，不要相信忠诚、恩惠、亲情等可以让他感恩，或者说可以让他在出事时不怪罪于你，有些人的厚黑真的是本能。就像蝎子，就算是背它过河的青蛙，也改变不了它要蜇一下的本性。

第九章
流亡派到坐江山
重耳的磨难

　　春秋时代有一个团队，"整建制"在野流亡十九年，最后执掌国家政权，这个团队是中国历史上第一个在野时就成建制，直到坐上江山的团队，可谓是春秋第一团队。

　　他躲过了父亲晋献公和骊姬两次派来的顶尖杀手的追杀；在北翟、齐、楚、秦流亡十九年；这支流亡团队回国掌权后，很快成为春秋霸主。这支团队的各个家族成为该国公族，显赫一时，又陆续陷入灭族内乱，最后剩者为王，三家分晋，成为进入战国时代的标志。这就是晋文公——公子重耳的流亡团队。

　　这支团队历十九年颠沛流离而不散，让晋国复兴到晋献公时代的中原大国地位。这支团队的元老后代成为晋国的"晋二代""晋三代"。此后，晋秦恩怨、晋楚争霸、晋齐会战、北伐翟国、晋文公会盟、赵氏孤儿、公族争斗、三家分晋，都与这支团队及其后代有关。

　　公子重耳，晋献公第二位妻子狐姬的儿子。

　　重耳有很多朋友，就连舅舅们都愿意跟着他混，因为跟着他能吃香的喝辣的，有你的就有我的。跟重耳关系最好的有五个人，《左传》的说法是"有士五人"。按照重耳出逃到翟国的那一年（前 655 年）计算年纪，这五个人是：

狐偃，字子犯，年龄三十八岁，是周翟混血，与重耳是舅甥关系。老谋深算、诡计多端，是重耳队伍中的军师。

赵衰，字子余，年龄二十八岁，与重耳是师生关系。稳重细致、正直谦恭，是重耳阵营中最受尊重的人。

魏犨，年龄二十三岁，与重耳是朋友关系。力大无穷，勇猛无敌，性格暴躁。

先轸，年龄二十一岁，与重耳是朋友关系。英武神勇、沉着机警，是天生的元帅。

狐射姑，字季佗，又叫贾佗，父亲名狐偃，年龄十八岁，与重耳是表兄弟关系。沉稳大气，胆识过人。

除此之外，重耳还有二十多位好兄弟，如胥臣、栾枝、介子推，等等，都是晋国著名的少年才俊。像重耳这样在野时就得到这么多能人相助的公子，即使在养士之风盛行的战国时代也难得一见。

这一年，重耳四十二岁（另一说，十七岁，不确）。

重耳团队是如何构成的？

组织者：团队召集人，重耳舅舅狐偃。头脑清楚，有决断力，其独特身份也具备做团队召集人的必备属性：重耳长辈。

谋士：帮助团队分析形势，提供解决方案的人，先轸，是位帅才，后来成为晋国元帅。

勇士：四肢发达，头脑简单的人，重耳死党魏犨，力大无比，忠心耿耿，属于能舍命救主的一类人。

外交家：赵衰。春秋时代是沿袭周制、讲究礼节、尊重文化的贵族社会。赵衰善于引经据典，朝堂应对可以当得百万乘兵。他靠学识与口才多次在外交场面上救急解困，让诸侯刮目相看。

探子：胥臣、栾枝。团队最后需要的是情报员，这类人天生有耳通八方的本事，总是能第一时间收集到情报。

这五类人是领导的核心团队，有了这些人，领导就等于有了护身符，机会有人相助抓取，危险有人帮助规避。至于像介子推割肉啖君这类忠臣，更给团队增加传奇色彩。这正是打江山的最佳人才组合团队。

如果外公扶持孙子、舅舅帮助外甥是因为血缘关系，先轸、赵衰、魏犨、介子推这些人追随重耳，仅仅因为重耳是国君的儿子是说不通的。从重耳三兄弟的命运可以看出，重耳的人格特点。

《史记》记载：献公子八人，而太子申生、重耳、夷吾皆有贤行。

三兄弟，三种贤行。申生是个谦谦君子，很规矩，待人和气忠厚，对父亲唯唯诺诺。人们都很尊重他，但未必喜欢他，更未必愿意和他交往。因此，申生的朋友不多。简单说，他是一个书生，谦谦君子。

重耳是我行我素的人，慷慨大方，不做作，也不为小事计较，有一说一，有错就改。重耳的朋友多，大家都愿意跟他一起做事。重耳这个人，江湖义气太浓。

夷吾不一样，对他有用的人，他交往；对他没用的人，根本不屑一顾；他的贤行基本上是作秀；他心胸狭隘，生性多疑，心黑手狠。夷吾的朋友不多，多数人讨厌他，但夷吾的老师郤芮却很厉害。

面对父亲的威逼，太子申生"被自杀"了。重耳拒绝"被自杀"，选择逃命。夷吾不仅拒绝"被自杀"，还要杀掉来杀他的人。对于威胁到他的人，不论是谁，夷吾的态度是：要我死，你先死。夷吾设计杀了骊姬派来的杀手，贿赂公子絷，对秦穆公、里克开空头支票，最后顺利登上晋国王位。

重耳既没有兄长太子申生的风流相貌与品德才华，也没有异母弟弟奚齐的耳边风母亲保驾护航，即使与弟弟夷吾比，他也没有足够的决断力。但重耳在流亡的重要关头，都体现出了一位值得信赖的主公所具备的优点。所以这批长辈、老师、高士、朋友对重耳，既敢于直抒己见，又佩服重耳的决策。

重耳有哪些领导特质？这是值得分析学习的：

第一特质：聪明。

《国语》记载：乃行，过五鹿，乞食于野人。野人举块以与之，公子怒，将鞭之。子犯曰："天赐也。民以土服，又何求焉！天事必象，十有二年，必获此土。二三子志之。岁在寿星及鹑尾，其有此土乎！天以命矣，复于寿星，必获诸侯。天之道也，由是始之。有此，其以戊申乎！所以申土也。"再拜稽首，受而载之。

重耳团队在逃亡途中，向野人乞食，被野人给了一块泥土，受到了羞辱。可是狐偃却说出了一番受土预示吉兆的大道理，重耳就"受而载之"，即恭恭敬敬把泥土放到车上，这说明重耳有超越情绪的辨识能力，这就是聪明。不是所有人在这种时候，都能"再拜稽首"的。

第二特质：择善而行。

重耳在蒲城得知骊姬说动了献公，派第一高手勃鞮来杀他。于是团队开会讨论对策，魏犨主张打，先轸主张固守，狐偃认为应该快跑、躲开。因为打不过、守不住，想活着就只有跑。跑到哪里？有人主张去宋，有人主张去齐，赵衰分析宋靠不住，齐去了不被待见，应该去翟，也就是重耳岳父的祖国。

能听从正确意见，是领导的最大要务。

第三特质：真实处事。

第二次夷吾派杀手、军队去北翟杀重耳，这次重耳团队决定去齐国。到了齐国，齐桓公问重耳：公子是来游历的，还是想来做官的？重耳回答自己是来逃难的。桓公正为管仲、鲍叔牙的死而悲伤，见重耳人很实在，就封了一块地，给二十驾马车，还把一名姜姓女子嫁给重耳，让重耳团队安家。

人不怕落难，怕的是掩饰落难。真人面前不说假话，是有好处的。

第四特质：胆识。

重耳从齐国去楚国后，居住多年，受到礼遇。在离开楚国去秦国前，楚王以国宴礼节送行。席间，楚王问重耳回国继位后如何报答楚国。重耳说修好、送礼物等，楚王还继续追问，宴席气氛紧张。重耳严肃地说：以后晋楚要是战场相见，晋国将后退九十里以示谦让，但国土一寸也不会让。这就是后来晋楚大战退避三舍的由来。

重耳在面临生死考验的时候，敢于坚持原则，这就是措锐于其锋的性格力量，领袖之质就在于此。

第五特质：胸怀。

重耳到秦国后，穆公带着考验性质给重耳送了几个女人，其中有一位是秦国公主怀嬴，但这位公主曾是重耳侄子、晋惠公儿子太子圉的妻子。要了，脱不了乱伦的风议；退回去，得罪了穆公与公主。

公主服侍重耳时，重耳以待客之礼对待公主，也不与公主同房。过了几天公主火了，跑回宫里向穆公投诉。穆公召重耳询问，重耳团队都不知如何应对。重耳说：我不是嫌弃公主，而是觉得这样委屈了公主。我想在回国后，礼聘迎娶公主。穆公、公主闻言均大喜。

从春秋第一团队的十九年流亡到执掌晋国大权，可以得出哪些启示呢？

领导力其实与能力、实力、势力都没有必然关联，也与贿赂、阴谋、权力（生杀予夺）无关。从重耳的事迹里，可以总结出五条经验。

第一，领导也要有靠山。

重耳靠不住父王，却有外公、舅舅的支持。靠山除了有权力与金钱，更重要的是有道德或道义。有德之人的忠诚，也是权力合法性的定海神针。

第二，要善于团结同好。

简单来说，人情大于道理。追随重耳流亡的，不是利害的计算、未来的承诺，或者即将到来的胜利——实际上，流亡十九年间，未来是一片漆黑，可是重耳团队不离不弃。他们这伙人情感交融，亲如一家。面对没有保障的未来，情感的团结高于任何精明的算计。

第三，独立的性格。

可以说是情商与胆商的结合。重耳在楚、秦的独立处置上显示出过人之处，出人意料却临危不乱。每逢大事有静气，这是领袖人物必须具备的独特天赋。

第四，择善而行，不自我，不自负。

择善而行四个字，看似简单，实则不易。要听得到、听得进，还能在冲突的意见里做出正确的选择。很多豪杰败于谋士无用、能臣靠边，看似做了错误的决策，其实在此之前就听不进，最后听不到。

第五，奖赏有序。

重耳流亡十九年，有功的人多，反对的人也多。继位后，如何论功行赏、如何安定昔日的反对者是一个大问题。重耳首创的奖赏分等级原则为他加分很多：

用仁德教育我，不让我犯政治错误的，受上赏；用实际行动支持我，帮助我回国的，受中赏；在战场上拼死效力，立下汗马功劳的，受下赏；为我个人生活服务、照顾我的，要等前面三种人赏赐过后才轮到你们。

这个奖赏次序让文公把割股啖君的介子推放到了后面，介子推跑去山里隐居，结果文公采用魏犨的烧山驱赶建议，反而将介子推母子烧死，酿成大错。晋文公为祭奠介子推，在介子推被烧死的那一月冷食，后来就演变为寒食节。但文公的奖赏原则重德不重亲，是让晋国大多数人服气的好方法。

城濮之战后，周王室发给晋文公担任"伯"的委任状，上面写着：天子委任叔父，奉天任命，维护四方稳定，消灭天子不喜欢的事物。这个相当于尚方宝剑，拿着它可以上打昏君，下斩奸臣。

在践土会盟期间，晋文公三次朝觐周襄王，以示尊崇。五月下旬，晋、鲁、齐、宋、蔡、郑、卫、莒等国在践土的王宫举行会盟，周襄王派王子虎担任主持。会议制定并公布了"践土宣言"：共同扶助王室，互不侵害。如果违背此誓，神明降罪，其军受损，国家不保，祸及后人，不分老幼。

践土之盟标志着自齐桓公之后的新一代霸主产生。这一年，晋文公已经六十六岁的高龄。他体现的领导力——修己、达人，这四个字足矣。

第十章
患难照见人性
晋文公的恩怨情仇

人到难处，不仅考验自己的德性，也能看出与他人的关系。重耳流亡十九年，追随者后来成为晋国的支柱。重耳流亡各国的遭遇，也成了形成晋文公时代春秋格局的源头。

晋献公二十二年（前 655 年）重耳逃亡到北翟，重耳是狐姬的儿子，狐突是他的外公，狐偃是他的舅舅，翟国是他母亲的祖国，翟君是重耳的表哥。咎如国国君有两个女人，长得很好看，先轸就带着翟国军队击败咎如，把两女抢了回来，给重耳做妻子。重耳娶了小的季隗，让师傅赵衰娶了姐姐叔隗，生下赵盾。这一年，重耳四十二岁。

晋惠公从秦国被释放后，有人说重耳在外面，诸侯都说他的好话，夷吾就派人去杀重耳，重耳在翟国生活了十二年，被迫逃往齐国。此时重耳五十五岁。

第二次逃亡，重耳一行人已经有二十多人，管家竖头须却携款潜逃，重耳团队失去了家当，逃亡路上就比较狼狈。路过卫国时，要求进城，当时国君是卫文公姬毁。姬毁是宣姜的儿子，卫国五世之乱的最后一世，养鹤丧志的卫懿公被击溃后，带领剩下的卫国七百三十户，汇集 5000 多人，在外公齐桓公带领的盟军资助下重新建立卫国。

重耳也是姬姓，按道理是宗亲，卫文公估计人穷志短，有了小家子气，觉得招待重耳团队太费粮食，决定不开城门。姬毁倒是有作为的国君，担负复国重任，甚至自己亲自织布。但节俭到吝啬，不去帮助落难的同宗，作为一个靠齐联盟资助复国的当家人，这样做是不及格的，人品有问题。

吃了卫文公的闭门羹还不算，重耳一行饥肠辘辘走到五鹿（今河南濮阳境内），看见一个老乡下人（野人），重耳走到老人跟前，问有没有吃的。老人拿出一块土，放在碗里递给重耳。重耳正要发怒，赵衰说：土者，有土也，这是告诉你这块土地是公子的。你要拜受。

逃亡可以没吃的，可是必须有精神。重耳团队流亡十九年不散伙，信念比吃喝更重要。像赵衰这样把"吃土"演绎为"有土"的机智，在危难时是提振士气的大智慧。也就是在五鹿这个地方，发生了介子推割股啖君的故事。

齐桓公四十二年（前644年），重耳一行到达临淄。此时管仲、鲍叔牙相继去世，齐桓公接见了重耳，提出给重耳一行官职，重耳拒绝了。齐桓公就送了二十乘马车给重耳，给重耳一处馆驿居住，把一个公族的女儿齐姜嫁给重耳。

春秋时有"宜其室家，必齐之姜"的说法，就是指齐国姜氏的女人擅长持家。嫁给重耳的姜氏也是一个厉害角色。齐桓公死后，齐国内乱，重耳一行的流亡生活却没有受到多大的影响，转眼过去了七年，重耳已经六十一岁。

有一天，重耳的"五常委"（狐偃、赵衰、先轸、魏犨、狐射姑）在一片桑树林里商议要带重耳回国。桑树林遮人视线，却无法阻止树上有耳。姜氏有一个婢女正在采桑，听到了他们的议论，就回去告诉了齐姜。《史记》曰：其主乃杀侍者。也就是姜氏亲手杀了这个来报信的蚕桑侍女。

齐姜劝重耳赶快离开齐国，重耳说：人生安乐，孰知其他。必死于此，不能去。齐姜就说：你是一国公子，流亡穷困来到齐国，跟着你的兄弟都把命运托付给你。你不急着返回晋国即位，回报这些劳苦的臣子，却贪恋女色，我都为你感到羞耻。你不主动谋求复位，什么时候能够成功（且不求，何时得功）？

重耳不听，也不知是不是怕齐姜试探他，故意装傻。齐姜就与赵衰等商量，把重耳灌醉，装上车带离了齐国。走出很远，重耳醒了过来，拿起长矛就要杀狐偃。狐偃说：要是杀了我能成全你，我也心甘情愿。重耳没辙，恨恨地说：事不成，我食舅氏之肉。狐偃说：要是不能成功，我的肉有腥味（意思自己是翟国人），还值得你吃？

重耳算不算天命有归的人？留在翟国的季隗带着两个孩子苦苦等待；齐国的姜氏陪伴七年，虽没有记录是否生育，却是位贤内助，宁可牺牲自己的生活去成就夫君。重耳继位后，接季隗、姜氏回宫，也是不忘糟糠。

前637年，第三次出逃的重耳一行，比从翟国出来时的条件好了一些，"五常委"决定去宋国。途中再次路过卫国，到了卫国新都城楚丘（今濮阳境内）。重耳派胥臣去找卫国上卿宁速，通报卫君求见。卫文公儿子卫成公听说重耳又来了，还是一口拒绝：不见。

此时的卫国经过七年休养生息，已经不是缺钱少粮的国家。宁速对卫成公说：重耳日后会成为晋国国君，现在咱们也不是没钱，为什么不搞好关系呢？卫成公说：重耳已经六十多岁了，能活几年都不知道，还指望他成为晋国国君？不见。

卫国再一次拒绝了命运之手。如果说卫文公是小家子气，卫成公就是势利眼，这对父子将心思放在恢复卫国经济、防备狄人与邢国的侵略上，眼界与格局太小了。即使不去考虑重耳即位的潜在收益，对于落难的同宗远亲，也不应该如此吝啬、刻薄。

重耳一行来到曹国国都陶丘（今山东菏泽定陶），胥臣来到曹国朝堂通报，曹共公也是一口拒绝：不见。胥臣返回途中，曹共公又改变主意，派人追上胥臣，把重耳一行安排到城里馆驿。

进入馆驿，曹国馆驿小吏就来请重耳沐浴更衣，说是要赴国宴。重耳就去洗澡，洗着洗着重耳感觉有人在偷窥，还在嬉笑。重耳经过一番追查，发现偷窥洗澡的竟然是曹共公。

原来曹共公听人说重耳有异相，"重瞳骈肋"（即斗鸡眼、平胸），想亲自看一看，就改变主意让重耳一行进城，根本没有打算宴请重耳一行，偷看完洗澡，就草草安排了饮食。第二天重耳一行上路前往宋国。

曹国大夫僖负羁赶上重耳，送了一盒熟食，饭盒里还放了一块玉璧。重耳收下食物，将玉璧退还给僖负羁。

晋文公五年（前632年），晋文公以荀林父为御戎、魏犫为车右，率领晋军800乘（每乘100人）南下，先轸为先锋，第一战就攻下五鹿。晋军进攻曹国，向卫国借路，卫成公不答应，想与晋国结盟，晋文公不许。卫国人驱逐了卫成公讨好晋文公，晋国不战而得卫国。

同年三月，晋军攻入曹都。晋文公列举了曹共公的罪状：不用僖负羁这样的贤臣，却有"乘轩者"三百人，政府冗员极多，生活奢侈。晋文公下令军队不许进入僖负羁及其同宗族的家内，以报答他的恩德。

重耳团队来到宋国，宋襄公不仅亲自接待，还送了二十乘车马，并建议重耳去楚国。去楚国途中，路过郑国（也是姬姓同宗国），通过郑国上卿叔詹通报郑文公求见，结果又是两个字：不见。

叔詹劝郑文公：本是同宗，重耳流亡这么久还没死，他身边的一伙人都是能人，这是有天命的人。现在花小钱招待一下，以后他做了晋国国君，也有好处。郑文公说：流亡十几年，他弟弟都做了国君，哪里还轮到他？

叔詹又说：既然不想招待，不如杀了他们，免得留下后患。郑文公说：杀一群流亡的老头子？这群人还不知死在哪里，还用我去杀吗？

同姓未必同心，亲戚不如陌路。这种事情发生在一国之君身上，真是位尊反而德薄，有钱反而吝啬。郑国的叔詹，与卫国的宁速、曹国的僖负羁一样，都是有眼光的人，可是却如此心地险恶，这种大臣也不会给国家带来好运。

郑文公是投楚派，泓水之战胜利后，楚成王北上到新郑，郑文公带领自己的妻子芈氏、姜氏亲自出城犒劳楚军，又请楚成王进城。最后他的两个女儿，也就是楚成王的侄女，被楚成王强娶。

前630年，晋文公以捉拿谏言杀他的叔詹为名，联合秦军围困新郑，郑文公不得已将叔詹交给晋文公。晋文公准备用大鼎烹了叔詹，叔詹抓着大鼎哭着说：自今已往，知忠以事君者，就是我这样啊！意思说，之所以劝郑文公杀了重耳是因为忠于郑国，晋文公杀了我，就是杀了忠臣。晋文公于是命令不杀，还以正式的礼节送叔詹回国。最终烛之武孤身入秦军，劝说秦穆公退兵，解了新郑之围。自此，郑国成了晋国的附庸国与棋子。

重耳来到楚国。楚成王派出使节到边境迎接，并在楚郢都（今湖北枝江）以最盛大的国君礼仪（《史记》：适诸侯礼待之）招待重耳。所谓诸侯之礼，即"九献，庭实旅百"，超规格接待。

按《周礼》，九是最大的数，九献就是九次献上食物，以示尊重。天子九鼎、诸侯七鼎、卿大夫五鼎、士三鼎，此所谓"藏礼于器"的列鼎制度。春秋"礼崩乐坏"就是指周礼规定的不同级别享受不同待遇的制度被诸侯卿大夫随意为之。楚成王用九献招待重耳，就是礼崩的表现。

重耳不敢去，赵衰说：你在外流亡十几年，小国轻视你，何况大国？现在楚国是大国，却执意要待之以礼，你就不要推辞，这是上天在给你机会。（子亡在外十余年，小国轻子，况大国乎？今楚大国而固遇子，子其毋让，此天开子也。）

就是在这个国宴上，重耳面对楚成王的逼问，说出了"退避三舍"的承诺。楚令尹子玉（成得臣），日后城濮之战的楚方统帅，来请求楚成王杀了重耳。楚成王说：重耳有贤德而长期困居国外，他的随从都是国家栋梁之才，这是上天配给他的，怎么能杀他们呢？（晋公子贤而困于外久，从者皆国器，此天所置，庸可杀乎？）

楚成王是息夫人的儿子，从与齐桓公、管仲斗到与晋文公斗，此时楚国内乱甚于外敌。城濮之战并不是楚国与晋国的举国战斗，而是成得臣、若敖氏一族与晋国的战斗。城濮之战的真正赢家是楚成王，他除去了子玉这个权臣。

楚成王没有杀重耳，反而支持重耳回国即位，对重耳说：楚到晋还要经过好几个国家，秦晋接壤，你从秦国回晋国。（《史记》：子其勉行。厚送重耳。）

秦穆公也派人到秦楚边境迎接重耳，不过给的礼节是五献，按卿大夫的礼节招待。晋惠公夷吾和晋惠公儿子公子圉（晋怀公）都是秦穆公扶持即位，秦穆公对公子圉偷跑回国即位不满，就借机赠送给重耳五名公族女子做妾，把公子圉在秦国时的妻子怀嬴也送给了重耳。

重耳认为不能把怀嬴当小妾，而是要回国后正式迎娶做夫人，这个处置方案得到秦穆公的喜欢，就以七献之礼再次宴请重耳。席间，重耳应对符合周礼，宴会结束后，秦穆公说：为礼而不终，耻也。中不胜貌，耻也。华而不实，耻也。不度而施，耻也。施而不济，耻也。耻门不闭，不可以封。非此，用师则无所矣。二三子，敬乎！（《国语》）

秦穆公提出为礼需要避免的“五耻”：先有礼后无礼，善始不能善终，是羞耻；内心真实想法与表情不一致（色恭而不敬），是羞耻；表面有礼却不去落实（口惠实不至），是羞耻；不揣量自己的能力去显耀施德（沽名钓誉），是羞耻；施德却不能成事，是羞耻。不避免这些让人蒙羞的行为，是不够有品德封国的。不这样做，也是不能带好军队的。各位，你们要敬重重耳！

第三日，秦穆公又以乐礼测试重耳，赵衰对周礼、诗都有研究，辅助重耳应对得体。秦穆公二十四年（前636年），晋惠公即重耳的异母弟弟夷吾去世，即位的晋怀公杀了狐突及重耳流亡团队在国内的亲属，天怒人怨，秦穆公亲自领军，出战车四百乘，护送重耳回国夺位。

渡黄河时，重耳让管家把流亡期间一直带着用的一些旧家当扔到黄河里。狐偃看到这个场景，从怀里掏出两块玉璧，交给重耳说：这些年，我跟着公子东奔西走，肯定有很多做得不好的。现在公子即将回国即位，我这个老家伙就不要再跟着，就此告别吧！

重耳猛然醒悟，当年自己对舅舅说过要吃他肉的狠话，现在丢弃旧物，引起老伙伴的担心。当即说道：如果返回国后，不与子犯同心相处，请河神明鉴。将玉璧投入河中，以为盟誓。

《史记》记载，介子推当时在船中，看到这一幕，对狐偃"逼宫盟誓"不以为然：是老天要帮助公子，子犯却以为是自己功劳，要挟于国君，真是羞耻的事情。我不愿意与这样的人同朝共事，乃自隐渡河（自己渡河后就偷偷离开了）。

狐偃在这个时候，用戏剧化的方式劝谏重耳，从人情角度看是合适的。等到重耳即位，出现喜新厌旧情况的时候，再劝谏恐怕就晚了。

重耳也没有做过对不起旧臣的事，或许正是狐偃在黄河边的这一次劝谏，让重耳避免了犯错。介子推不是重耳团队里的突出人物，除了割股啖君，没有文才武略，虽然忠君有功，但也达不到要列为卿的地步。他这番自显高洁的言论，恰恰说明他没有真正融入重耳团队，这也是悲哀。

风光时，到处都有阿谀逢迎之人；落难时，才会知道谁是你的朋友。十九年，考验了重耳的追随者，也凸显了春秋诸国的品性与格局。

卫、曹、郑这类姬姓宗亲国的没落，不是历史淘汰它们，而是它们自绝于历史。宋襄公这样的失败者反而保留了仁义的基本底线，齐、楚、秦不愧是大国风范，这些国家能先后登上历史舞台，良有以也！

新君掌权，奖赏追随者，惩罚昔日政敌，这个不难，难的是如何化敌为友。

两次奉命追杀重耳的剑术高手勃鞮（寺人披）前来投靠重耳，重耳派人去责备他说：浦城的时候，献公命令你一天后到，你当天就到了。翟国的时候，献公命你三天到，你两天就到了。虽然有国君的命令，但是你追杀我却特别积极。我当初被你砍掉的那只袖子还在。你还是走吧。

勃鞮说：我以为你在外面这么久，重回国家后会懂得为君之道，看来你还是没懂，恐怕还是会有灾难啊！君命无二，古之制也。除君之恶，唯力是视。浦城、翟国杀你，与我有何相干？现在你当了国君，难道就没有当年如你在浦城、翟国那样想要杀的人吗？齐桓公任用射了他一箭的管仲做宰相，放到你身上，你恐怕没有这个度量吧？你要杀的人多着呢，哪里只有我这个得罪你的人呢？

重耳听了就去见勃鞮，勃鞮就揭发了吕省、郤芮要杀重耳的计划，帮助重耳做内应，诱杀吕省、郤芮，为重耳登基扫平最后的障碍。

文公担心再出吕省这样的叛臣，想把过去反对过自己的人都杀了。赵衰制止说：冤仇宜解不宜结，仇人只会越杀越多，多杀只会失去人心。叛乱头子已经伏法，对追随的人要宽宏大量，让他们改过自新。

文公下令既往不咎，可是没人相信，很多人依然心神不定，怕秋后算账，文公也苦恼如何让国人理解他的真心。这时，在重耳从狄国出逃时，卷走行李盘缠，让重耳一行五鹿吃土的管家竖头须来见文公。文公一见，气不打一处来，以在洗头推脱不见。竖头须说：洗头就是心倒过来，心思也就倒过来了，难怪我见不到。在国内的人是帮你看守国家，跟你逃亡的是替你服务，这两种人都是一样的，为什么要责怪看守国家的人呢？做了国君，还跟下臣过不去，怕你的人恐怕会很多（国君而仇匹夫，惧者甚众矣）。如果您对我都能原谅，那些吕省、郤芮的手下，不就相信主公的既往不咎是真的了吗？文公就让竖头须做御者，拉着自己到处访问，国人果然信服文公，重耳的位子就安定了。

前 636 年，晋文公即位。这一年，重耳六十二岁。在位九年后，前

628 年，晋文公去世。

晋文公在位时间短，却是齐桓公后第二个真正的霸主。城濮之战胜利后，晋文公带领联军举行了践土会盟，周襄王将晋侯升为晋伯，并策命曰：王谓叔父，敬服王命，以绥四国，纠逖王慝。就是让晋文公恭敬服从天子的命令，好好安抚四方诸侯国，惩治邪恶、不服王命的人。这是重耳一生最荣耀的时刻。

司马迁说：晋文公，古之所谓明君也。孔子却不以为然，他说：齐桓正而不谲，晋文谲而不正。意思是齐桓公正道而不狡猾，晋文公狡猾而不正道。孔子是否看人入木三分？

比较齐桓公、晋文公之事，从性格上看，齐桓公的确是公子哥做派，有时甚至没心没肺，如想吃人肉这种事，小白很少动歪脑筋，因为管仲团队都为他做好了。晋文公则不同，他在外流亡十九年，很多事情要靠自己解决，有时甚至大智若愚，不知真假，如齐姜劝他离开齐国，他说不想走，这段记入史册的对话就很可疑。

晋文公属于有恩报恩、有怨报怨的人，对于卫、曹、郑这些没有帮助过他的同宗国家一个也没放过，即位后都教训了一顿。晋文公是务实大度的人，宽恕了刺杀他的寺人勃鞮、在逃出翟国时携款潜逃的管家竖头须。

晋文公流亡团队里的一群能人，遵守礼节，做事并不拘泥。攻打曹国都城时，曹军将晋军先锋 300 人杀死，暴尸城墙，狐偃、先轸就带兵到曹国祖陵驻扎，扬言要掘坟暴尸。曹国恐惧，请求和解，先轸命曹国将晋军棺椁收殓，礼送出城。三百棺椁运出城，堵塞城门，晋军趁机杀进城去，占领曹国。这个算是诡谲的做法，与宋襄公的"仁义"确实不在一个层面上。

晋文公有传奇的一生，晚年寿终正寝。重耳虽然流亡，却不是无忧无虑的，吃过苦，遭过罪，不是一个幸运儿，却是一个幸福的人。孔子说晋文公谲而不正，有点不通世情、求全责备的迂腐气，不可取。

第十一章

老大金身不可自毁

周王室为什么衰败

如果说郑国成在深谋远见、文韬武略，那么周王朝就是败在鼠目寸光、不知进退。郑国是西周最后一个封国，郑桓公（姬友）预见周朝要乱，恐祸及自己，向周王室史官史伯（伯阳父）请教，史伯给他指出一块封地立足的好地方：新郑，并教导他如何蚕食周边小国，才建立了郑国。

春秋第一小霸王郑庄公（姬友孙子、郑武公长子），即郑伯克段于鄢、汲泉见母的姬寤生，做了一件具有历史标杆或风向标意义的事：繻葛之战中，把周王的王室联军打败了。

礼崩乐坏，莫此为甚！从孔子开始的春秋大义，对郑庄公2000多年的诛心之论，恐怕就是因为繻葛之战，隐公元年（孔子春秋的纪元年）的"郑伯克段于鄢"公案，是对姬寤生做的这件大逆不道事件的"秋后算账"。

公元前707年，距春秋纪元开始的鲁隐公元年（公元前722年）有十五年，郑庄公与周桓王的积怨达到临界点，郑庄公不去朝觐周王，桓王不顾满朝大臣的反对，决定率领联军（蔡、卫、陈）御驾亲征讨伐郑国。

自从幽王被犬戎所杀，周平王迁都洛阳，这是周王室第一次行使"礼乐征伐自天子出"的王法，效法周公旦三年平定管蔡东夷之乱的大胆之举，当然，也成了最后一次冒险。

郑庄公与周王室的梁子结于周桓王的爷爷周平王时候。姬友（郑桓公）不是一个愚昧的人，在周幽王时，利用职务之便和自己朋友多（姬友是周王室司徒，即中央政府主管土地资源的部长，《国语》里说他"甚得周众与东土之人"，即在中央官员与东土诸侯里人缘好）的优势，为本姓家族封到了最后一个诸侯国（郑）。但姬友却不是一个"裸官"，不是国家危难之时随时跑路的"流亡分子"，他是犬戎攻破镐京时，拼死保护周幽王而战死的周朝英烈。

周平王、太子宜臼是申侯的外孙，宜臼的母亲、申侯的女儿是被周幽王废掉的王后，这才有申侯引犬戎入镐京的重大事变。姬友的儿子姬掘突在前761年娶了申侯的女儿，即武姜，生下姬寤生和共叔段。郑国与周王室实际有连襟关系。前744年，姬寤生继位，那一年他十三岁，即郑庄公，还继承了周王室的太宰职位，也就是周王室的总理。

郑国三代是西周王室的英烈，郑庄公是东周王室的总理大臣，郑武公（他娶了平王母亲的妹妹）是周平王的姨夫，郑庄公是周平王的表弟。

要讨伐郑庄公的周桓王（姬林）是谁呢？是周平王、太子姬狐的儿子，也就是说，周桓王比郑庄公晚了两个辈分。周桓王于前720年即位，他父亲姬狐是"周郑交质"时周王室送到郑国的"质子"（这是郑庄公的另一非礼罪状），平王驾崩后，郑庄公送姬狐回周王室继位，姬狐在平王灵前悲伤过度，没等即位就去世，他儿子姬林继位，即周桓王。周桓王与郑庄公的梁子就结在老两辈身上，成了"三代结怨"。

"周郑交质"：郑庄公作为诸侯国和周王室太宰，好多年不去朝贡，周平王就与虢公忌父（即周幽王总理虢石父的儿子）说：姬寤生也不来朝贡，不如你代替他做总理，虢公忌父害怕得连夜逃回虢国。

消息传到郑庄公耳朵里，几年不去朝贡的他去了洛阳，要求辞职。周平王知道是自己的想法惹恼了这个表弟，几次挽留还是不行，平王提出让太子姬狐与郑庄公的世子互相交换做质子，以表明对郑庄公的信任。

哪有下一任国君到诸侯国做人质的道理？这不是乱了规矩吗？郑庄公推辞一番后，扛不住表哥执意要求，于是"周郑交质"出现了，这被视为是西周礼乐征伐自诸侯出以后，周王室自降权威的重大事件。

周桓王即位后，郑庄公又要求辞职，周桓王没有他爷爷的小心谨慎，也没有虢公忌父的胆小，准了。他与舅爷爷的暗战变成了明战。

郑国文武大夫祭足、高渠弥要为郑庄公出气，先是派兵去周王室领地温城借粮，没借到就把温城的麦子割了，带回郑国——这就是精心策划的一次抢劫。随后去王室朝贡，又受到周桓王言语挤兑，祭足却假装得到周桓王奖赏，冒充周王的名义讨伐宋国。

这事惹恼了周桓王，他不想再忍，前707年，这场周王室的最后征伐开始了。周王以为王师一到，庄公应该缴械乞罪。谁知庄公是个有手腕的实力派，怎么会给宗亲（周王）面子？更重要的是，周王的联军哪里是郑军的对手？战斗开始，郑军先冲击实力最弱的陈军，陈军崩溃，带动蔡军、卫军、周王室军都相继混乱，周王室大败，周桓王肩膀还中了高渠弥射出的一箭。

此时活捉桓王易如反掌，庄公却明白，捉王容易放王难，真抓了周王，郑国就成了诸侯公敌。庄公不仅没有乘胜追击，反而派出祭足带着吃的、喝的去"劳军请和"，对周王说：君子不为己甚，何况是欺凌天子。打仗只是为保住郑国江山，并不想为难周王。

台阶只能由战胜者给。周王室春秋时代第一次，也是最后一次的御驾亲征就此结束。周王虚君已成定局，西周时代可以号令勤王的历史一去不复返。

从这段历史中可以得到哪些对今天有用的教训？

第一个教训，老大的金身都是自己毁掉的。

周平王病急乱投医，从"周郑交质"到周桓王讨伐郑庄公，都是自毁金身，失去了实力、道义，这样的老大还怎么坐得住位置？

周平王时，连虢公忌父都不敢接郑庄公的虚位，导致"周郑交质"，平王算是能忍，但处置失当，缺乏政治智慧。周桓王率领本姓诸侯讨伐郑国，就是轻举妄动、不识时务，更是缺乏政治智慧。

老大要明白一个基本道理：要是真有权力，不用自己出手，指派诸侯国去打就够了。老大要知道自己的力量所在，金身易毁难塑。

第二个教训，打老大，伤肉不可伤脸。

郑庄公打天子，也是冒了风险的，如果打死桓王就是弑君，抓了桓王就是侮君。能打，却不能杀、不能抓，庄公头脑还是清醒的。先把联军（即爪牙）击溃，仗打胜了，然后主动请求讲和，给桓王台阶下。

结果：老大的面子有了，庄公的里子有了。也就是说，小弟作乱，或许是神仙也挡不住的事，但像姬寤生这样犯上作乱却没有捅出大娄子，也是水平。

老大虽然实力不在、气势不在，但名位还在。只要名位还在，哪怕是虚名，就要给他面子。

周室之乱还没有结束。

前654年，齐桓公在首止会盟，由于扶植周惠王不喜欢的太子姬郑，周惠王因此不满齐桓公，竟暗中让晋国、郑国与楚国交好，拆齐桓公的台，周惠王让使臣传话郑文公，让他脱离齐桓公，与楚国结盟，郑文公临时退出会盟。当时，这就是勾结外族蛮夷，对抗内部亲族。

太子姬郑得到齐桓公支持，于前651年即位，是为周襄王。周襄王走得更远，竟然重演当年申侯引狼入室做法，请求翟君进攻郑国。

前636年，周襄王应滑国要求，调停郑国对滑国的进攻。郑文公认为周襄王偏心，一怒之下将周王派来的使臣扣押。周襄王闻讯，想想晋、齐、秦都请不动，竟然派出使节去翟国搬兵，再次引狼入室。翟君求之不得，引骑兵千乘，突袭郑国，攻下栎城，解了滑国之围。

周襄王以翟国伐郑有功，不顾大臣反对，娶翟女叔隗（与晋文公赐给赵衰的不是同一人），十分宠爱，立为王后。叔隗竟然与周襄王弟弟公子带（甘昭公）私通，周襄王废了叔隗的王后，公子带跑到翟国，借兵攻击周王室，周襄王兵败，逃到郑国的范地避难，并号召诸侯勤王。晋文公团队认为这是一次尊王攘夷的好机会，带领晋军杀死甘昭公，帮助周襄王回到洛阳。

周襄王父子两代人的做法，让周王室颜面扫地，虽然有晋文公再次打起尊王的旗帜，但是周王引狼入室的做法已经不是失去实力与权力的问题，而是失去了对权力基础的文化认同。

礼崩乐坏，首先崩在周王室自身，而不是诸侯。周文王（姬昌）和周武王（姬发）要是看到自己的嫡系后代如此不成器，会如何想呢？

架子是自己刻的，面子是别人给的。老大的金身需要小弟的尊重与维护。

一鸣惊人的楚庄王，于公元前 606 年出兵讨伐陆浑戎（今河南嵩县与伊川境内），一个与楚国并不接壤，也没有过节的小国。为什么？

炫耀武力？有，但不是最主要的。借出兵抓军权？有，但楚国此时依然是斗越椒掌权。最重要的是向周王室与中原诸国宣示：楚国帮周王室出头。

楚军扫除陆浑戎要借道周王领地，楚军在离洛邑不远的地方扎营阅兵——这哪是打陆浑戎，这是在向周王炫耀武力。

周王派人前往慰问，此人便是著名的王孙满，即在很小的时候，二十一年前的秦晋崤之战（公元前 627 年）中秦军经过洛邑时，就因预言秦军要战败而闻名的神童。

神童如今已成周王室大臣，庄王知道王孙满大名，寒暄之后，楚子问鼎之大小轻重焉：听说大禹铸了九个鼎，代表天下九州，都在洛邑城里。

其中荆州是代表楚国的，请问这个鼎有多大、重量多少？

九鼎是天下象征，问鼎就是图谋不轨。王孙满的回答是历史经典：在德不在鼎。昔夏之方有德也……用能协于上下，以承天休。桀有昏德，鼎迁于商，载祀六百。商纣暴虐，鼎迁于周。

德之休明，虽小，重也。其奸回昏乱，虽大，轻也。天祚明德，有所底止。成王定鼎于……卜年七百，天所命也。周德虽衰，天命未改。鼎之轻重，未可问也。

这段话先讲了道理，又讲了历史更替规律，重点是最后几句：周朝有七百年的天命，现在虽然衰落，但天命还在。什么意思？楚庄王活不到周德结束的那一天，还没资格问鼎的轻重。楚庄王悻悻而去。

王孙满这样的文臣，能折冲楚庄王这类霸主，凭什么？

幽王之乱后，周王室失去了调兵勤王的权力；败于郑庄公后，周王彻底变成虚君的天下共主。但正如王孙满所言，周德虽衰，天命未尽。所以春秋前三霸（齐桓公、晋文公、楚庄王）都得打着拥护周王室的名义，才能会盟诸侯、号令诸侯。这种会盟获得的权威只维持很短的时间，春秋所谓的霸与会盟，其实都是海市蜃楼。

西周分封多达1773户（家族），春秋期间陆续崛起的有四大国（郑、晋、齐、楚），灭掉的都是周边的小封国（当时的国即城里的意思，国人与野人是两个基本阶层）。

郑、齐、晋、楚四国的称霸，并不是对诸侯国有真正的控制实力。四大国之间的争霸战争只要一结束，战胜国内部就会发生权力内斗或陷入内乱。

在这种国力、格局下，王孙满这种周德未衰说，就成了周王室的最后一道护身符。鼎之轻重，未可问也——这是春秋诸国均势的观念砝码，并不是一个简单的语词，而是一个观念符咒。

政治的观念符咒与军事实力一样重要。春秋时代的战争、外交、国家，与当今联合国治下的世界体系很相近，五常相当于五霸，安理会相当于鲁、卫、宋这些"中等国家"，成员国就是诸侯国。春秋时代，问鼎轻重，即挑战周王室，实力上都没问题，但是有一个观念障碍，诸侯国并不敢越雷池一步，反而是打出尊王的旗号，还容易会盟。也就是说，春秋时代，灭国容易，灭周王室难。谁也不敢成为诸侯国公敌。

老大的金身，一靠实力，二靠符咒，三靠仪式。服从实力、服从符咒、服从仪式，则不怒自威。孔子说：祭如在。仪式是实力与信念的表现，到了连仪式也不去遵守的时候，金身就变成了泥菩萨。

进入春秋时代的起因是众所周知的烽火戏诸侯事件。

幽王二年（公元前780年），西州三川皆震。是岁也，三川竭，岐山崩。大地震，三大河（泾水、黄河、洛水）断流，岐山发生山崩，周朝的龙脉断流崩断，太史伯阳父出来唱衰：夫国必依山川。山崩川竭，亡国只征也。若国亡不过十年，数之纪也。天之所弃，不过其纪。

前半句话，不奇怪。准确算出西周国命只有十年，我怀疑这是后世史官的私货。顺便说一句，中国先秦典籍的私货很多，代前人立言（即后世作者把自己的话安到历史人物嘴里），是中国古代文人的一个恶劣嗜好，导致中国历史上伪书很多。

我不信太史伯阳父的预言，幽王连前半句警示也不信。周幽王对来教训自己的两位长老周公和召公（即周召共和的两位贤臣）说：这是自然灾害，与我有什么关系。周幽王是最早的无神论者，但不幸的是，他是亡国之君，好色无德之君，白瞎了他的聪明。

专制权力的特征就是，君主想要什么就会来什么，甚至没有说出来的"需求"都会被聪明的臣子满足。幽王也不例外，有周公和召公，也有太宰虢石父，太宰即总理大人。

虢石父对幽王如此汇报大地震：祝贺大王，我们大周朝在大王的英明领导下，取得了抗震救灾的全面胜利。这次抗震救灾，措施得力，及时全面，救出无数灾民。灾民对大王感恩戴德，还写诗歌颂。

幽王说：他们唱些什么？

虢石父清了清嗓子唱道：天灾临兮死何诉，周公唤兮召公呼，天子疼兮诸侯哭，纵做鬼兮也幸福。烈马战车兮救雏犊，左一锹兮右一锄，感恩大王兮齐欢呼，再死一次兮心也足。

周幽王笑了：纵做鬼兮也幸福？幽王不是傻瓜，但还是喜欢这首杜撰的歌谣，令虢石父传唱下去。

幽王笑了，可是有一个人没笑，还总是不笑。《史记》载：褒姒不好笑，幽王欲其笑万方，故不笑。中国历史上著名的第三位亡国祸水褒姒（第一个是夏桀妃妹喜，第二是商纣妃妲己），不喜欢笑，幽王想尽办法，褒姒就是不笑。

宰相虢石父想出了烽火戏诸侯的妙计，褒姒与幽王站在骊山城楼上观山景，听得城外乱纷纷，勤王的诸侯见得烽火起，火急火燎赶到首都，准备勤王打仗，传来的却是褒姒银铃般的笑声。一笑倾人城，再笑倾人国，配上褒姒与幽王最合适。

不过，要是把西周灭亡归罪到褒姒身上，就不符合历史事实，太高估了美女的能量。周幽王被谁所灭？老丈人申侯。幽王将太子宜臼放逐到申侯那里，王后进了冷宫，幽王老丈人不乐意了，心想这样下去迟早会废后、废太子，还不如先下手为强，就想出借兵犬戎清君侧的主意，与犬戎达成了出兵回报协议。

犬戎进攻镐京（今咸阳），幽王举烽火召集诸侯勤王，这时尝到狼来了喊多了的后果：数举烽火，其后不信，诸侯益亦不至。救兵不来了，犬戎进城了，进来就不想走了。引狼入室的申侯只得又暗地联络诸侯，秦、晋、卫、郑四国得知首都被占，星夜起兵，犬戎宵遁。

幽王自己坏了规矩，死了活该；褒姒只是一个性情古怪的小女人，她给了幽王破坏规矩的导火索；虢石父给幽王出了烽火戏诸侯的馊主意。这些所谓的"忠臣"，眼里只有君王，没有国家、人民与规矩；最神奇的是申侯，由引狼入室的"周奸"变成再造王室的带路党、新王朝的功臣。宜臼继位，即周平王，申侯成了国丈。

周平王元年，即公元前 770 年，周朝首都迁至洛邑（今洛阳），东周开始，春秋时代开始。

第十二章

正统与篡逆

信仰压倒亲情

卫国即今天的新乡，是殷墟、商朝首都朝歌。武王灭商后，将纣王的儿子武庚（禄父）封在那里。不料派去监视武庚的管叔、蔡叔与武庚联合造反，被周公旦，即孔子梦熊的对象带兵剿灭了。周公就封弟弟康叔在此地，卫国由此创立，是卫、石、康、宁、凌、常诸姓祖先。

卫国是周公治理的样板国家，《梓材》《康诰》《酒诰》，都是周公写给弟弟康叔，教导其如何治理国家的珍贵历史文献。康叔被周成王提拔为周朝司寇，即由诸侯成为国家最高法院院长。

康叔传位的后人到了卫庄公这一代出了老问题：小妾的儿子州吁杀了继位的世子完（卫桓公），就是杀了同父异母的兄长，弑君夺权。可见，郑庄公要是不克段于鄢，也就没有黄泉见母，而是变成和卫桓公一样的结局。

州吁是卫庄公一位不知名的宠妾所生，是没有名分继位的庶子。州吁长得漂亮，喜欢谈论带兵打仗的事，十八岁时，庄公就任命州吁为将军。石碏劝庄公：庶子好兵，让他统领军队，乱自此起。庄公不听。石碏的儿子石厚与州吁是好朋友，石碏让儿子不要跟州吁在一起，石厚也不听。

庄公死后，公子完继位，即卫桓公。桓公见州吁骄横，免去了他的将军之职，州吁就跑到郑国，与共叔段混在一起。叔段自杀后，公元前719年，州吁聚集一部分卫人，将卫桓公杀死，自立为君。

从州吁逃跑到聚集卫人袭击桓公，可以看到卫国的武装力量是比较薄弱的，春秋时期宫廷政变频繁发生，与很容易啸聚武力实现夺权有关。

州吁杀了卫桓公，卫国人却不服他。州吁的死党石厚（想当年，石厚不惜与家族决裂跟随州吁）出了一个主意：打一场仗树立州吁威信。打着为共叔段报仇的旗号，讨伐郑国。

这比马基雅维利《君主论》里，用对外战争转移国内矛盾的统治术早了2100多年。其实，郑庄公在州吁弑君案发生时，就预料到州吁会进攻郑国。

州吁联合鲁、陈、蔡、宋组成五国联军，讨伐郑国。到郑国首都荥阳城下，叫战五天，没打一仗，撤了。撤兵途中抓了几名郑国百姓，回卫国宣称大捷凯旋，史称东门之役。可是，没有不透风的墙，白忙一场，卫国人还是不服州吁。

《诗经·邶风》中的《击鼓》一诗就是因此役而作：

> 击鼓其镗，踊跃用兵。土国城漕，我独南行。
> 从孙子仲，平陈与宋。不我以归，忧心有忡。
> 爰居爰处，爰丧其马。于以求之，于林之下。
> 死生契阔，与子成说。执子之手，与子偕老。
> 于嗟阔兮，不我活兮。于嗟洵兮，不我信兮。

一首厌战诗句，成了后世吟咏爱情的不二绝唱：死生契阔，与子成说。执子之手，与子偕老。

怎么让卫人接受州吁为卫君呢？

关键人物出场：石厚让州吁去找他的父亲石碏，州吁就亲自登门请教。石碏出了一计，让州吁觐见周王，周王一册封，州吁的政治合法性就有了，卫国百姓不就服气了吗？

听起来是好主意，州吁问：何以得觐？石碏说：陈桓公方有宠于王，陈卫方睦，若朝陈使请，必可得也。就是让州吁去找陈国派使者去向周王说情，这事就成了。州吁想，陈国刚参加讨伐郑国，与卫国是一个战壕的战友，石厚也觉得主意不错，两人就去陈国拜会陈桓公。

结果，两人及百名随从到了陈国就被抓了起来。石碏在州吁去陈国前，写了封鸡毛信送给陈桓公，历数州吁弑君、篡权的罪行，而被州吁杀掉的卫桓公是陈桓公的外甥，即卫桓公的母亲是陈桓公的妹妹。州吁、石厚就这样被石碏设计，抓了起来。

陈国扣下两人，却不想背上粗暴干涉别国内政的名声，向石碏提出将两人押解回卫国，石碏召集卫国公卿开会。杀州吁全票同意，杀不杀石厚呢？公卿觉得从犯可以不杀，石碏却认为儿子是州吁的军师，非杀不可，还派自己的家臣前去执行。两个篡位夺权的人，就这样在陈卫边境，办理完移交手续后被就地正法。

《左传》赞美石碏：大义灭亲，其是之谓乎？亲爹杀了儿子，设计收拾了弑君者，石碏是一个"再造卫国"的大臣。石碏除掉州吁，将在邢国避难的桓公同母弟弟公子晋迎回，就是卫宣公。公子晋还是公子的时候，就与父亲庄公的一个叫夷姜的妾私通。庄公死后，公子晋把夷姜偷运出宫，生了一个儿子，取名叫伋子。公子晋即位后，将夷姜立为王后，伋子就成了太子。

宣公翻脸比翻书快，夷姜竟然被逼自杀，伋子也被宣公买凶刺杀，卫宣公的荒唐让卫国陷入五世之乱。石碏要是知道自己大义灭亲迎回来的正统国君是这个秉性，不知会如何自处？卫宣公是晋献公、楚平王的前车之鉴，尤其是卫宣公与晋献公的故事情节惊人相似。

州吁之乱，是《春秋》记载的弑君第一案。《左传》里留了两段与此有关的对话，都非常有名。

一则是石碏对卫庄公的谏言：臣问爱子，教之以义方，弗纳于邪。骄奢淫逸，所自邪也。四者之来，宠禄过也。将立州吁，乃定之矣。若犹未也，阶之为祸。夫宠而不骄，骄而能降，降而不憾，憾而能眕者，鲜也。且夫贱妨贵，少陵长，远间亲，新间旧，小加大，淫破义，所谓六逆也。君义，臣行，父慈，子孝，兄爱，弟敬，所谓六顺也。去顺效逆，所有速祸也。君人者，将祸是务去，而速之，无乃不可乎？

石碏的这段话，发生在庄公十八年（前740年）庄公任命公子州吁为将时，是非常有远见的预测。这段话提出了"六逆""六顺"之说，特别是指出骄（为人傲慢）、奢（追求奢靡生活）、淫（乱搞男女关系）、逸（好逸恶劳）四种邪气，是由于宠爱与赏赐过度造成的。"宠禄过也"，宠爱及赏赐过多。

宠，宠爱，即亲近；禄，俸禄，即奖赏。奖赏太多，已经没有了规则，这就是过。宠禄过，就会催生六逆，就加速祸害。为什么？受到宠爱却不骄傲，骄傲却能主动退让，退让而心里不遗憾，心有不甘而能克制的，是很少的。

石碏的话煞费苦心，卫庄公"弗听"。石碏禁止自己的儿子石厚与州吁在一起，也"不可"（没禁止住）。石碏的话固然是道理充分，可是为什么既说服不了国君，又管不住儿子呢？

州吁虽然是庶出，但人长得漂亮，还有武艺，这样的孩子让父亲一定不要宠，或者让他能降、不憾、能眕，都有点违反人之常情。石碏说：爱孩子，应该教之以正义之道（义方）。显然，石碏不是好老师，自己的儿子也不听他的，何况州吁？

另一段话发生在鲁国，是鲁隐公就州吁之事的朝堂询问，因为公子翬自作主张，参与州吁邀集的卫、宋、鲁、陈、蔡五国联军攻打郑国（东门之役）的行动。隐公问：卫州吁其成乎（州吁能不能干成）？

鲁国一位叫众仲的卿士说道：臣闻以德和民，不闻以乱。以乱，犹治丝而劫之也。夫州吁，阻兵而安忍。阻兵，无众；安忍，无亲。众叛亲离，难以济矣。夫兵，犹火也。弗戢，将自焚也。夫州吁弑其君，而虐用其民，于是乎不务令德，而欲以乱成，必不免矣。

众仲的评论里，值得注意的是认为州吁必然失败的理由：无众、无亲、乱。也就是州吁依仗自己的小团伙武力，没有得到更广泛的支持（当时，这个众不是指群众，而是指大族、官员集团）；对外用兵，劳民伤财，国人对他就不会觉得亲近；州吁没有颁布有德性的政令，没有让国人得到好处，却不停地出动军队去打仗，这是让国人跟着遭罪，所以他肯定是要遭殃的。众叛亲离、玩火自焚出自于此。

鲁隐公最后也被弑杀，鲁国却接受了继位的鲁桓公，并没有追究弑君的公子翚的责任，默许公子翚弑君的鲁桓公（公子允）也没有被鲁国追究。

鲁桓公是后来架空鲁国公室的公族"三桓"的祖先。华父督杀了孔父嘉及宋殇公后，将一个叫"郜大鼎"的贵重礼器送给鲁国，鲁桓公将大鼎放到祖庙里，鲁卿臧哀伯认为这个大鼎是贿赂之器，放到祖庙里是"灭德立违"，即助长歪风邪气的行为，并且严肃地说：国家之败，由官邪也。官之失德，宠赂彰也。鲁桓公"不听"。

鲁桓公十八年，鲁桓公要与文姜一起去齐国。大夫申繻说：女有家，男有室，无相渎也，谓之有礼。易此，必败。古代女人以夫为家，是不能再回到娘家的。桓公带文姜访问齐国，不符合礼制。

不听劝谏的鲁桓公自食其果，齐国访问时，文姜与哥哥齐襄公旧情复燃，鲁桓公被齐襄公指使公子彭生暗杀在车驾上。齐襄公暗杀妹夫八年后，因为没有信守自己的承诺，被自己的大臣管至父、连称带兵围攻刺杀。

由此可见，春秋时期对礼的推崇，要放到当时的社会制度环境里去理解，不能用今天的礼节、礼仪去理解春秋时代的"礼制"。春秋时代，礼几乎涵盖了一切国家、家庭、个人关系及往来的制度，知礼、行礼、尊礼，与今天的遵纪守法、品德修养是一个意思。

《左传》里说：礼，经国家，定社稷，序民人，利后嗣者也。礼之四用，在春秋时代，不仅是理想，也是现实。从是否遵守礼节，就能看到兴衰成败的苗头。与今天从人际交往的礼节就能看到亲疏尊卑是一样的。

需要指出的是，进入春秋时代的最早弑君案，并不是州吁之乱，而是发生在晋国曲沃伯庄与晋侯的内乱中。前739年，晋大夫潘父弑晋昭侯；前724年，曲沃伯庄伐翼城，弑晋孝侯。这两件弑君案，都发生在《春秋》这本书纪年之前的春秋时代。

曲沃伯庄代晋侯（即晋武公），就是小宗代大宗，庶出取代嫡系。周礼规定的传位正统顺序是规矩，却未必是好规矩。以此来说，卫国的州吁之乱也不能把责任都归罪于州吁，石碏大义灭亲的结果或许还不如州吁掌权。卫宣公荒唐惹出的祸害，比州吁大得多。

卫国这片土地，从周武王时代起，就不断地发生叛逆与镇压；从卫庄公起，不断地表现出阴毒与冷血；直到爱鹤不要命的卫懿公时期，被北方来的狄人杀的只剩下370多户、5000余人，几乎灭国。

卫国虽是小国多乱，却是文化重地，累积夏朝、商朝、周朝三代文明，是中华智谋文化的发源地。文王拘而演周易的羑里（今安阳汤阴县境内）在卫地，战国时代的鬼谷子居住的云梦山在卫地（今淇县境内），改变中国历史的关键性人物商鞅，就是卫国国君的后代。

大国恃武力，小国讲文化，俨然成了一个独特的"春秋景观"。

第十三章

美女门前是非多

让卫国五世不宁的宣姜

《沙家浜》里唱到：这个女人呐，不寻常。宣姜，嫁了父子三代，生出两位国君、第一位女诗人许穆夫人，还是春秋三大美女之一（另两个是庄姜、息妫）。这个女人不寻常。

春秋时代似乎有一个特点：不靠谱的长辈比不靠谱的儿女多。荒唐糊涂的父亲与淫荡恶毒的母亲，不仅生出品学兼优的儿子，还有才貌德兼备的女儿。晋国如此，卫国也是如此。

宣姜是齐国公主，齐僖公的女儿，美貌名声在外，本来是要嫁给卫宣公的儿子太子伋，没想到洞房里是卫宣公。卫宣公在都城外专门建了座新台，名义是为太子新婚建新居，新娘子迎到新台，卫宣公就把儿子的新娘据为己有。

《诗经·邶风·新台》讽咏此事：

新台有泚，河水弥弥。燕婉之求，得此戚施。

戚施，丑陋的蛙，即癞蛤蟆。曹孟德的铜雀台与卫宣公的新台比起来，一个叫贼心，一个叫贼胆。

全诗活灵活现：

新台有泚，河水弥弥。燕婉之求，籧篨不鲜。

新台有洒，河水浼浼。燕婉之求，籧篨不殄。

鱼网之设，鸿则离之。燕婉之求，得此戚施。

本以为是才子佳人新婚燕尔，没成想洞房钻出个大癞蛤蟆，史称这段故事为"新台丑闻"。

卫宣公还留下荒唐的行迹：淫不避人，如鸟兽耳（欧阳修《诗本义》），主角之一的宣姜自然也免不了"淫"的恶名。

卫宣公就是石碏大义灭亲、杀了亲儿子，"再造卫国"之后迎回来的正统国君。正统未必有正经，石碏用他的正统道德标准策动一场政变，还杀了儿子，换来的却是一个造成卫国五世之乱的荒唐国君。偷了爹的女人，又偷换了儿子的女人据为己有，这种人做国君要是能把国家治理好，那才怪了去了。

宣姜起先还想与太子伋旧情复燃，可是伋子不仅人长得漂亮，还知书达理，宣姜眼见与伋子没有机会，由爱生恨（这在春秋宫闱里不是第一次，也不是最后一次）。

十六年后，宣姜的两个儿子长大成人。小儿子公子朔想上位，就经常在母亲面前说伋子的坏话，认为伋子即位后会对宣姜母子不利。卫宣公本来就因为抢了伋子的妻子被国人非议，《史记·卫康叔世家》里说：宣公自以其夺太子妻也，心恶太子，欲废之。经不住宣姜的妇人之言，决定派伋子出使齐国，半路上雇刺客暗杀伋子。

没想到，她与宣公的大儿子公子寿听到了他们的阴谋，告诉了伋子，见伋子不愿意逃跑（伋子说：逆父命求生，不可），竟然灌醉哥哥，自己持白旄上路，被埋伏的杀手杀了。

伋子赶过去，见弟弟代自己死了，告诉杀手：你们杀错了，要杀的人是我，你们杀我吧。一对荒唐父母的两个好儿子，就这样死了。

失去两个儿子，卫宣公不久去世，宣姜的小儿子公子朔（卫惠公）继位（前699年），但卫国国内两公子（一位是伋子的老师，一位是公子寿的老师）的党羽势力仍然很强。为了稳定卫惠公的地位，安抚两公子势力，齐襄公（宣姜的哥哥）出了一个馊主意，做主把宣姜嫁给公子伋与黔牟的弟弟公子顽（卫昭伯）。

宣姜嫁给公子顽，成为国人讥讽宣姜淫荡的又一口实。不到两年，卫惠公（当年只有十七岁）还是被为伋子抱不平的两公子赶走，伋子的弟弟黔牟被立为君。卫惠公跑到了齐国。八年后，卫惠公从齐国搬兵，齐襄公率领齐军攻下卫国，赶走卫君黔牟，杀掉了叛乱的右公子职和左公子泄，卫惠公再次上台。

宣姜与公子顽的这段"乱伦"婚姻，血缘没乱，伦理乱了。

这段婚姻竟然在《诗经》里留下了好几篇诗文讽刺，但宣姜的后半生却很幸福，又生了五个孩子，其中两个儿子先后做了国君（卫戴公、卫文公），两个女儿分别做了宋桓公与许穆公的夫人。许穆夫人是中国第一位女诗人，诗经里的《载驰》《泉水》都是她的作品。宋桓夫人命运不好，不知什么原因被宋桓公休回卫国，她的儿子是著名的宋襄公。

儿女都是好儿女，父母却很不靠谱。说春秋礼崩乐坏，不如说春秋诸侯国的这些做君主王后的父母，实在不咋地，到处是荒淫荒唐，都是坏榜样。

做父母的，尤其是有权力的父母辈，权力扭曲的不仅是人性，还有伦理道德。这样的执政者，再去谈礼义廉耻、正道治国，哪里会有人相信呢？这样的国家怎么能不乱呢？

刘向《列女传》曰：卫之宣姜，谋危太子，欲立子寿，阴设力士。寿乃俱死，卫果危殆，五世不宁，乱由姜起。

宣姜理论上是父子三人的媳妇，名义要嫁伋子，却被伋子父亲卫宣公霸占，最后又与伋子的弟弟公子顽，也就是自己的晚辈结婚。

从历史记载看，宣姜为了让自己的儿子继位，驱逐伋子甚至派杀手暗杀，这个女人确实不是善类。但儒家说她淫荡，就有些奇怪了，狠心的女人与淫荡有什么关系？因为她在不受控制的情况下嫁了父子两人就是淫荡，这说不通。认为宣姜嫁了父子二人，所以就是淫妇。这是按行为结果论淫不淫。

问题是，这个判断里是以行为代表意愿，这就是"诛心"。既然要诛心，就要诛一颗有自由选择、自由意志的心。一个人如果没有自由选择权，如息夫人被楚王掳走，怎么能去她的诛心呢？非要宣姜向息夫人一样"不共楚王言"就叫不淫，这个要求未免不近人情。

至于刘向说"乱由姜起"，倒是正确的，可惜把主犯找错了。由于卫宣公的荒淫好色、不顾伦常，宣姜成为卫国动乱的源头。宣姜是一只美丽蝴蝶的翅膀，扇起了卫国的五世动乱（卫宣公、公子黔牟、卫惠公、卫戴公、卫文公）。

宣姜和公子顽婚后非常幸福，《诗经·鄘风·君子偕老》据说是吟咏此事：

君子偕老，副笄六珈；委委佗佗，如山如河；象服是宜。子之不淑，云如之何？

玼兮玼兮，其之翟也；鬒发如云，不屑髢也；玉之瑱也，象之揥也，扬且之皙也。胡然而天也？胡然而帝也？

瑳兮瑳兮，其之展也；蒙彼绉絺，是绁袢也；子之清扬，扬且之颜也。展如之人兮，邦之媛也！

译文：

愿与君子共白首，玉簪珠串插满头。步行袅袅身雍容，坐如山兮行似河，华彩礼服很适合。谁知德行太秽恶，对她真是无奈何！

服饰鲜明又绚丽，画羽礼服绣山鸡。黑亮头发似云霞，那用装饰假头发。美玉耳饰摇又摆，象牙发钗头上戴，额角白净溢光彩。仿佛尘世降天仙！恍如帝女到人间！

服饰鲜明又绚丽，软软轻纱做外衣。罩上绉纱细葛衫，凉爽内衣夏日宜。明眸善睐眉秀长，容貌艳丽额宽广。仪容妖冶又妩媚，倾城倾国姿色美！

《毛序》解说：《君子偕老》，刺卫夫人也。夫人淫乱。失事君子之道。故陈人君之德，服饰之盛，宜与君子偕老也。

《君子偕老》这首诗，将宣姜的华贵、端庄、容貌都做了详细的描述。从诗句的用语来看，确实有讽刺宣姜"子之不淑"的意思。

我要在此为宣姜翻个案。宣姜是春秋时代独特政治环境的牺牲品，她与妹妹文姜不同，虽做过错事，却是没有多少歹心的普通女人。从她与公子顽的婚姻结局看，与巫臣与夏姬的结合很相似，是前半生曲折、后半生幸福的女人。

宣姜的悲剧，根源在卫宣公。伋子与公子寿的师傅、卫国的左右公子（公子职、公子泄）、卫宣公的兄弟，也做了一首诗，《诗经·鄘风·鹑之奔奔》，表达对卫宣公的厌恶：

鹑之奔奔，鹊之彊彊。人之无良，我以为兄？

鹊之彊彊，鹑之奔奔。人之无良，我以为君？

翻译：

鹌鹑颠颠跑，去把麻雀找。做人如此无良，叫我怎么把你当兄长？

麻雀叽喳飞，鹌鹑乐颠颠。做人无此无良，叫我怎么把你当国君？

这是诗经里最短的诗之一，不是一唱三叹的标准格式，而是用两句反复的对照，将当事的两方（鹌鹑、麻雀）一起骂了进去，用词直白粗鲁，比喻形象，意思就是卫宣公与宣姜都是一对鸟人。

美女门前是非多，何况生在帝王家？美女不就美点，犯了什么错？动辄被扣上淫妇的帽子？中国两千多年的大男人们，不敢批判罪恶的真正源头，却跟不能自由自主的美女过不去，动辄淫妇祸水，实在没有可称道的。

第十四章

二子同舟

一段高贵品德的历史定格

　　孔子说：其为人也孝悌，而好犯上作乱者，未之有也。对父母恭敬奉养，叫孝；对兄弟爱护尊重，叫悌。《论语》里说：弟子入则孝，出则悌，谨而信，泛爱众，而亲仁，行有余力，则以学文。列出了一个人修习品德的阶梯与次序。

　　今天的中国人很难理解孝悌与犯上作乱之间有直接的因果关系，反儒家的人也可以举出犯上作乱却孝悌家人、孝悌家人却犯上作乱的事例。那么，孔子乃至千年王朝都推崇信奉这一条道理，为什么？在春秋里看孔子的这个观念，就不难理解。

　　春秋时代是一个贵族主导的时代，从天子到诸侯再到大臣（官位高而爵位低，如管仲、鲍叔牙二人）、世族（爵位高而官位低，如齐国的国、高二氏），乃至于士族（无官无爵的贵族后裔，如孔子），《周礼》都规定了一套等级特权制度，包括领地（封地）、财产、婚姻、子女继承权等。

　　其中，最核心的婚姻制度规定了不同等级的人可以娶不同数量（包括门第对等）的女人。《礼记》《周礼》都规定：王之妃百二十人：后一人、夫人三人、嫔九人、世妇二十七人、女御八十一人。

　　又有一套"子以母贵"的嫡庶制度，也就是按照嫡庶之别第一、长幼之别第二的原则，确立儿子的继承地位，即太子与诸公子。这是一套利益与权力分配体系。

在这个庞大的王权结构里，国与家就一体化了，治国必须先齐家就顺理成章了。同时，孝，即服从父母（尤其是父亲）就是遵守分配秩序；悌，就是兄弟和睦，即不要越规夺位。孔子的孝悌思想是为了维护《周礼》规定的这套权力分配制度与秩序，是典型的存在决定意识，立场决定主张。

春秋开局的100年里，周王室出现双王并立，郑文公与弟弟叔段暗战，晋献公尽逐群公子，逼死太子申生，逼走重耳、夷吾，改立骊姬儿子的动荡事件，卫国从庄公到宣公，州吁篡位的五世之乱，太子伋、公子寿被暗杀，包括齐桓公死后的群公子乱斗，宋国兹父与目夷兄弟的互让君位等，都说明在"悌"上违反与遵守周礼规定，是国家动乱与安宁的直接导火索。

可见，兄弟和睦的悌，绝不是一个简单的兄弟情感问题，而是涉及国家治乱的政治问题。国人对于兄弟之情的信仰，在卫国伋子与公子寿的故事里，得到一次千古有余音的呈现。

宣姜受小儿子公子朔影响，对太子伋由爱转恨，开始担心太子伋即位后可能对她和儿子不利。卫宣公身体越来越差，宣姜感觉除去伋子不能再拖延。一日，在宫里再次对宣公说除掉伋子这个隐患，两人就商量如何除掉伋子。

宣公说：齐僖公（宣姜的父亲）讨伐纪国，要我们出兵帮忙，就派伋子出使齐国，拿着一个白旄做出使象征（实际是给暗杀的刺客留标记）。路上乘船，到莘野下船，安排杀手在那里把拿着旄节的伋子杀掉。

这是父亲暗杀亲儿子，还要嫁祸于人的刺杀计划。不想宣公与宣姜的这一番对话，被宣姜大儿子公子寿听到。按道理，除掉伋子，公子寿就是太子。可是公子寿平时就对品德、才学俱佳的哥哥尊重有加，听到父母的阴谋，并没有想到自己是受益者，而是赶紧跑去找伋子。

公子寿对伋子说了父母的阴谋，要哥哥赶快逃命，伋子说：逆父命求生，不可（《左传》）。公子寿见劝不动哥哥，就在伋子出使前的一天为哥哥饯行。两人生离死别，把酒痛饮，伋子竟被灌醉了。

等到黎明，伋子醒来启程，却发现弟弟不见了，自己的旄节也不见了。伋子让手下人去找公子寿，得的回报说公子寿带了随从，拿着旄节，登船走了。伋子猜到弟弟代自己去冒险，赶紧登船，加快行船，想赶上公子寿，到达莘野。

伋子的船快到莘野的时候，看到公子寿的船，伋子靠拢，跳上公子寿的船，发现公子寿已经被杀死，十几个杀手还在船上。伋子放声大哭，对刺客说：我才是你们要杀的人，来杀我吧。

杀手并不知道要杀的人是谁，只在预定的时间、预定的地点，杀一个手持旄节的公子。杀手见伋子说他才是正主，就把伋子也杀了，提哥俩的人头去领赏。

看到哥俩的人头，卫宣公与宣姜都惊呆了。宣公半年后死去。卫国的"五世之乱"才刚刚开始。

《诗经·邶风·二子》纪念此事：

二子乘舟，泛泛其景。愿言思子，中心养养。

二子乘舟，泛泛其逝。愿言思之，不暇有害！

歌咏道：

船上两位好公子，真是一道好风景。思念一对玉公子，心里忧愁意难平。

船上两位好公子，慢慢消逝波光里。思念一对玉公子，怎么有人害你死！

旁观者的心是善良的，用几句简短深情的诗句表达了惋惜之情：真希望你们同舟而去，没有被害死！

如果说宋襄公与哥哥目夷的互让君位、兄弟扶持是一出正剧，伋子与公子寿替对方死就是一出悲剧，却都反映了春秋先人在兄弟情义、家国难局里的高贵品德。

司马迁在《史记·卫康叔世家》结尾提到：余读世家言，至于宣公之太子以妇见逐，弟寿争死以相让，此与晋太子申生不敢明骊姬之过同，俱恶伤父之志。然卒死亡，何其悲也！或父子相杀，兄弟相灭，亦独何哉！

这种稀少而高贵品德值得后人铭记尊重。

卫国这个诸侯国的位置非常特殊，是殷墟，即商朝国都所在地，狄人混杂，人口的族群复杂性、地位的尊贵性与重要性，让卫国从周开国起就重视对这个地方的治理。

周武王灭了商纣王后，把商朝的遗民与国土封给纣王儿子武庚禄父，让管叔、蔡叔二人做禄父的左右相，也就是监督的意思。武王死后，成王年少，周公摄政，流言四起，管、蔡发动叛乱，周公亲自率军讨伐，战争持续了几年，最后杀死管叔、禄父，将蔡叔流放，将武王同母弟弟康叔封到此地，名为卫国，是劝勉康叔保卫国家的意思。卫国王室的血统是比较尊贵的。

周公担心康叔年少，对康叔说：必求殷之贤人君子长者，问其先殷所以兴，所以亡，而务爱民。这是要康叔尊重前朝的贤人君子长者。又告诉康叔，纣所以亡者，是喝酒过多，酒后就沉湎女色，才导致国家混乱（以淫於酒，酒之失，妇人是用，故纣之乱自此始）。还特地写了几份治国法则——《梓材》《康诰》《酒诰》，教导康叔。康叔按照周公教导治理卫国，有效地团结了国民（能和集其民，民大说）。

可惜的是，进入春秋时代，最荒淫、最荒唐的事都率先出现在卫国。到了卫懿公，沉迷于爱鹤，给鹤封官配车。前660年（卫懿公九年），北翟进攻卫国，卫懿公要帅兵应战，大臣说：让你的鹤将军去打仗吧！卫懿公意识到自己的错误，杀死鹤，将家眷做出安排，亲自率军迎战，结果兵败被杀。卫懿公虽然荒唐，但死得还算有国君的样子。

北翟的进攻给卫国造成灭顶之灾，从卫都跑出来的只有730人，加上共、滕两邑的居民，总计约5000人。齐桓公带领联军击败翟军，扶持卫文公即位，在前658年，带领联军在楚丘（今河南滑县东）帮助卫国重建都城。卫文公自己勤俭、勤奋，重建国都后，很快恢复元气，有"卫国忘亡"的说法。到孔子周游列国至卫国时，已经可以感叹卫国"庶矣哉"（人多繁华的意思）。

《诗经·卫风》里的《木瓜》，据说是卫文公抒发对齐桓公的感激之情：

投我以木瓜，报之以琼琚。匪报也，永以为好也。

投我以木桃，报之以琼瑶。匪报也，永以为好也。

投我以木李，报之以琼玖。匪报也，永以为好也。

不过，感动齐桓公的是许穆夫人的《载驰》，小白听到这首诗后感叹道：卫之亡也，以为无道也。今有女若此，不可不存。

前574年，吴国的延陵季子（季札）出使来到卫国，与蘧伯玉、史鰌等交谈甚欢，说道：卫国有这么多君子，这个国家不会出太大乱子（卫多君子，其国无故）。宿邑时，孙林父为季子击磬，季札说：这个音乐不好，声音太悲伤，卫国的乱子就出在这里了。前566年，孙林父出使鲁国，言语傲慢，行为失礼，造成不好影响，不久被逐出了卫国，应验了季札的预言。

卫文公的失误是没有接待流亡的重耳，结果他的儿子遭到晋文公的打击，失去一次与崛起的晋国联手的机会。卫国最后一个著名的"国际"事件是"子见南子"。卫国是对流亡的孔子较好的国家，卫灵公虽然没听孔子的教导，却给了孔子与鲁相当的俸禄。孔子与南子的会面，成为儒家争议千年的"污点"事件，孔子本人当时都向子路诅咒发誓，与南子之间是清白的。

前480年，子路在卫国的动乱里被杀，留下"结缨而死"的是非争议。孔子次年逝世。前 361 年，卫鞅入秦。商鞅变法，拉开了秦国崛起、一统诸侯的序幕。

卫国是一个失败甚至是不祥的国家，却产生了震古烁今的文化巨匠，商鞅是其一，鬼谷子是其一，文王演《易》也是在卫国的土地上（今羑里）。

中国"神秘文化"之祖、之源，最终都要到卫国大地去寻根。

第十五章

老实人遭殃

弑君成了新常态

　　周平王之后，由于周桓王没有处理好与郑庄公的关系，周王室自顾不暇。前719年的卫国，发生了州吁弑杀卫桓公事件，这是《春秋》记载的第一个弑君案。自此至前681年三十多年间，鲁国、宋国的连环弑君事件，包括齐襄公暗杀鲁桓公（前694年），齐襄公被暗杀（前686年）。周平王东迁、郑庄公小霸到齐桓公继位前的春秋时代，弑君事件在中原诸侯国榜样的卫、齐、鲁、宋等国出现，而诸侯国或者装聋作哑，或者收了新国君的礼物持默认态度。

　　进入春秋时代的第一个100年，中原大地的诸侯国确实有点乱。弑君成了东周时代的新常态。

　　《春秋》从鲁隐公元年纪年，鲁隐公在位十一年，最后被谋杀，死得很冤枉，并不是鲁隐公做了错事，而是因为他太善良，善良到失去了应有的警惕。

　　鲁隐公十一年（前711年），鲁国掌管军队的公子翚对鲁隐公说：君上您执政鲁国，老百姓都很喜欢，君上应该做名正言顺的国君，不用把君位传给公子允。如果君上有意，我去杀了公子允。事成后，您让我做太宰。

鲁隐公说：先君惠公有遗命，我是因为弟弟允年纪小才代理摄政，等允长大就还政于他。现在允已经长大，我正在菟裘修建行宫，打算去养老，把君位让给允。

鲁隐公没有听公子翚的密谋，也没有斥责公子翚，反而是解释自己的想法，这段记录有点奇怪。

公子翚诣谓隐公曰：百姓便君，君其遂立。吾请为君杀子允，君以我为相。隐公曰：有先君命。吾为允少，故摄代。今允长矣，吾方营菟裘之地而老焉，以授子允政。翚惧子允闻而反诛之，乃反谮隐公於子允曰：隐公欲遂立，去子，子其图之。请为子杀隐公。子允许诺。

公子翚见鲁隐公没有听从自己的意见，害怕公子允知道自己提出要杀他，索性又跑到公子允那里说：你哥哥隐公恐怕不想把君位让给你，还想杀了你。公子允问怎么办？公子翚说：我为你杀了隐公，扶你上位。你继位后，要让我做太宰。公子允答应了。

鲁隐公早年曾被郑国俘虏过，关在郑国尹大夫的家里。隐公说服了尹大夫私自放了自己，还与自己一起叛逃到鲁国。当时尹大夫求了一个钟巫签，大吉，隐公就以钟巫为救命恩人，在曲阜郊外建了一座钟巫庙，每年都去祭祀，住在妫大夫的家里。

鲁隐公与齐襄公一样，出行都是轻车简行，防卫力量单薄。公子翚趁鲁隐公祭祀钟巫，住在妫大夫家里时，派杀手将鲁隐公杀死，然后嫁祸给妫大夫，将妫大夫一家处斩。

鲁隐公就这样悄无声息地被暗杀，公子允继位，是为鲁桓公。事后，继位的鲁桓公并没有以国君之礼安葬鲁隐公。

《左传》第一段话就是叙述鲁隐公的由来：惠工原妃孟子。孟子卒，继室以声子，生隐公。宋武公生仲子。仲子生而有文在手，曰鲁夫人，故仲子归于我。生桓公而惠工薨，是以隐公立而奉之。

还特别说明生出桓公的宋武公女儿仲子，出生时手上就有文字：为鲁夫人。因此宋武公就将仲子作为正妻，孟子出嫁时的媵（陪嫁）嫁给了鲁惠公，生下了桓公（公子允），这段话的意思就是仲子的地位等同于正妻（孟子无子），而惠公死的时候，是顾虑公子允年少，才让隐公（息姑）摄政鲁国，等公子允长大还位。

按照《左传》的记录，隐公是非常明确地暂时摄政，立隐公是为了"奉"桓公（公子允）。鲁桓公是鲁国三桓的祖先，三桓是孔子、左丘明时代鲁国的当政者。左丘明这段话，明显偏袒鲁桓公。

奇怪的是，隐公对于公子翬说杀公子允竟然没有斥责，也没有警惕公子翬的杀心。《左传》记录的好像是一次随意的谈话，然后公子翬紧张，去说服公子允先动手，而鲁隐公则没有感觉。

这不正常，鲁隐公对于一个执掌军队的贵族来劝他杀储君，却不当回事，隐公太大意？公子允却毫不犹豫地同意了公子翬的暗杀计划。这些不合常情的记录只有一个解释，那就是记录是经过篡改的。

真实的情况或许是：公子翬与公子允是同谋，公子翬来试探隐公，隐公不想退位或者不想太早退位，也知道公子翬是公子允的人，用以后要退位的说辞来搪塞公子翬。公子允正好利用公子翬的恐惧与野心，让公子翬派人去暗杀隐公，再嫁祸给妘大夫。

宋国当然乐于见到侄子继位，郑国不愿意得罪鲁国、宋国，默认了这个结局。老好人鲁隐公就这样流星一样不明不白地消失在历史里，从鲁国到诸侯国，所有人对于一桩明目张胆的弑君谋杀案都装聋作哑。

弑君变成了春秋的"新常态"。

鲁桓公元年（前711年），宋国的总理华父督（后来华元的曾祖父）在路上看到一位美女，《左传》记载：宋华父督见孔父之妻于路，目逆而送之，曰：美而艳。看着孔父妻子的马车驶过，眼睛跟着马车，直到马车远去，才回过神，说了一句：真是美丽而明艳照人啊！

这段话成为一场暗杀动乱的导火索。第二年（前710年），华父督为了得到孔父妻子，利用宋国人对于年年对外征战的厌恶之情（十年里打了十一仗，还都是败仗），鼓动国人说是掌管军队的孔父嘉要打仗，带着国人冲进孔家，杀了孔父嘉，把美而艳的孔夫人带回家（《左传》：宋督攻孔氏，杀孔父而取其妻）。

宋殇公对华父督的做法很愤怒。但宋殇公没有采取行动，反而是华父督感到恐惧，索性把宋殇公也杀了。华父督从郑国迎回公子冯，是为宋庄公，华父督继续做宋国的国相。孔父嘉家族被灭时，有一个儿子逃往鲁国，这一支的后裔就是孔丘的父亲叔梁纥。

这样的宋国岂能太平？公元前 682 年（宋闵公 10 年），两年前宋国与鲁国打仗被俘后释放的勇士南宫长万与宋闵公争夺猎物，不久又在朝堂上被宋闵公羞辱，忍不住愤怒，竟然当场把宋闵公打死。

前来救援的宋国大夫不是南宫长万的对手，被杀死，华父督正好撞上南宫长万，也被杀死。弑君的南宫长万立公子游为君，萧邑大夫萧叔大心带领宋国皇室族人打败南宫长万，攻入都城，杀了公子游。宋都被攻陷时，南宫长万用一辆手推车，带上自己的母亲，一晚上跑到了陈国。可见孝子未必不是乱臣贼子。

萧叔大心等拥立公子御说为国君，即宋桓公。宋人到陈国要求“引渡”南宫长万，陈君惧怕南宫长万的勇武，用美女劝酒，把南宫长万灌醉，用犀牛皮包裹捆绑，送回宋国。南宫长万是著名的大力士，虽然被牛皮捆绑，但是到宋国时手脚都快挣脱了，宋人急忙把南宫长万乱刀剁成了肉酱。

宋国的连环杀到宋桓公才算告一段落。宋桓公儿子宋襄公与哥哥目夷，上演了一出兄弟互让君位的“仁义”之举。宋桓公与他的两个儿子，尤其是宋襄公为什么笃信仁义？在宋桓公之前三十多年的连环乱局里，或许可以看到兹父（宋襄公）的仁义并非空穴来风，也不是虚情假意，而是对家国的惨痛历史有深切的反思之意。

春秋第一个 100 年的混乱，原因是什么？礼崩乐坏不足以说明春秋开始的第一个100年，尤其是隐公元年（前722年）到前681年四十年的乱象。从齐、鲁、郑、卫、宋等国的历史看，可以归结为八个字：人欲放纵，有法无天。

春秋之前的历史文献，有关诸侯国的弑君记录较少，西周王室的嫡长子继承制下也没有发生弑君事件，说明西周的基本礼制是被遵守的。进入春秋时代，诸侯国开始享受到周王室的权力，郑、齐、卫、鲁、宋无不显示出人欲放纵的乱象。有权就容易任性。

周礼作为春秋时代的法，形式上是被尊重的，可是掌管法的天（周王室）却乱了，出现了有法无天的"权威真空期"，不仅国君恣意妄为，诸侯国的贵族也敢随意弑君。

需要注意的是，周礼并没有被公然否定或践踏，但是没有了执法者，法就只能靠自然惯性维持——这种自然惯性也不代表当时之人对法（周礼）敬畏，或许只是一种思想懒惰。

西周由周文王、周公旦创立的"礼制"制度，是中国历史的第一个有文献记载，包含婚丧嫁娶、家族传承、衣食住行、家国亲贵、农工教育的一套完整的行为规范。周礼的创制是伟大的历史事件，是人类管理家国天下的一次伟大尝试。孔子的理想就是恢复周礼，经由儒家传承，对周礼理想家国模型的推崇影响深远，不能简单的否定。

站在这个角度看春秋第二个100年，即前685年（齐桓公元年）至前581年（晋景公卒），齐桓公、晋文公、宋襄公、楚庄王轮流盟霸，都打出尊王攘夷（楚国也借攻击陆浑之戎宣示归入周王室正统）的旗号，这个阶段诸侯间战争的规模扩大，说明几个大国的国力（人口、武器、用具、钱粮）在增强。

小国林立，"鸡头"（诸侯国君）众多显然不是好事，只会让小国国君和其家族的内乱引发家国扰乱，社会财富破坏倒退的概率更大。诸侯国林立，到处都是把自己当"天子"的国君（有权就任性），这样的天下没法不乱。不是分裂或是统一哪个能带来和平与自由，而是在专制的皇帝制度下，无论是分裂还是大一统都是祸害。在"举天下奉一人"的皇帝（或独裁）体制下，大一统是一个大祸害，分裂是多个小祸害，如此而已。

中国缺的不是有能力的皇帝，而是自由的人民。在春秋时代的制度基因与思想基因里，缺的就是自由的思想。《老子》的无为与小国寡民、《庄子》的无用自然（隐士）是一种倒退的思想，没有解决"社会性自由"这个根本问题。

自由得不到保障，权力也就得不到约束，任性的权力必然陷入无尽的恐惧。在这种权力体制下，不恐惧（失去警惕性）的权力必然被篡夺，恐惧是专制权力的标配。老实人遭殃，是专制权力的必然结果。

第十六章

传奇夏姬

史上第一位真实女"性神"

夏姬一生的经历，可能不但是在春秋时代，而且在世界历史中都堪称最香艳传奇的故事。这个女人，在三十多年里，前后与八位王公贵族发生惊世骇俗的肉体关系。乱了陈国、弱了楚国、强了吴国，改变春秋历史走向的重大事件，都与她有关。而这一切，可以追溯到她的一条肚兜……

楚共王派巫臣为特使出使齐国，巫臣自郢都出发前往临淄，同时命心腹带着他的家眷和所有财产偷偷前往郑国，这一切做得很秘密。

当他出发经过郢都城门的时候，被正好路过的申叔时的儿子申叔跪看出了端倪。申叔跪当时就说：奇怪了，那位老先生脸上既有军情在身的警惧之色，又有按捺不住的桑中之喜，这不像出使，恐怕是要带着妻子、儿女逃跑吧。

所谓桑中之喜，是指男女偷情的欢快情绪，出自于《诗经·鄘风》中的《桑中》一诗：

云谁之思？美孟姜矣。期我乎桑中，要我乎上宫，送我乎淇之上矣。

有送、有约、有期待，恋爱中的男人，喜形于色。巫臣没有按捺住即将见到朝思暮想九年的女人的喜悦之情，这个让他现出桑中之喜表情的女人，就是中国历史上第一位真实的女"性神"——夏姬。

夏姬在史书里，被列入淫荡之极的祸水。

男权政治里的女人，可以归纳为四种类型：淑德型，如唐太宗的长孙皇后；玩物型，如西施、王昭君；祸水型，如妺喜、褒姒；阴毒型，如吕雉、武则天。

除了常见的四种类型，还有一种特殊的女人，她们卷入政治斗争，却对争权夺利毫无兴趣，她不是男人的玩物，男人反而是她的"药罐"。这是中国历史里极少记载，又被各种野史描黑的一类女人：超级尤物，精通房中术的女"性神"。

春秋里，有历史记载的第一位女"性神"叫夏姬，是后来与黄帝讨论房中术的素女的真实历史原型。

《东周列国志》用明代话本小说笔法，描写了陈灵公第一次与夏姬交合的场景：灵公更不攀话，拥夏姬入帏，解衣共寝。肌肤柔腻，著体欲融，欢会之时，宛如处女。

灵公怪而问之，夏姬对曰：妾有内视之法，虽产子之后，不过三日，充实如故。灵公叹曰：寡人虽遇天上神仙，亦只如此矣！

陈灵公、孔宁、仪行父三人，没事就结伴去株林（夏姬的家），连续六年，乐此不疲。灵公三人日见衰老，夏姬容颜依旧没变——夏姬采战内视术的厉害。

《诗经·陈风·株林》，讽刺陈灵公等人的荒淫：

胡为乎株林？从夏南。匪适株林，从夏南。

驾我乘马，说于株野。乘我乘驹，朝食于株。

翻译过来就是：

去株林干什么呀？是要到夏南家！原来他不是去株林，是要到夏南家！

我的四马齐驾起，株邑野外好休息。驾上四匹小马驹，早餐要在株林吃。

这个翻译比较文雅，其实这首诗不仅用乘马、株野等意象，讽刺了他们，而且用朝食于株，把这三人急色的嘴脸刻画得入木三分。

万恶不一定淫为首，淫乱肯定会引发罪恶。

有一天，灵公等三人在朝堂上，互相炫耀夏姬给各自的"褻衣"（女人贴身内衣），孔宁拿出锦裆，仪行父拿出罗襦，灵公拿出汗衫，争论夏姬更喜欢哪一个，即比赛哪一个人的性功夫更强。

大夫泄冶上朝，撞见三人丑态，谴责三人如此淫乱，怎么能治理百姓，传出去名声不好，赶快收起来（公卿宣淫，民无效焉，且闻不令，君其纳之）。灵公当场认错，事后却默许孔宁等派杀手暗杀泄冶。

《左传》明确记录了孔子的评论：《诗》云"民之多辟，无自立辟"，其泄冶之谓乎？就是说，一个人要是坏毛病很多，就不要再去增加一个坏毛病了。意思是泄冶去劝谏，实属多此一举、自讨没趣。说明孔子认为陈灵公烂泥扶不上墙，不值得去劝谏。

单襄公在路过陈国时，看出了端倪，给周定王秘密汇报：单子知陈必亡。

泄冶被暗杀后，三人更肆无忌惮地去株林。不料，夏姬的儿子夏征舒碰巧回家看望母亲，灵公等三人喝着酒，正嬉皮笑脸地议论夏征舒是谁的孩子。

夏征舒十八岁，血气方刚，拿起弓箭就破门而入，射死了陈灵公。孔宁和仪行父慌忙逃走，一口气跑到了楚国。夏征舒弑君后，自命陈侯，做了陈国国君。

陈灵公的太子公子午跑到晋国要求出兵，晋国拒绝。孔宁、仪行父请求楚国出兵，楚庄王亲帅楚军攻破陈国，夏征舒被五马分尸。

这一年，夏姬三十六岁。

楚庄王在陈国朝堂处置出兵的源头夏姬。

夏姬上堂后，所有人都惊呆了，夏姬传奇的第三段人生开始了。楚王要带走夏姬，竟然有人当场反对。谁？申公屈巫，也叫巫臣。

巫臣说：大王讨伐陈国是为了惩罚夏征舒的弑君之罪，如果纳下夏姬，诸侯会认为大王是贪恋美色。贪色会被认为是淫荡，淫是大罪。庄王想了想，就放弃了——我们表扬庄王的克制，这是其中一个重要表现。

庄王弟弟子反要带走夏姬，巫臣又说：这个女人是不祥之人，天下美人多得是，何必纳一个不祥之人呢？子反想了想，也放弃了。

一个叫连尹襄老的武将，说自己妻子刚死，请求庄王将夏姬赏给他。庄王同意了。

巫臣暗自发火：费心巴力地劝退了庄王兄弟，本想自己请求庄王赏赐夏姬，却被襄老抢走。抢走夏姬的连尹襄老，很快就在邲之战时被巫臣背后放黑箭射死（一说是战死）。

对夏姬恋恋不忘的巫臣除去了襄老，襄老的儿子黑要与后母夏姬交合（古语叫"烝"）在一起。

巫臣于是私通夏姬，让夏姬去向楚庄王申请自己去郑国，让晋国做中间人，换回在晋国的襄老尸体，夏姬于是回到了郑国。九年后，庄王去世，楚共王即位，巫臣借出使齐国之机，带上全部家当，跑到郑国（尽室以行），接上夏姬后跑到了晋国。

巫臣是楚庄王时代的著名大臣，晋景公求之不得，让巫臣做了邢地的大夫。楚国令尹子反却暴跳如雷，要求惩罚巫臣家族，楚共王拒绝追究。巫臣与夏姬就这样美满地生活在一起。那一年，夏姬四十五岁。

夏姬的身世：夏姬是郑穆公的女儿，皇家血统。穆公将她嫁给了陈宣公三儿子公子夏的儿子公孙御叔，御叔用父亲名字做姓，叫夏御叔，夏姬由此得名，夏姬本名叫什么，反而没人知道。御叔与陈灵公是堂兄弟。

郑穆公将公主嫁给一个小国的公子，实际上是因为一个丑闻：夏姬与穆公的大儿子公子蛮，兄妹交合乱伦，导致公子蛮脱阳而亡。夏姬当年十五岁。夏姬与御叔婚后九个月，夏征舒出生。十二年后，御叔去世，据称是被夏姬"采占"过度早夭。

奇怪的是，夏姬在陈国的十九年，与御叔独战十二年，生了夏征舒，与孔宁、仪行父、陈灵公等三人在一起六年，竟然没有生孩子。与巫臣结婚后，却生下一个女儿，这个女儿嫁给了叔向，叔向是杨姓的祖先。

如果把这一系列的杀戮归罪于夏姬，并不合适。夏姬在整个过程里，除了对交合有兴趣，显然没有对其他事情动过脑筋。说夏姬是祸水，等于说枪是战争罪犯。

这样一个女人，儒家用一个"淫"字就封杀 2000 多年。道家在《玉女经》、小说家在《株林野史》等书里，都将夏姬作为反面教材。

夏姬是一个为交合而生的神女人。童颜性感三十年，宛如处女，说她是超级尤物，没有争议。天地间偶尔有此尤物，或许是提醒庸碌世人人本身的美好可以达到怎样的境界。

中国对于夏姬这类女人的态度并不正确，对于民族性格的影响恐怕应该重新反思。以近代以来流传最广的古典名著为例：《红楼梦》没有性、《金瓶梅》没有情、《水浒传》没有家、《西游记》不食人间烟火、《三国演义》里没有国。古典名著的流传，对近代以来中国人性格的塑造究竟利弊如何，若立足生命与生活角度，恐怕得不出正面的结论。

性、爱、家，是每个人必须面对的人生，一个对性虚伪、对爱势力、顾家忘国的国民风气，这样的国家是危险的。历代邪教、民粹式文化毁灭运动，根源都在对性、爱、家观念的迷误与癫狂，尤其是性观念的虚伪与扭曲。

夏姬被列入"中国骨灰级祸水"：杀三夫（夏御叔、连尹襄老、黑要）、一君（陈灵公）一子（夏征舒），亡一国（陈国）、两卿（孔宁、仪行父），前后与八人交合（公子蛮、御叔、陈灵公、孔宁、仪行父、连尹襄老、黑要、屈巫），死于采补之术的公子蛮、御叔，巫臣家族、黑要家族被楚令尹子反等泄愤灭门，一年七奔命的吴楚争战，死伤多少士兵、平民，都与夏姬有直接关系。

夏姬最终的归宿巫臣比夏姬更传奇。巫臣到了郑国接上夏姬，投奔了晋国。通过郤克的同族郤至的关系，在晋国谋到了一官半职，当上了邢地（晋国地名）的地方官。

前584年，子反、子重找到了机会，灭了巫臣留在楚国的全族。消息传到晋国，巫臣给子反、子重写了一封信，指天发誓地说：你们以邪恶、贪婪迷惑君王，滥杀无辜之人，余必使尔疲于奔命以死！

得罪巫臣，后果很严重。为报复子反、子重灭其家族，巫臣为晋国出了"扶吴扰楚"的计策，即培养吴国袭扰楚国，并亲自带着儿子狐庸去吴国，帮助吴国建立起一支"晋国式"先进军队，巫臣儿子还留下主持吴国的外交事务（行人），后来做了第一任吴相。

《左传》记载：吴始伐楚，伐巢伐徐，子重奔命，马陵之会，吴入州来，子重自郑奔命。子重子反于是乎一岁其奔命。夷蛮属于楚者吴尽取之，是以始大，通吴于上国。

整个春秋历史后半部，因为巫臣与夏姬的结合发生改变。楚国疲于应付来自吴国的袭扰，直到另一名楚国叛臣伍子胥带领吴军攻破郢都、掘墓鞭尸，差一点灭亡芈姓楚国。

齐国的中落、楚国的衰败、吴越仇杀、三家分晋，某种意义上说，是巫臣助吴崛起的余波。老牌春秋强国的没落，给秦国的崛起创造了"历史性"机遇。这一切，源头竟然都与夏姬有关。

夏姬嫁到的陈国，是一个老贵族小国。

周武王灭商后，访求前代帝王的后裔，找到了虞（舜）朝舜帝（姚重华）的嫡裔妫满，即著名的尧、舜、禹三代之舜帝的后代。周武王将长女大姬嫁给妫满，将他封到陈地的株野（今河南柘城胡襄镇），后迁到宛丘（今河南淮阳附近），让他奉守虞舜的宗祀，是西周朝首任舜帝奉祀官，谥号胡公，是姚、陈、胡姓的祖先。夏姬就住在株野，描写夏姬与陈灵公等淫乱的话本小说叫《株林野史》。所以，陈国是一个"啃老国"。

陈国是西周之初最早的封国，《礼记·乐记》所述：武王克殷及商，未及下车，封帝舜之后于陈。武王克商为公元前1046年，也就是武王打败商纣王后，马上就封了陈国，比姜尚封齐、周公封鲁等都早，是为了向天下表示周朝的政治正统性，陈国在周王室的地位是很高的。

到了春秋时期周室衰微，陈国的地位也就贵而不尊，成了楚、宋、齐、郑、晋各大国随意攻打的出气包。陈国在春秋时代，最荒淫的就是陈灵公君臣与夏姬，但是最有名的是陈厉公的儿子公子完。

陈厉公是陈桓公的弟弟，公子完的母亲是蔡国人，蔡国帮助陈厉公杀死陈桓公的长子世子免登上王位。厉公经常偷偷跑去蔡国私会美女。世子免的三个弟弟就设了个局，在蔡国找了一个漂亮女人，趁一次陈厉公去私会美女的时候，把厉公（他们的叔叔）杀了。

三个公子分别做了陈国国君，他们都喜欢厉公的儿子公子完。公子完生于前705年，前672年，公子完担心卷入陈国君位的厮杀里，带着家眷投奔齐国。齐桓公早听说公子完的名声，要让陈完做齐国的卿，公子完辞谢不就。齐桓公就让他做了工正之官，也就是齐国手工业的管理者，举凡农具、兵器、战车、礼器、酒具等都归工正管理。

齐桓公很喜欢陈完，有一天去陈完家里喝酒，喝着喝着天色已晚，齐桓公说：点灯继续喝。陈完说：我只准备了白天的酒，没准备晚上的酒，不敢听君上命令继续喝酒。还说出一番道理：喝酒是为了体现礼仪，不继续下去免得喝醉，这是臣子的本分。君上喝酒也是为了体现礼仪，适可而止，免得喝多，这是爱护君上（酒以成礼，不继之以淫，义也。以君成礼，弗纳于淫，仁也）。

《史记·陈杞世家第六》记载：周太史过陈，陈厉公使以周易筮之，卦得观之否：是为观国之光，利用宾于王。此其代陈有国乎？不在此，其在异国？非此其身，在其子孙。若在异国，必姜姓。姜姓，太岳之后。物莫能两大，陈衰，此其昌乎？

有一个周太史经过陈国，碰到厉公儿子公子完降生，就给他占卜一卦，得到观卦、否卦，周太史解卦说：这孩子有建立国家的气象，但不是他自己，而是他的后代；不在陈国，在外国。如果是外国，就一定是姜姓之国。并且认为，陈国要衰微了，这个孩子会昌盛吧？

陈完进入齐国后，被齐国大族懿仲相中，要把女儿嫁给他，也占卜一卦：是谓凤皇于飞，和鸣锵锵。有妫之后，将育于姜。五世其昌，并于正卿。八世之后，莫之与京。也就是五代后就会昌盛，八代后无人可比。

这个八世之后，莫与之京，就是指陈完后代的田氏代齐，即姜姓齐国被田氏齐国取代，这是进入战国时代的标志事件。陈完后人里，还有一位名人，那就是齐景公时代的战神田穰苴（即司马穰苴），《司马法》相传是他所著，《史记》有司马穰苴列传专门一章。

陈国被楚所灭，却在齐国借国还魂，这是一个很传奇的历史事件。连司马迁都感慨，田氏代齐时连续杀了两位姜姓齐王，恐怕不是事情逐步发展造成的，而是遵循占卜的预言吧！

究竟是后人附会占卜的预兆，还是占卜具备这种神奇的决定力量，似乎只有历史学家的记录里有，现实中并不多见。

第十七章

沉静领导者

楚庄王为什么是好老板

阅尽美色却不被美色所迷的君主其实不多，楚庄王算是一个，仅凭楚庄王忍住冲动，没有碰夏姬，说明他是能忍住、有克制力的君主。

有权就任性，但领导是克制。

克制就是克制自己的欲望、感情、感觉、情绪等生理及心理的自然反应，这是雄才大略的领导者。就此来说，齐桓公比晋文公与楚庄王差。

楚庄王在位的二十三年（前613至前591年），前三年蛰伏（三年不鸣），后二十年勃勃中兴之象，楚国在华夏版图里的历史地位由此奠定。楚庄王值得研究的不仅是其取得的成功，而且是取得成功的方法，称之为领导力三大要素。

第一个要素：待机，即善于等待机会，而且是积极等待。

剿灭权臣斗越椒，为了让内部大臣及军士坚定地反对斗氏，楚庄王认真地导演了一场让斗越椒变成人民公敌的大戏（说认真，是我们不能推测庄王以下举动是阴谋；说演戏，是因为庄王隐忍的目的很明显）。

楚庄王派斗越椒看不起的蒍贾去劝降斗越椒，结果蒍贾被杀（斗越椒从此走上失去合法性与人心的道路）。斗越椒杀了令尹发动叛乱后，庄王派特使去劝和谈判，特使又被斗越椒打了回来。

按说这时庄王可以发兵攻击了，可是庄王仍然认为这是斗越椒怕秋后算账，于是第三次派出特使，提出和平建议：请斗越椒担任令尹，庄王让皇亲三人去给斗越椒做人质。这个建议又被拒绝，特使被打了回来。

这回群臣都气愤了，可是庄王仍然说：要不我流亡晋国，让斗越椒回来做王，免得楚国自相残杀。这个提议被群情激昂的大臣拒绝，齐声高呼讨伐斗越椒。《左传》记：鼓而进之，遂灭若敖氏（若敖氏即斗越椒）。楚国第一大权贵家族从此消失。

灭若敖氏也不是那么"遂"（顺利）的。楚庄王与斗越椒对阵时，斗越椒是有名的神箭手，向楚王射出两箭，其中一支射到楚王的车辕上，庄王这边的将士面露畏惧之色。庄王立即说：当年先君（楚文王）平定息国时得到三支强矢，越椒偷了两支，已经射完了。于是擂响战鼓，发动反攻，这才"遂灭之"。庄王的临机应变、急中生智真不是个案，可以说庄王是很有"急智"能力的统帅。

楚庄王做事小心至极，也许是因为内部意见分裂、斗越椒作为望族权臣根基爪牙太多，不得不如此统一内部。在统一下属态度、振奋下属士气上，与晋献公围歼群公子、郑庄公克段于鄢的权谋相比，楚庄王是春秋时代的领导力大师。

到了楚晋邲之战，庄王继续以怯战激发楚军斗志。开战前，与晋国进行三轮反复和谈，显示谋求和平、避免战争的意愿。这个做法并非全部矫情，但晋军的内部不和却在这三次的往来外交中暴露无遗，不仅麻痹了晋军（晋军还沉浸在城濮之战的胜利里），客观上让晋军里主战派与求和派的矛盾变成军令的不统一。同时，激发了楚军雪耻的斗志。在面对强敌或者战略决战前，用谦恭与有原则的示弱统一内部态度是有效的方法。当年城濮之战中晋文公的退避三舍也有这个效果。

领导者，即老板，最重要的是做到"上下一心"，这是君主的第一要务，做老板的第一课。

领导力的第二要素是什么？西方管理学（包括政治学）的理解恐怕都未必适合中国，我们来看看适合中国的是什么。

楚庄王在消灭若敖氏即斗越椒后，在宫里举行庆功宴。酒到兴头，庄王让自己最宠爱的妃子向将军们敬酒。后面的故事很多人都知道：一阵风将灯火吹灭，许姬发现有人趁黑非礼她。许姬急中生智，把那人头盔上的缨子拔了下来。许姬告诉庄王有人非礼还拿到证据，要求等上灯时抓住严惩。

内侍正在上灯，黑暗里，庄王说：今天我们君臣是朋友聚会，没大没小，大家都把头盔上的缨子拔下来，不醉不归！查不到非礼的人，许姬问庄王为何放过非礼自己的人。庄王说：我请人喝酒，喝多了失礼就杀人，不厚道。再说喝多了看见美人，一时控制不住也是人之常情，何必太在意？

楚晋邲之战时，庄王冲锋太积极，竟然被晋军包围，眼看楚军击溃晋军，自己却要成为俘虏。危急时刻，一辆战车杀过来，勇武非常，反过来将围攻庄王的晋军大将荀罃刺伤并俘虏，把庄王救了出去。

庄王一看是大夫熊负羁，平时也不是很勇猛，就问这次为什么舍身救驾，熊负羁说：大王还记得那次庆功宴吗？我是那个非礼了许姬的人。

这个故事因庄王大度与熊负羁报恩广为人知，《说苑》评论这件事：此有阴德者必有阳报也。这个故事的核心不是熊负羁救了楚庄王，而是庄王处理此事的果断。

试想，在黑灯瞎火宠姬被非礼到灯火重上的短暂时间里，庄王能迅速做出不追究还保全非礼者体面的决定，不仅大度，而且机智非常。

庄王虽然有三年时间在后宫里酒色自娱，但他不仅脱离了低级趣味，而且脱离了刚愎自用，是极少见的能考虑下属的君主。

领导力的第二要素不仅是大度，还要养成"多积阴德"的习惯。掌权者给下属留面子，宽宥失误，体谅人之常情，这就是不滥权、积阴德。

很多领导者做不到这一点。他们有能力，但并不能克制自己的权力欲，尤其是很难考虑下属的尊严与感受。富不过三代不仅是后代的责任，成败的种子在第一代身上已经具备，二世而亡、富不过三代，是第一代掌权者（老板）"品性基因"的自然结果。

政治、商业、军事三个人类社会集团竞争性领域的领导者，对政治家的要求最高。就国家来说，商业、军事都是政治的支撑与工具，政治家失职，小则杀身灭族，大则灭国换代。继续以楚庄王来说明政治家的第三项也是最后一项重要素质。

庄王邲之战胜利后，潘党提议将晋国阵亡士兵的尸体掩埋，在上面建一个"京观"（即纪念碑），宣示楚国的胜利。庄王说了一段话，可见出庄王思维之缜密与系统。

《左传》载庄王曰：非尔所知也。夫文，止戈为武。夫武，禁暴、戢兵、保大、定功、安民、和众、丰财者也。故使子孙无忘其章。今我使二国暴骨，暴矣；观兵以威诸侯，兵不戢矣。暴而不戢，安能保大？犹有晋在，焉得定功？所违民欲犹多，民何安焉？无德而强争诸侯，何以和众？利人之几，而安人之乱，以为己荣，何以丰财？武有七德，我无一焉，何以示子孙？武非吾功也。而民皆尽忠以死君命，又何以为京观乎？

原文很长，上面的缩略版有三个核心意思：

第一，明确提出武有七德：禁暴、戢兵、保大、定功、安民、和众、丰财。这是对于国家武装的最经典总结，至今依然有效。

第二，用七德衡量邲之战，得出结论是这个胜利不是什么功劳，没有可向后代夸耀的东西（无德）。

第三，认为晋军是为国尽忠而死，不能拿忠诚的牺牲做胜利者的炫耀。

春秋乃至后世君王，能达到庄王对武力的理解及对敌人尊重的程度很少见。对手下败军的态度，更显示出政治家的格局。

庄王上面的冷静思考已经令人佩服，下面的反思只能让人用崇拜来形容。

楚军得胜回国途中，庄王住在申叔时家里，从早到晚发呆、忧愁，饭都没兴趣吃。申叔时问是否是自己招待不周，让庄王没有食欲？

庄王说：吾闻之，其君贤者也，而又有师者，王；其君中君也，而又有师者，霸；其君下君也，而群臣又莫若君者，亡。今我，下君也，而群臣又莫若不谷，恐亡，且世不绝圣，活不绝贤，天下有贤而我独不得，若我生者，何以食为？

在举国全军沉浸在得胜还朝的喜庆气氛时，庄王为没有贤臣而忧虑国家恐亡。什么叫居安思危？什么叫胜而不骄？什么叫深谋远虑？庄王在大胜之后的这段话就是。

综合上面两段话，庄王表现出作为一个政治家的第三项素质：戒慎戒惧、忧患反思。忧患而不是谦虚，对于领导者来说是重要的素质。有忧患意识且经常反省的君王，都能得善终。所谓基业长青、家业长青，殁身不殆，掌权者自己主动的、真实的忧患反思，是有决定性意义的。

做老大是不容易的，先要上下一心，次要克制权力欲、善积阴德，最后还要经常忧患反思。说起来，拥有绝对权力的君主其实没有任性的条件，三大要务做不好，很容易导致内乱、身危、晚节不保。

以忧患始，以霸业终；纵欲享乐，却没有陷于所爱。楚庄王是老板的好榜样。

最后谈谈楚庄王为什么三年不鸣？靠什么一鸣惊人？

"三年不鸣、一鸣惊人"，我们耳熟能详，但怎么做到，史书上都没有说。不追问一个为什么，楚庄王的这段神奇经历是不完整的，对于后人可能会是误导，以为什么事不干，干一次就能惊人。任何重大历史事件，从来不是投机的、偶然的，与现实一样。

从现有记载看，三年不鸣是因为楚庄王继位后的一次创伤经历。庄王继位的第二年，庄王叔叔公子燮与斗克学习赵盾发动叛乱。这两人在被杀前，曾挟持刚即位的楚庄王出逃，这次叛乱被太师潘崇剿灭。庄王自此之后，开始三年不朝、日夜纵欲享乐。《史记》载：庄王继位三年，不出号令，日夜为乐，左抱郑姬，右抱越女，坐于钟鼓之间。且颁布号令：寡人恶为人臣而遮谏其君者！今寡人有国家，立社稷，有谏则死无赦！

话说的很重。但是，这算不算庄王的一个权力试探呢？三年里，还真没有大臣触这个霉头、大胆进谏的。直到第三年，楚国大旱，国家危急，有人忍不住挺身而出。

第一个冒死进谏的是嬖人（为国君解闷的人）伍参（伍子胥的曾祖父，伍举、伍奢、伍子胥），伍参说：我有个哑谜，请您猜猜（愿有进隐）。有鸟在于阜，三年不蜚不鸣，是何鸟也？庄王说：三年不蜚，蜚将冲天；三年不鸣，鸣将惊人。参退矣，我知之矣。伍参明白庄王不是真不鸣了，于是退下。但庄王并未马上停止，依旧日夜饮乐，居数月，淫益甚。

第二个冒死进谏的来了，是大夫苏从。庄王抽出了刀，不过没有砍苏从的脑袋，而是砍断了编钟的悬索，宣布上朝——这只鸟开始飞、要叫了。

《史记》载：于是乃罢淫乐，听政。所诛者数百人，所进者数百人，任武参（《史记》记成伍举，有误，当为伍举父亲伍参）、苏从以政，国人大悦。是岁灭庸。

谜底就在这一小段里。楚庄王宣布上朝，让百官阐述自己做了什么，由此进行评估，对于说不清自己干了什么的，留用查看；胡编乱造的，杀；对工作了然于胸的，重用。对冒死进谏的两个人，以政，就是将权力交给这两个人。为何国人大悦呢？

庄王重用两个冒死进谏的人，这叫任人唯德，表明庄王对人才使用的态度。在一个处于动乱之中的国家，是人才重要还是品德重要？正确答案不言自明。楚庄王做了正确选择，国人大悦，这与晋国人对诛杀屠岸贾全家拍手称快的兴奋不同，这是对领导人放心。

是岁灭庸（今湖北枝江境内）是什么意思？庸国趁楚国粮荒来打劫，有人提议庄王迁都回避，庄王说：我堂堂楚国，岂能被蛮子逼得逃跑？打！派潘崇儿子潘尪带兵进攻庸人。潘尪一路迎敌，发现沿路都在闹饥荒，潘尪宣布开仓放粮，军民同甘共苦，并宣布是庄王命令，举国百姓赞誉庄王。楚军采取七战七败麻痹庸国，最后与秦国、巴国将庸国主力包围在方城全歼。

庸国是有名的古国，比楚国崛起还早，曾经是"百濮之长"，即南方群蛮的领袖。梁启超说：巴庸世为楚病，巴服而庸灭，楚无内忧，得以全力中原。

楚庄王一鸣惊人的招数其实很简单，四个字：用人、奖惩。或者再展开阐述一下：善善能用，恶恶能去。授德以权，民将自正。

看似简单，实则不易！领导最难的就是知人善任、用人不疑。社会上流行的"用人要疑、疑人要用"的管理鸡汤，是一个陷于内部混乱的组织的反映，是失败的前奏，没有任何实际价值。

庄王如此解释自己三板斧处置方法的理由：一问三不知，说明这官员与自己一样，也是荒怠了三年，算是服从指挥吧，自然可留用察看。否则不是自己也要杀了吗？胡编乱造的，是做人不诚实，这种人做了官，还不上瞒下欺？这种喜欢欺瞒骗人的官员，留下就是个祸害。领导不务正业，下属却兢兢业业，这不是一般的好下属，而是栋梁之才嘛！

管理难吗？从楚庄王的用人三板斧里，我们可以看到，既难也不难。做领导能做到两个基本底线，即使无为也不会出太大的问题：

（1）领导者能分辨善恶，不心盲，就会拥有令人认同的权力。

（2）把权力交给品德高尚的人，下属自然会做正确的事。

楚庄王的政绩：23岁，一鸣惊人，灭庸国、服群蛮；26岁，伐宋，获兵车五百乘；28岁，饮马黄河，问鼎中原；29岁，灭强族若敖氏；33岁，灭江淮群舒；36岁，破陈；37岁，三月内克郑，击败强晋；40岁，降伏宋国。并国二十六，开地三千里，楚国霸业达到了顶峰。

楚庄王时，对外有虞丘子、孙叔敖；对内有樊姬、优孟；再加上屈荡、养由基、潘尪、潘党、伍参这一群来自不同阶层的能臣勇将，无论从质量还是数量上，庄王的人才集团都丝毫不逊色于齐桓公与晋文公两位霸主。

楚庄王的一生，后人大多给予正面评价。清代朱元英的观点较具有代表性：齐桓公和晋文公之所以称霸天下，是因为有管仲和狐偃，凡事都听他们的就行了；楚庄王手下的文臣武将，能力都不如楚庄王，大事全由楚庄王自己决定，而且他的所为基本符合天道人伦，就算错也错不到哪里去。恢复陈国，饶恕郑国，体现了他的豁达大度；不作京观，体现了他的仁义；同意撤军三十里，与宋军和谈，体现了他的诚信。

楚庄王的内政、外交、用人，都是其内心思考对外释放的表现，往往宁可厚道而不刻薄；将自己摆在退让的位置，不跟别人争夺。楚庄王是春秋时代很少有的、自己有极强反省自控品性的君主，十分难得。

前591年，楚庄王去世，留下遗嘱：无德以及远方，莫如惠恤其民而善用之。在崇尚武力的楚国，强调"德"的重要性，要求惠恤其民，庄王一生，可谓武成文德，功德圆满。

喜欢就任性，但爱是克制。说起来，楚庄王的领导力精髓也如此：

有权就任性；但领导是克制。

第十八章
首相成了首穷
楚国人民的好总理孙叔敖

中国老话曰：穷生奸计富长良心。有通达者亦曰：贫贱不能移，草根者多移。

有人说中国历史有一个规律——首辅即首富，举管仲、范蠡为例。是耶非耶？看看春秋第二名相（第一名相是管仲）的故事，再自行判断。

古代称呼有才德而隐居不做官的人叫隐士或处士。处士多是鄙人，孔子就说自己少能鄙事，即与动口不动手的贵族相对而言，靠劳力、手艺活吃饭的人都是鄙人。

鄙人里能学习礼仪、文字，能写字的就是处士。在知识稀缺时代，这类有知识却不做官的人是朝廷关注的对象，也就有了后来养望林下的士大夫风气。

官场里，从寒门一步登天成为宰相，从无人问津到满是诱惑，新官上任要注意什么？楚庄王破格提拔的孙叔敖，留下一段警示名言：

位益高而意益下，官益大而心益小，禄厚而慎不敢取。

故事是这样的：孙叔敖当了楚国令尹，一时间宾客盈门，其实只有三件事：道贺、送礼、拍马屁。一天，令尹府来了一个老人，粗布衣服，戴一个白帽子，一副吊丧打扮。

孙叔敖压着火问：别人来道贺，您来吊唁，走错门了吧？老人说：如果你今天不听我的话，用不了多久就要来给你吊丧了。孙叔敖是聪明人，连忙客气地让老人坐下请教。老人说：孺子可教，我告诉你，显贵了就到处炫耀，大家就会离开他；当官独揽大权，君王就会讨厌他；工资待遇高了还不满足，灭顶之灾就快来了。想想斗越椒是怎么死的吧。

孙叔敖赶紧请教怎么办？老人说：地位越高，越要低调、谦虚；权力越大，越要小心谨慎；待遇好了，更不能贪污受贿。做到这三点，就能把国家治理好，自己得善终，子孙后代也不会受穷。

孙叔敖是管仲之后的又一名相，对楚庄王成为春秋五霸之一有重要作用。司马迁评价孙叔敖：不教而民从化之，近者视而效之，远者四面望而法之。这是达到老子与孔子共同推崇的治理境界：不教而化。

孙叔敖这个首辅，不像管仲那样成了首富，而是成了首穷，临死都买不起棺材。孙叔敖死后，妻子、儿子靠砍柴度日。最后儿子想起父亲生前的话：如果实在不行了，就去找优孟。也就是一个叫孟的优人，专门给楚王演戏解闷的演员。

优孟看到孙叔敖儿子穷得快变成叫花子了，就给了他一些钱，让他回家等消息。优孟准备了一年。一天，楚庄王忽然看见优孟演一个角色，活脱脱就是孙叔敖，让庄王觉得孙叔敖真的还活着，要优孟扮演孙叔敖做官。

优孟说：我得回家跟妻子商量。庄王说：给你三天。三天后，优孟来到庄王面前说：我妻子不同意我假扮孙令尹。庄王问：为什么？优孟说：我妻子对我说，孙叔敖做了令尹，穷得叮当响。死后没钱买棺材，儿子没有立锥之地，砍柴为生，就像叫花子。真孙叔敖都这么穷，假扮的孙叔敖还有什么意思？

庄王愧疚不已，明白优孟的意思，立即派人把孙叔敖的儿子找来，要给他封官赏地。孙叔敖的儿子说：我父亲生前说了，我没有做官的才能，大王要是封赏，就把寝邱（今河南固始县）这块地赐给我。

孙叔敖儿子要的这块土地比较贫瘠，得到这块地不触犯别人的既得利益，不会引起权贵的觊觎，这样才能保住子孙的长期饭碗。史书说寝邱四百户，以奉其祀，后十世不绝。这在春秋战国大变乱的时代是不多见的。孙叔敖的远见由此可见。

当然，对要哪块地都知道得这么精准，并不是孙叔敖有美德，而是因为他是春秋时期最早的水利专家，主持修造著名的芍陂（今安徽寿县境内安丰塘），灌田万顷，让寿春地区变成粮仓，成为楚国的大后方。功在当代，利及千秋。

芍陂的修成让楚国出现"家富人喜，优赡乐业，丰年蓄庶"的丰裕景象。让这样一位造福于民的宰相后代无立锥之地、饔飧不继，那就有点不公平了。

幸好，孙叔敖有优孟这个朋友给他做身后援手，楚庄王果然是不忘旧情的君主。

孙叔敖成名的是他斩杀两头蛇的故事，体现了他从小就有一颗善良之心和勇于担当的高贵品德。

两头蛇被当地人认为是不祥动物，传说看到的人都会死。小时候的孙叔敖，在路上就碰到了一条，他把两头蛇斩杀、掩埋，回到家里神色紧张，母亲问他出了什么事。孙叔敖说自己斩了两头蛇，不希望其他人看见，自己恐怕要死了。母亲说：孩子，你这叫积阴德，上天是不会让积德的人死去的。这个事迹成为孙叔敖被推荐给楚庄王的引荐书。

孙叔敖被重用，要感谢两个人：推荐他的前令尹虞邱和庄王的爱妃樊姬。

虞邱人品好、学识广，还很敬业，庄王很喜欢他。但是，十年过去了，楚国的起色并不大。有一天，庄王和虞邱探讨治国方略，直到深夜才回到后宫。樊姬得知庄王是与虞邱讨论问题晚了，问庄王虞邱的能力行不行？

庄王说：楚国还有比他贤能的？没想到樊姬说：大王啊，我觉得，贤不贤呢，不能只看他有没有学识或者长得漂不漂亮。就说我吧，我认为自己挺贤的，并不是说我自认为自己有多美，而是我不仅自己伺候大王，还尽心尽力给大王介绍新妃子。我在外面给大王物色进来的，有两个比我还漂亮呢，还有几个也不亚于我啊。你再看看虞邱，令尹干了十多年了，有没有给大王您推荐过几个比他贤能的人呢？这样怎么能叫贤能呢？

第二天，庄王见到虞邱的时候，就把昨天晚上樊姬的话学了一遍，虞邱站了起来，躬身施礼：大王，夫人说得对，我确实不称职，请辞令尹。庄王说：一句戏谈，何必生气？虞邱说：我的能力我知道，管个小地方没问题，可是管理楚国这么大个国家，心有余而力不足。

虞邱接着说：能力不够就不要占着高位，我的能力就不够。占着位置却能力不够，就是贪婪；有贤人而不推荐，就是欺骗；知道有更贤能的人而不让位，就是不廉洁。这三点都做不到，就是不忠。如果我还不辞职，我就是不忠，我这样不忠的人，大王还挽留干什么？久固禄位者，贪也；不进贤达能者，诬也；不让以位者，不廉也。不能三者，不忠也。为人臣不忠，君王又何以为忠？臣愿固辞。

他还说了一段话，让人不得不佩服这位让贤的楚国令尹：臣闻奉公行法，可以得荣；能浅行薄，无望上位；不名仁智，无求显荣；才之所不著，无当共处。臣为令尹十年矣，国不加治，狱讼不息，处士不升，滥祸不讨。久践高位，妨群贤路，尸禄素餐，贪欲无厌，臣之罪当稽于理。

于是推荐了孙叔敖，并讲了孙叔敖斩蛇的故事。一代贤相就这样诞生了。

惟楚有才，于斯为盛！谁说楚国是南蛮？谁说首相即首富？孙叔敖这个楚国首相是首穷。在孙叔敖之前，楚成王时代的令尹斗谷于菟（子文），甚至"自毁其家以纾楚国之难"。

《国语·楚语下》说：昔斗子文三舍令尹，无一日之积，恤民之故也。成王闻子文之朝不及夕也，于是乎每朝设一脯一束、糗一筐，以羞子文，至于今秩之。成王每出子文之禄，必逃，王止而后复。人谓子文曰：人之求富，而子逃之，何也？对曰：夫从政者，以庇民也。民多旷者，而我取富焉，是勤民以自封也，死无日矣。我逃死，非逃富也。

子文每次碰到楚王赏赐，就逃跑不接受。《战国策·楚策一》中记载莫敖子华对子文的赞美：昔令尹子文，缁帛之衣以朝，鹿裘以处，未明而立于朝，日晦而归食，朝不谋夕，无一日之积。故彼廉其爵，贫其身，以忧社稷者。

从成王到庄王，都有毁家纾难、无一日之积的宰相，这样的楚国怎能不兴盛？

第十九章

争议千年的道德两难

宋襄公的仁义

有人将宋襄公列入春秋五霸，但了解春秋历史的人大多不认同。宋襄公第一次会盟只有四个国家参与，第二次会盟被楚国囚禁，宋襄公是有霸心、无霸力的。毛泽东一句"蠢猪式的仁义"给宋襄公定了性，但围绕宋襄公的争议却没有结束：在政治或者是战争里，到底要仁义还是要诡诈？

要说宋襄公的仁义信念，还真不能说是虚情假意，而是他一贯的美德。

宋襄公的父亲是宋桓公（娶了宣姜的女儿，许穆夫人的姐姐，即宋桓夫人）。宋襄公叫兹父，他哥哥是目夷（即子鱼）。兹父是宋桓夫人所生，是正妻的儿子，目夷是庶兄，同父异母。子以母贵，兹父被立为世子。

兹父是个既孝又悌的人，他向父亲说要把王位让给兄长目夷，理由是长幼有序，且母亲在卫国，如果做了国君，就不能去卫国看望母亲了。宋桓公不同意，兹父再三请求，宋桓公最后就答应了，把目夷叫来，告诉兹父要把世子位子让给他。

目夷也是个既孝且悌的人，还很克己复礼、智慧务实。他说按规矩世子就是兹父，让给我是坏了规矩，不接受，跑去了卫国。兹父一看哥哥跑去了卫国，索性自己也跑去卫国见母亲。兄弟俩这一互相推让与跑路，让两位的名声大好。

前651年，宋桓公病重，传话给兹父：你要是再不回来，我就会忧虑而死。兹父就回去做了世子，继位，是为宋襄公。目夷也回到宋国，做了上卿（总理）。

宋国父子兄弟这一幕，是春秋时代齐家治国的典范，这家人的仁义，可不是虚伪，是经受过巨大权力的考验的。

管仲因此很喜欢兹父，认为他是个可靠的人。葵丘之盟的时候，让齐桓公将公子昭托付给宋襄公，要求他在公子昭有困难时给予帮助——这就是托孤了，也是管仲无力推动齐桓公明确立太子的后手。

事实证明，管仲留下的这个后手发挥了作用。

宋襄公登上春秋舞台是因为齐桓公。

前642年，齐桓公死后，公子无亏继位，公子昭逃到了宋国。宋襄公决定兑现承诺，帮助公子昭夺位。齐桓公是宋襄公的偶像，齐桓九匡诸侯的会盟盛事是他梦寐以求的目标。宋襄公向各国发出联盟邀请，要求联合出兵齐国，讨伐公子无亏，帮助公子昭继位。

这是小国干预大国最高权力更替的大事，齐国虽然经历齐桓公死后的诸公子争权内乱，但无亏继位也意味着权力斗争告一段落。现在宋国要为一个逃亡公子出头、争夺大位，这事不用看也知道结果。比宋国大的不会给宋国抬轿子，比宋国小的或相当的，也不愿意做轿夫。只有卫国和曹国做出响应，卫是宋襄公的母亲国，曹是离宋国很近的小国，怕不答应变成泄愤对象。被邀请的郑国、鲁国都表示不便干预他国内政。

宋国国内也一致反对宋襄公的决定。目夷说：宋是一个不大不小的中等国，大国的内政我们哪里管得了？而且干涉王位更替也得靠实力，我们力量不够啊！

宋襄公说：大哥，这事得这么看，当初答应了齐桓管仲的托付，现在不管，是不信；公子昭来了却不帮助他，是不仁；公子无亏靠三佞（让齐桓公惨死的易牙、竖貂、开方）篡位，不去讨伐这样的不孝之子，是不义。不仁不义不信，那怎么行呢？

宋襄公话是在理，可目夷担心打不过齐国也是实情，这场冒险的赌博就在宋襄公诚信仁义的信念支持下开始了。

的确是一个赌博，而且是宋襄公这个赌徒并没有把握的赌博。

宋襄公这次的赌博赢了。

《左传》写道：三月，齐人杀无亏。宋襄公带着三国联军二月出征，三月无亏就被杀了。可是，杀无亏的不是联军，而是齐人。哪些齐人？国、高、管、鲍、东郭等齐国大家族，率领临淄城里的国人，冲到宫里把无亏给杀了。

国高二姓，是齐国的上卿，当年管仲权倾朝野、富可敌国，对于国高二姓都尊重敬畏。管仲去周王室朝觐，周王要以上卿礼仪规格招待管仲，管仲力辞不就，理由就是国、高是齐国上卿，而自己是下卿，如果自己接受上卿的规格，那上卿就要按照诸侯的规格接待，这就乱了规矩。可见国高二氏在齐国的根基与实力。

实际上，无亏见宋国联军进入齐国，就召集群臣开会，结果只有易牙、竖貂参会，其他人都没有出现。无亏没有意识到问题所在，派易牙领军迎敌，竖貂留守。易牙领军前脚出城，后脚齐国大族就招呼国人拿起棍子斧头之类非作战兵器，冲进王宫把无亏杀了——三佞害齐桓公惨死，引起齐国人公愤，又有国、高大族带头，杀无亏没有遇到抵抗。

宋襄公带领军队刚进入齐国境内，杀了无亏的众大夫，就派高虎前来，迎接公子昭回国，并感谢宋襄公仗义，请联军回国——仁义无敌而胜。

宋襄公第一次仁义赌博，兵不血刃地赢了。

宋襄公回来不久，公子昭又跑来了宋国。原来齐桓公另几个有实力的儿子公子元、公子潘、公子商人联合在一起，蠢蠢欲动，公子昭担惊受怕受不了，只得再次跑到宋国。

宋襄公这次干脆独自出兵齐国，帮公子昭继位，进入齐国后，与高虎带领的齐军相遇。高虎刚送走宋兵，与子鱼（即目夷）是熟人了，他看出宋军不是齐军对手。子鱼找到高虎说：我们两国不能打仗。高虎支持公子昭，但也不能放宋军进城，就说：不打怎么办？子鱼说：现在三公子只是暂时联合，也搞不出名堂，不如我们联手，让三公子自相残杀，然后一起扶持公子昭继位。

子鱼、高虎找到宋襄公，要求放慢进军速度，让高虎回去挑拨三公子内斗。高虎回到临淄后，还真把三家的矛盾挑了起来。宋军挺进到临淄城下的当晚，城里火光四起，三公子内讧，实力最强的公子元部队被全歼，逃往卫国，公子潘和公子商人的部队也死伤大半，各自忙着救火。宋襄公军队进城，公子昭继位，是为齐孝公。

宋襄公的第二次仁义赌博又赢了。

从齐国回来后，宋襄公的自信膨胀。

兹父认为，这次宋国帮齐国立君，扬名诸侯，说明仁义无敌，要学齐桓公会盟诸侯。子鱼却心焦害怕：齐桓公卒，宋欲为盟会。公子目夷谏曰：小国争盟，祸也。宋其亡乎！

宋襄公不仅认为自己可以效法继承齐桓公的霸业，甚至认为可以恢复宋国先祖商人的辉煌（宋国是商王室后裔，非周朝姬姓）。宋襄公说：如天不弃我，则商之业可兴矣！子鱼劝宋襄公道：天之弃商久矣，君将兴之，弗可赦之矣！

宋襄公不仅得意，而且沉浸到忘形，竟然从仁义想到了恢复故国，这时的宋襄公有点《天龙八部》里慕容复的风采。

宋襄公举行了两次会盟，一次是在邾国，到会的只有曹、滕、鄫，因为迟到，宋襄公把滕文公关进禁闭室；等了几天曹共公还没来，宋襄公火了，把鄫子放在睢水边，做人牲祭祀河神，杀了，理由是迟到两天。

宋襄公还说：滕侯迟到一天，关禁闭；鄫子迟到两天，祭祀河神。正体现我们的仁义啊！那对于不来的曹国怎么办？一个字：打！

宋襄公率三百乘军车来到曹国都城下。曹共公（偷看重耳洗澡的）倒是不怕宋军，但僖负羁（偷偷送重耳白玉、食品的）说：我们守城即可，不要出战，找楚国和齐国来解围。

宋军攻城一个月没有进展，楚国、齐国为曹国求情的使者来了。宋襄公一看两大国来讲情，就坡下驴，同意撤兵。曹共公则派出使者向宋襄公道歉，表示一定参与下次会盟。

宋襄公的第一次会盟就这么似胜非胜地结束了。子鱼说：一会而虐二国之君，有又用诸淫昏之鬼，将以求霸，不亦难乎？得死为幸！宋襄公对哥哥说的这些严重难听的话听不进去，却也没有生气。这哥俩也是一对奇葩。

鲁国著名君子臧文仲听说后也感叹：以欲从人，则可。以人从欲，鲜济。就是说，你的欲望如果满足了别人的想法，就可以成功。让别人来顺应满足你的欲望，很少有能成功的！

宋襄公似乎习惯了做反潮流英雄，又发起了第二次会盟。

前639年，楚成王、陈穆公、蔡庄公、郑文公、许僖公、曹共公都准时到达，齐孝公生病，派人来请了假，被邀请的鲁、卫、燕、晋等国都没有响应。参会者如此，就不是宋襄公的会盟，而是楚成王带领附庸国召开的内部会议。更可气的是，楚王嬉皮笑脸地把宋襄公关进了笼子里，楚军还开始攻打宋国都城睢阳。

抓宋襄公容易，攻宋国城难。为什么？一是宋国都城较高，是春秋时代著名的坚城大都；二是守城的是宋襄公的哥哥子鱼。

子鱼为了回击楚国要挟，宣布自立为宋国国君。楚成王傻了眼，拿在手上的宋襄公竟然成了烫手山芋，就假意对宋襄公说自己做错了，愿意送宋襄公回国。楚成王给宋襄公灌了迷魂汤，好吃好喝招待着，好像宋襄公是被邀请来访问似的。这个楚成王也是个奇葩，变脸比翻书还快。

宋襄公回国后，子鱼说明自立为君是权宜之计，请宋襄公继续做国君。宋襄公感慨地说：仁义的力量真是大啊！

子鱼一听，暗自叫苦，心想弟弟入戏太深，走火入魔出不来了（祸尤未足也，未足以惩君）！

最后的惩罚来了。

前638年，宋襄公起兵伐郑，郑国向楚国求援，楚国来了招"围宋救郑"（这个战法在三百五十多年后，即前285年孙膑围魏救赵之前多次被采用），宋楚"泓水之战"爆发了。

战役的过程及结果，就是宋襄公被封为"蠢猪式的仁义"的证据：

楚军在渡河，宋军大司马公孙固说：敌众我寡，及其未济也，请击之。宋襄公说：不可。吾闻之也，君子不推人危，不攻人厄。吾虽丧国之余，寡人不忍行之也。须其出。就是要按照军礼，等对方上岸再战。

楚军渡河上岸后，正在纷乱整理队伍，公孙固再次要求出击。宋襄公还是摇了摇头道：未可，吾闻之也，君子不鼓不成列。待其己陈。不仅等待敌军过河上岸，而且要等待对方整理好队形。

两次出击机会失去后，双方对垒，楚军出击，宋大将公子荡战死，宋军全线溃败，宋襄公大腿被射中一箭，亲兵卫队全部战死，公孙固保护宋襄公逃回睢阳城，楚军带着战利品和战俘班师回国，泓水之战结束。

这回骂宋襄公的不是子鱼，而是整个宋国上下。

重伤的宋襄公依然拒不悔改：君子不重伤，不擒二毛。古之为军也，不为阻隘也。子鱼说：打仗就是要胜利。不想伤人，就投降好了，何必去打仗呢？（兵以胜为功，何常言与？必如公言，即奴事之耳，又何战为？）

宋襄公丝毫不以为意：寡人虽亡国之余，不困人于厄，不鼓不成列。就是宁可战败亡国，也不违反仁义军礼之道。

古代军礼要求不重复对伤员进攻（不重伤）、不俘虏上年纪的士兵（不擒二毛）、不在对手列好阵前发动进攻。这种军礼并不是真正的打仗，而是贵族之间的决斗仪式。

普希金倒在欧洲贵族的决斗规矩上，宋襄公也倒在他的仁义规矩里。

在泓水之战一百二十三年之后，一个二十五岁的年轻人在他的兵书里写道：兵者，诡道也。孙武写作《孙子兵法》时，没有指挥过战斗，但孙子兵法里的战争规则并不是无源之水。"兵者，诡道"这个观点，只有放到宋襄公代表的上古、春秋时代的战争规则背景里看，才能理解这句话的价值。

如何评价宋襄公，历代争论不休。

指责宋襄公是容易的，因为他是失败者。看到宋襄公仁义信念的来源，宋桓公、宋襄公、子鱼父子兄弟的孝悌相亲，又不能不对宋襄公坚持的仁义有所敬畏。

历史的现实是：仁义可以齐家，可以治国，却未必能平天下。仁义如果没有武力的支撑，即使仁义是真诚的，也难免成为蠢猪式笑话。

《东周列国志》里以宋襄公虐杀小国君主，认为他是假仁假义。我们从宋襄公一生的表现看，他的仁义信念肯定不是虚伪的，但他确实也谈不上"仁"与"义"。

孔子说：仁者，爱人。义者，忘利。宋襄公为了自己当霸主，竟然擅杀小国国君，显然不爱人，也失去了道义。这不是愚蠢，而是欲望导致了心盲。心盲就会悖谬不通常情，狂妄不知进退。宋襄公可以说是春秋第一国际玩笑的梦游者。

要说宋国还真是出怪人。前607年郑宋的大棘之战，宋国大夫狂狡在战斗中，发现一个郑国士兵掉到井里去了，就倒转长戈，把士兵救了出来，结果被救出来的士兵反过来把狂狡俘虏了。

《左传》里的君子评论道：不遵守战争规则，违背攻击命令，被俘虏岂不活该！打仗，应该将奋勇杀敌牢记于心，这就是礼。杀敌就是目的，达到目的就叫果敢。如果违背这个礼，就会自取灭亡。

宋襄公被射一箭，不治身亡，比起齐桓公这类横死的君主，还算是幸运的。

若要论君主生死的天意，齐桓公吃了易牙的儿子，恐怕是导致晚年惨死的冥报；宋襄公没有遭遇横死，或许是因为他一贯的孝悌之心。

宋襄公的母亲宋桓夫人——宣姜的女儿，被宋桓公休了，遣送回娘家，是个苦命的才女。宋襄公从卫国回来后，思念母亲，就在距离卫国较近的黄河岸边筑了一座土台（今河南睢县北湖湖心岛驼岗上），后人称为"宋襄公望母台"，或"襄台"。

宋桓夫人也思念儿子，写了一首千古绝唱，《诗经·卫风·河广》：

谁谓河广？一苇杭之！谁谓宋远？跂予望之！

谁谓河广？曾不容刀！谁谓宋远？曾不崇朝！

译文：

谁说黄河广又宽？一束芦苇便可渡过！

谁说宋国遥又远？踮起脚尖就能看到！

谁说黄河宽又广？一只小船就能过去！

谁说宋国远又遥？不要一个早晨就能到呀！

人生之苦，爱别离、求不得，此诗里母亲对儿子的思念、幽怨，令人动容。

宋襄公死前，做了一件正确的事，间接报了楚国的一箭之仇。

前637年，泓水之战次年，自己两次冒险相救的公子昭（齐孝公），竟然也乘人之危、忘恩负义，派兵包围宋国缗地，宋襄公箭伤发作。弥留之际，太子王臣问：父亲您有什么要教导儿子的？

宋襄公说：楚国是宋国的头号敌人，你不要忘记。晋公子重耳，仁且得众，是个能成大事的人，要好好接待相处。重耳团队到宋后，宋襄公给予过高规格接待，并按照齐桓公的标准，也赠送了二十乘马车。

打一场仗不过三百乘，送重耳团队二十乘，是个奢侈的馈赠。30多年后，宋国人以兵车100乘、文马100驷去赎华元，可见宋人在某些大义面前，的确是重情轻利（财货），没把钱财当回事。

前632年，宋襄公死五年后，晋楚城濮之战爆发，晋文公击败楚军，宋襄公最后的仁义与眼光没有错。

徐皓峰在《大日坛城》里说：成败多卑鄙，输赢有尊严。跳出成败看宋襄公，在长历史的视角里，仁义是赢家。

人们即使在失败的历史案例里，也依然没有放弃对仁义的信念与认同，这就是仁义与诡诈千年输赢之争的最终结果。

宋襄公在"仁义无敌"膨胀的时候，曾说"如天不弃我，则商之业可兴矣"，司马公孙固却很清醒地说：天之弃商久矣，君将兴之，弗可赦之矣！宋国这个封国的确地位特殊，周初被周天子封为公爵，国君子姓，宋襄公实际叫子兹父。

周公平定武庚叛乱后，遵循武王"兴灭继绝"的精神，将前几代国家的后人分封建国，以保留其国的宗族、祭祀与人口。宋国始祖是殷纣王的庶兄微子启，被封在商朝故地，建立宋国，都城为商丘（今河南省商丘市睢阳区西南）。周朝给宋国较高的地位，称周为客，意思是周朝来到殷国土地上做客，宋被尊为"三恪"（即封虞、夏、商之后于陈、杞、宋）之一。

周公分封的兴灭继绝是一个政治智慧，意在通过对祖先的尊重安抚其后代，也可以说，在西周初建的时候，以周姓人口统御当时的各国，分封是一项创举，改变了夏、商朝时代的部落习性，从商代国都屡迁的半游牧状态转入安土重迁的农耕状态。

卫灵公夫人南子是宋国公主，比卫灵公小三十多岁，美貌放荡传于当世，传说她与宋国多位公子有染，"子见南子"究竟见了什么是个历史之谜。

孔子祖先是宋国的孔父嘉，是宋国司空（国防部部长），孔父嘉妻子"美而艳"，是著名的历史事件华父督杀孔父嘉及弑杀宋殇公的起因，孔子应该算是宋人。孔子的妻子是宋国的丌官氏，到宋朝时追封为"郓国夫人"，被儒家尊为圣母。如今孔庙中的寝殿，有供奉孔子夫人丌官氏的专祠。孔子的思想，既有鲁国基因（周公传统），又多见宋国基因（仁义固执）。

宋国诞生的思想家有墨翟（墨子）、计然（范蠡尊之为师）、宋钘（又称宋子，孟子和庄子尊称为"先生"）、惠施（与庄子辩论的名家）、庄子。这几位思想家都是开宗立派的人物，可惜都是"非主流"。

前356年，宋国发生"戴氏取宋"事件，宋桓公被他儿子宋剔成君（戴氏）推翻，子姓宋国变成戴姓宋国。前286年，齐闵公联合魏、楚两国灭宋，宋国从历史上消失。

宋国祖先微子是商纣王的庶兄（异母哥哥），与箕子、比干并称"三仁"。孔子说：微子去之，箕子为之奴，比干谏而死，殷有三仁焉。但毛泽东却认为微子是个卖国贼：

微子最坏，是个汉奸。他派两个人作代表到周朝请兵，武王头一次到孟津观兵回去了。然后又搞了两年，他说可以打了，因为有内应了。纣王把比干杀了，把箕子关起来了，但是对微子没有防备，只晓得他是个反对派，不晓得他里通外国。

微子除了做了宋国的先祖，还发明了一个投降仪式（符号）。武王灭商时，微子裸露上身，反绑双手，嘴里含着一块玉，牵着一只羊，大臣们抬着一个棺材，向周武王献降。

武王的做法是：亲手解开绳索，取出玉璧，把棺木烧毁，并举行一个除凶仪式，表示接受投降，恢复为活人。春秋时许国、郑国被楚国攻陷，都上演过这一幕投降仪式。

商纣王的伯父箕子，"违衰殷之运，走之朝鲜"，建立东方君子国，被称为"箕子朝鲜"。箕子朝鲜是朝鲜半岛文明开化之始，今之朝鲜喜爱白色的民俗即商代尚白的遗风。

《尚书大传》记载了一则故事，箕子从朝鲜回国向周王朝朝觐，微子朝周，过殷故墟，见麦秀之薪薪兮黍禾之蝇蝇也。曰：此故父母之国，宗庙社稷之亡也。志动心悲，欲哭则为朝周，欲泣则近妇人，乃为《麦秀之歌》：

麦秀渐渐兮，禾黍油油。彼狡童兮，不我好仇！

看到大好河山成为别人的国土，箕子借责骂纣王表达自己的悲伤，感慨亡国之痛的黍离之悲，来自于此，可见殷商时代的文化已经发展到了一个较高的阶段。

宋襄公死后，他的夫人王姬（周襄王的姐姐）上演了一出祖母爱上孙子的著名历史事件。

前611年，距宋襄公死后26年，宋襄夫人（此时约六十岁）爱上了孙子公子鲍，要与他私通，公子鲍不肯。宋襄夫人就暗地里以公子鲍名义周济国人，为公子鲍赢取好名声（公子鲍美而艳，襄夫人欲通之，而不可，夫人助之施。昭公无道，国人奉公子鲍以因夫人）。

公子鲍本就是个乐善好施的人：宋公子鲍礼于国人，宋饥，竭其粟而贷之。年自七十以上，无不馈饴也，时加羞珍异。无日不数于六卿之门，国之才人，无不事也，亲自桓以下，无不恤也。

第二年，宋襄夫人指使帅甸将宋（前）昭公杀死，立公子鲍，即宋文公。祖母因为孙子"美而艳"竟然要私通，幸好公子鲍没答应。

宋襄公这对夫妻，都在历史里留下与众不同、匪夷所思的记录。

第二十章
成功无早晚

百里奚的传奇人生

秦穆公有点失望，百里奚不像是个人才的样子，胡子拉碴，破烂衣衫，一身羊骚，就像被老婆赶出家门的老酒鬼。

刚从楚国宛城（今河南南阳）以五张羊皮当奴隶赎回来的百里奚，还没来得及沐浴更衣，秦穆公就以国礼迎接，把去赎人的秦民吓哭了。

秦穆公问：先生高寿？不老，才七十岁。哎呀，够老了！秦穆公更失望了。怎么老呢？如果打狼，是老了点。如果论放羊、养牛，谁也没我做的好啊！穆公说：我把你弄来，可不是放羊，是要指导我们治理秦国啊！百里奚笑了：当年姜太公遇见文王，已经八十了，不也一样帮文王武王灭了商？

正是别看穿得脏，出口皆文章。秦穆公有了精神：请教老先生秦国如何才能强大呢？一番交谈，如同齐桓公与管仲、与宁戚的彻夜长谈，相恨见晚，一颗大器晚成的历史明星诞生了。

百里奚的强秦之道，比管仲简单得多，归根结底就一条：暂时放弃东出争胜，巩固西戎、南进蜀汉，把国家的实力先搞上去。

这个国策比管仲的精妙设计相差得就不是一点，但计谋不在从后往前看的比较，而是看是不是对当时的情况管用。百里奚的想要争锋、先练内功和攘外必先安内的两大策略，对秦穆公来说恰是正合适——对，"正合

— 141 —

适"其实是比高明更重要的衡量标准。

秦穆公当即国宴招待，并马上要封百里奚做庶长（即秦国的宰相）。没想到，百里奚却拒绝了。为什么呢？

如果不是被公孙枝顺嘴向秦穆公推荐，百里奚可能就湮灭于红尘了；但如果没有遇到蹇叔，恐怕都等不到被公孙枝推荐，百里奚就先湮灭于道路了。

公孙枝何许人也？晋国一个要饭的破落贵族，秦国庶长（宰相）公子絷在晋国求贤时，路边偶遇公孙枝，就带回秦国做了大夫，李斯《谏逐客书》里都没有提到这个公孙枝，但他才是诸侯国入秦国的第一个客卿，也是秦国客卿大军里的第一块多米诺骨牌，他推荐了百里奚。

秦献公假虞伐虢，灭虢后反手灭了虞国，当时虞国大夫百里奚、宫之奇都看出了晋国意图，并规劝虞公，见虞公不听，宫之奇举族离开虞国，去了宋国。晋灭虞后，百里奚成了晋国的俘虏，晋献公把大女儿（伯姬）嫁给秦穆公时，百里奚做了陪嫁的奴仆。

公孙枝是晋国的没落贵族，虽说没官没钱，对晋国及国际形势的认识却一点不差。他知道百里奚是虞国有见识的贤臣，当秦穆公清点嫁妆，发现少了百里奚时，公孙枝就推荐了他。

公孙枝只是说了实话，跟百里奚谈不上交情，但是这一句没有利益或情感驱使的话，却改变了一个人、一个国家，乃至整个中国历史的命运。

百里奚拒绝做庶长（相当于宰相），他推荐的是蹇叔。百里奚告诉秦穆公蹇叔比自己更有见识。当年，百里奚离开家后，身无分文，路遇蹇叔，于是彼此结伴去了齐国，蹇叔听闻齐襄公的事情，认为齐国早晚要出乱子，提议离开齐国去宋国。

百里奚在蹇叔家里住了几个月，听说宋国王子颓招善养牛的人，百里奚与蹇叔一起去应征。蹇叔见了王子颓，认为王子颓志大才疏，亲近小人，必不可久，劝百里奚不要跟他。百里奚这才来到虞国，得到熟人宫之奇的推荐，做了虞国大夫。

蹇叔两次劝说百里奚，后来证明都对了，齐襄公被弑，王子颓造反被杀，所以蹇叔可以说是百里奚的恩人。蹇叔与百里奚的故事，与管鲍之交可有一比。

秦穆公马上让公子絷带着百里奚的书信，去宋国请蹇叔来到了秦国。蹇叔到秦国后，秦穆公要拜蹇叔做庶长，蹇叔死活不肯，非要让给百里奚。最后公子絷提议由百里奚担任左庶长，蹇叔为右庶长，左比右大，但两人情意相投，也不会生出争权夺利的事情。于是，百里奚、蹇叔、公孙枝、公子絷，秦国第一个客卿主导的内阁组成了。

百里奚是晋国假虞伐虢顺带灭了的虞国大臣，被当作晋国送秦国的陪嫁，半途逃跑，被楚国人抓住，当奴隶养羊，后来被用五张黑羊皮换回来做了秦国总理。秦国的战略崛起，以及秦穆公时代的开启，从百里奚开始。

七十岁的百里奚开始了人生的精彩篇章。不要相信出名要趁早这类话，说这话的想不到自己晚年贫病潦倒，客死他乡（张爱玲）。

相信啥呢？信这句话：再好的金子也得有贵人相助。

百里奚，五羊皮！父梁肉，子啼饥。夫文绣，妻澣衣。嗟乎！富贵忘我为？

七十岁的百里奚当上秦国左庶长，生活无忧，忽然听到相府里有女人唱歌骂他：百里奚啊，你不就值五张黑羊皮吗？做父亲的整天大鱼大肉，儿子因吃不饱而啼哭。做丈夫的穿得人模狗样，老婆在做洗衣工。杀千刀的，你荣华富贵就忘了我吗！

五羖大夫不是陈世美，当下夫妻相见，抱头痛哭，儿子孟明视被秦穆公封为三帅之一，一家人从此团圆生活在一起。

百里奚的故事里，有大器晚成、患难夫妻、一家团聚、得遇明主等一系列励志、曲折、离奇的人生机遇。可是整个故事里，最值得说道的是秦穆公。为何？因为敢于用人、诚心待人，中等才华也能成就大业。

公孙枝、百里奚、蹇叔，在晋国和虞国既非重臣，也非名士，说他们是潦倒小吏、落魄文人并不为过。秦穆公先得公孙枝，如获至宝，言听计从。公孙枝说百里奚比他强，秦穆公君臣设计，五张羊皮巧换百里奚，回来后就让百里奚做首辅。百里奚感念蹇叔当年对自己的帮助，推荐蹇叔，秦穆公马上派右宰相（公子挚）亲自去请。

请注意，见过听什么就信什么的君主，对象还是初次见面，只聊了几句的外邦客卿？秦穆公傻吗？事实证明，秦穆公做了最正确的选择，秦国崛起、一统中原，就从这几个人开始了！

当国家或企业还在蛮荒弱小的时候，老板太聪明或自以为很聪明，都是有害的。我做咨询，见到最多的就是大企业老板对咨询师尊敬有加，甚至到了谦恭自抑的地步，而很多小企业老板却流露出观尽名士、不在话下的态度。

还有什么可说呢？2700多年前，人间的规律就已经清楚地说明：君主当自己是傻瓜，就能用天下聪明人，国家就会强大；君主当自己是聪明豆，围在身边的皆是易牙、竖貂这类"奇葩忠臣"，死后尸虫爬出来才被收尸。

秦穆公不仅求贤若渴，还是个挖墙角高手。

秦穆公见西戎使臣由余是个人才，借口派使臣去西戎，将由余留在秦国，有事没事就请由余喝酒聊天，同时让使团给西戎国君送去美人歌舞团，让西戎国君沉湎在淫乐之中。

一来一往，等到由余回到西戎的时候，西戎国君已经听不进他的意见。秦人又散布秦穆公与由余经常喝酒的事，使由余被怀疑。此时秦穆公派人晓以大义、遵以礼节、厚币高官相许，由余到此也没有选择，就去了秦国。

秦穆公连施美人惑主计、离间计、厚礼求才计等，挖到西戎派来刺探情报的大臣由余。结果是得由余一人，而平西戎十二国，秦国四境安宁，奠定中原争霸的基础。

秦并六国，一统天下，李斯说得明白，是秦国善用各国人才的结果。用六国之人灭六国，秦国的挖角基因在秦穆公时代就种下了。由弱致强的企业老板，要学习秦穆公这样的好榜样：重仓人才，国主之道。不计过去，不论年岁，唯才是用，用之不疑，才能人尽其用。

第二十一章

能将干臣

每个组织都需要一个先轸

　　秦晋的崤之战，晋国元帅先轸趁秦军劳师远征之机设伏，不仅击溃了秦军，而且活捉了秦军三帅孟明视、白乙丙、西乞术。这三帅如果杀掉，秦军战斗力就会遭受毁灭性重创，秦晋争霸的进程都会改写。

　　当初晋惠公被秦国俘虏，秦穆公的王后穆姬（晋惠公姐姐）以死相胁，最后放晋惠公回国。如今秦国三帅被捉，晋文公的夫人怀嬴（秦穆公侄女），即晋襄公的太后养母，让晋襄公放了三帅，晋襄公答应了。

　　元帅先轸听说后，急忙朝见襄公，襄公告诉他已经释放了。先轸勃然大怒：将士们费尽心机和牺牲多少生命才擒获的敌军主将，因为妇人的几句话就轻易被赦免！这样会毁伤自己的战果，长敌人的志气，晋国恐怕要不了多久就会灭亡了（堕军志而长寇仇，亡无日矣）！先轸越说越愤怒，忍不住一口唾沫喷到晋襄公脸上（不顾而唾）。

　　被吐了唾沫的晋襄公不仅没有恼怒，反而向先轸道歉，并派阳处父马上去追。可是晚了一步，三帅已经上了过河的船。阳处父喊话：我国君派我来给你送马匹，你们来拿吧！孟明视哪会上这个当，再入虎口？在船上拜谢：承蒙贵国国君恩惠，没有拿我们去祭祀社鼓，让我们回国接受处罚。如果秦公杀了我们，我们死且不朽。如果秦公免除我们的罪过，三年之后我们再来拜谢贵君的恩惠。这就是赤裸裸的下战书。

先轸的愤怒是正确的，释放三帅是晋国犯的最大错误，如果杀了三帅，秦晋以后三十年的争霸，晋国一定占上风，而秦国甚至可能要五十年才能恢复元气。

先轸是追随重耳流亡十九年的老臣，又有城濮之战的战功在身，晋襄公是他的侄子辈，先轸对襄公确实随意了一些。先轸为三帅放虎归山的事郁闷了几天，气头过去后，经同僚家人提醒，他也发现自己犯了大错误：臣子怎能把唾沫吐到国君脸上呢？而且还没有受到晋襄公的惩罚甚至责备？

先轸给自己做了个判决：我像个匹夫一样在君上面前放肆，却没有被问责，还怎么敢不自己问责呢（匹夫逞志于君，而无讨，敢不自讨乎）？

没多久，北边的白狄因为草原歉收，到晋国来抢粮，先轸在箕（今山西蒲县）设了个包围圈，可全歼狄人。口袋阵布好，大军没有冲锋，只见冲出一乘战车，战车上的人竟没有甲胄护身。晋中军副帅郤溱回过神来，号令击鼓驰援，为时已晚，元帅先轸死于白狄的乱箭之下。

先轸以这样的死法，保全了自己作为战神的荣誉，也为自己对晋侯的不敬做了无声的忏悔。先轸是中国历史上第一个有记载的，靠谋略打仗的军人，是城濮之战、崤之战的统帅。《孙子兵法》里的很多战争规律，都是先轸对战争实践的总结。

先轸设计的死法，是一个臣子既忏悔过错又捍卫尊严的死法。换个角度说，晋襄公作为国君，还是很有反省精神的，能看到自己的错误，不追究臣子的过失，这是在春秋君主里不少见，而在后世帝王里很少见的品德。

晋襄公被吐口水后，有人指责先轸非礼，晋襄公说：先元帅也是为了国家好，为我好。虽然襄公是晚辈，但也是君主，能做到这个程度，不愧是重耳的儿子。

通常领导越大度，下属就越知道反省。在江湖上也有一个类似的规律：一个人帮助别人越多，别人也就越愿意主动甚至默默地帮助他。

再说崤之战的三位败军之将，回到秦国后，秦穆公不仅没有处罚，还给了安慰金，官复原职，秦穆公说：我不听蹇叔的劝告，让你们受辱，战败了是我的罪过。有人说应该将败将孟明视撤职，穆公说：是我的过错，他们有什么罪呢？且吾不以一眚而掩大德。即不要因为一次失误就忽视大品德是好的。

秦穆公做了正确的选择。一年半后，听说先轸战死，三帅急于报仇，对晋国发动第二次进攻，结果又战败了。秦穆公依然任用三帅。三帅因此意识到对晋军的失败并不完全是晋军偷袭的结果，开始认真研究战法、训练士卒。又过了一年半，也就是三帅在逃回晋国前对来追赶的晋军说的三年之期，秦军发动第三次对晋国攻击。

这次秦军由秦穆公亲自带领三帅，渡过黄河后，把船都烧了，宣誓了必死的决心，一举拿下王官（今山西闻喜县）。此时赵盾执政，听从赵衰临死前的遗言，决定坚壁不出，不战，忍。

秦穆公见晋军不出战，明白这是晋国认错，就坡下驴，没有杀戮、劫掠晋国百姓，率军到函谷关为三年前阵亡的秦军将士收了尸骨，安葬树碑，然后回国。此后秦国开始经营西部，最后吞并了西戎，巩固了秦国的大后方。

三帅是秦穆公得百里奚、蹇叔后，他们两人的三个儿子辈英才，可谓长辈能文，下辈能武，是秦穆公时期最大的收获。三帅被擒而得脱，两次战败却不动摇任用，秦穆公的德性感动了上天，留下了最重要的人才种子。

晋襄公的宽容和秦穆公的主动承担责任，都可以令下属以命尽忠。领导者的德性不是什么人都能做到，春秋崛起的国家，无不有这样胸怀远大的君主。

先轸是追随重耳的"五常委"之一。晋文公即位后，借道卫国伐曹，这是一个一石三鸟的连环计：取五鹿，兑现当年受土诺言；攻曹，惩罚曹共公偷窥的非礼举动；吸引楚国来援，与楚军一较高下。

先轸是带军进攻五鹿的指挥官，兵不血刃地占领五鹿，一战而名声鹊起。适逢中军帅郤縠病死，赵衰与狐偃一致推举先轸担任中军帅，自此，城濮之战的指挥官是先轸。

城濮之战的战斗只有一天，是春秋时代参战人数最多的一次会战，以楚军败退结束。双方投入总兵力为：晋国三军（上中下）兵车 700 乘，每乘配兵 75 人（一说 100 人），计 52500 人；晋联盟里齐军、秦军各派出 20000 多人，宋国派出 10000 人，晋军总兵力 8 万多人。楚军主力是若敖私卒，共六卒，一卒是 30 乘，六卒就有兵车 180 乘（楚军编制一乘配 150 人），计 27000 人；楚王东宫、西广的禁卫军兵车 300 乘，约 45000 人；楚联盟郑、许、陈、蔡等国派出 3 万多人；合计约 11 万人。

从双方主力对比可以看到，楚军人数占优势，但晋军精锐主力比楚军主力多一倍，这是一个国家（晋国）与一个家族（成得臣的若敖族）的战斗。楚成王并不赞成与晋军开战，解救新郑时，从围攻宋都的大军里带走了一半军队，在郑国与晋军对峙后，带兵从申县回到了郢都，并要求成得臣撤军。成得臣不愿意，执意要与晋国打一张。

楚成王说：重耳流亡十九年，老天还把晋国给了他，老天都帮他，我怎能逆天行事？《军志》（一部古兵书，已轶）上说：允当则归，知难而退，有德者不可敌。斗越椒转述成得臣的话，说不敢说有功，愿意借这一仗堵塞小人的闲话。

城濮之战前，拉拢秦、齐，组成统一战线，免除后顾之忧；策动曹、卫反水，激怒成得臣；退避三舍，既兑现重耳诺言，又引敌深入、以逸待劳。这一系列外交、布局谋划，都是先轸在主导，可以说思路清晰，进退有据，让成得臣变成"不义而战"的一方。

前 632 年四月四日（一说四月二日），城濮之战开打，一场惊心动魄的战斗，四个月的对垒过招，这一天战场决胜。成得臣拥十万之众，自信满满：今日必无晋矣。可惜，猛将成得臣碰到的是战神先轸，战斗的结果是楚右师溃，楚左师溃，楚师败绩。一个溃字，形象传神，兵败如山倒。先轸一战成名。

晋文公死后，晋襄公即位，秦穆公要偷袭郑国。晋襄公还在顾虑与秦国的渊源关系，先轸力主围歼秦军。理由是当年秦晋围攻郑国，秦国擅自撤兵，还留下2000人帮助郑国对付晋国，这个过节不能不报。三帅是秦国名将，如果一战而杀之，秦国将再也不是晋国的威胁。秦国在晋文公丧期发动战争，也是对文公的不敬。

这就有了崤之战，有了晋襄公放走三帅后先轸的愤怒，有了先轸之死。崤之战中，白狄被晋军击溃，首领被晋军斩杀，晋军用白狄子的尸体交换先轸尸体，《左传》记：白狄归其首，面如生。

一代战神，生而骄傲，死而尊严。

可惜，先轸的后代出了败家子。

先縠代表晋国与郑、宋、鲁国大夫签订了清秋之盟，结盟后，郑国背叛楚国，靠向晋国，楚庄王大怒，领兵讨伐郑国，晋国出兵救援，引发晋楚邲之战。

邲之战的失败是晋国内部混乱所致。赵括、赵同第二次去楚营致师，士会提出要加强戒备，担任中军佐的先縠说：郑国人来劝我们打，不敢打；楚国人求和，又不能和。军队也没有一个准确的命令，动员军队防备有什么用呢（郑人劝战，弗敢从也；楚人求成，弗能好也。师无成命，多备何为）？拒绝做战斗准备。

结果楚军全军出击后，晋军猝不及防；荀林父下令渡河，晋军争渡，不战自溃；中军、下军争舟，舟中之指可掬也（中军、下军士兵争抢渡船，互相砍杀的手指，都能装满船舱）。邲之战的惨败是晋军内部各军将佐，尤其是下军与中军自行其是，荀林父统帅无方所致，先縠责任很大。

先轸的曾祖父是先轸，先轸的祖父先且居子承父业，曾在晋襄公年代担任晋国的中军元帅；赵盾主政时期，先轸的父亲先克担任中军副帅，是赵盾的助手；先轸本人也担任过中军副帅。先家历代担任军政要职，四世四卿，可谓名门贵胄，家族显赫。

邲之战后第二年的秋天，即前596年，西北的赤狄部落侵略晋国，打到了清原。晋景公找了个借口，说赤狄入侵晋国是先轸暗中通敌所致，再加上去年邲之战的失败与先轸有很大关系，新账老账一起算，杀了先轸，并灭了先氏一族。

《左传》对此评价：恶之来也，己则取之。认为先轸是咎由自取。从先轸在邲之战中的表现来看，这倒也没有冤枉他。

可惜了一代战神先轸的威名！

第二十二章

小人物的忠勇

好兵学狼曋

先轸以下犯上，虽以死悔过，却算不得是个好下属。与先轸有关，他的一个下属勇士，被《左传》称为君子，这是极少见的将君子荣誉授给一个武夫的案例。

先轸一死，晋国的敌人就开始寻机报仇。前 625 年，秦国三帅再次率军前来雪耻，两军在彭衙对阵。大战还没开始，晋军就突然冲出七八乘战车，后面跟随一百多人，直奔秦军大阵。

这一小队晋军勇猛异常，虽然陷入包围，最后被消灭，却把秦军大阵搅得阵不成阵。晋军战鼓擂响，发动攻击，秦军被击溃，再次惨败而归。

这个小队，特别是小队的领军者，在反击秦军的第二次战斗里起到了扭转战局的关键作用。但这支小分队，却不是晋军战斗计划里的规定出击，而是一个勇士向死去的元帅先轸致敬的又一次自杀式冲锋。

实施这次自杀式攻击的，是一位叫狼曋的晋国士兵。这是怎么回事呢？

狼曋在崤之战（前 627 年）时，把秦国一个著名的大力士，也就是被俘虏的褒蛮子及时刺死，救了晋襄公，被提拔为晋襄公车右，也就是贴身保镖。

褒蛮子不仅万夫不当，且有神勇，被晋军五花大绑，竟然挣断了绳索，把晋襄公的车右、派去斩杀褒蛮子的莱驹吓得刀掉在地上。褒蛮子拿起刀就去杀晋襄公，莱驹竟然忘记去保卫晋襄公。千钧一发之际，一个人快速冲过来，一刀斩杀了褒蛮子。这个人就是狼曈，一个低级士兵。

晋襄公免去了莱驹的车右资格，将狼曈由士兵晋升车右，狼曈一时间在晋国被当作英雄，很是得意，却很快被先轸免去车右职务。

古代，国君的车右是一个重要又荣誉的职务，只有大夫以上的勇士可以担任。晋文公车右，先后是魏犨、舟之侨、士会，都是大夫以上级别的人。狼曈虽然救了晋襄公，但功劳不等于地位，先轸免去了他的车右之职，改由狐毛的儿子狐鞫居（即后来刺杀阳处父的人）担任。谁当车右要拼爹，狐鞫居是晋国的红二代，简称"晋二代"。先轸这样任命当然是搞政治平衡，也是感谢狐家（偃）对自己的推荐。

狼曈不服气先轸的决定，他的朋友对他说：你为什么不去死呢？狼曈说：我还没有找到值得死的地方（吾未获死所）。他朋友又说：我和你一起向先轸发难吧？狼曈说：《周志》上说，勇敢却伤害上级，不能被列入明堂里。死而不义，非勇也。为国所用，才叫勇敢。我因为勇敢才担任车右，因为没有勇敢事迹被撤掉，也是理所当然的事。上司不了解我的勇敢，撤掉我是合适的，那也算是知道我了。你且等着，看我让他知道我的勇敢！

狼曈在对白狄的箕之战时请命当先锋，想在先轸面前证明自己的能力，先轸拒绝了他的请求，自己卸甲出战被杀。狼曈为先轸没看到自己能力就死感到不高兴，决定以死战证明自己。于是就有了孤军突击，为晋军大败秦军意外地创造了条件。

狼曈生前有遗言：死而不义，非勇也。公用之为勇。就是说，为国捐躯才是勇敢。这句话，可以视为金庸"侠之大者、为国为民"的先声，似乎也有"为人民服务，死得其所"的影子。

《左传》评论：狼瞫于是乎君子。《诗》曰：君子如怒，乱庶遄沮。又曰，王赫斯怒，爰整其旅。怒不做乱，而以从师，可谓君子矣。

在等级森严的春秋，拿狼瞫的行为类比君子、周文王，可谓评价非常之高了，却很精辟，体现了《左传》鲜明的价值观。这是表彰狼瞫虽然生气却没有犯上作乱，上前线找敌人发泄怒火，这就是君子。

确实，狼瞫的态度与做法，绝对是好下属的榜样。受委屈而不怨恨上司，有怨气找敌人发泄，即内战外行，外战内行，这当然是好下属。那些内战内行，外战外行的下属，是害群之马。

狼瞫这样的榜样，还诠释了"勇"的内涵：力气大、火气大、动辄大打出手，是鲁莽蛮横，不是勇；有了点力气功夫，受了委屈就犯上作乱的，也不是勇。

狼瞫原来只是一名普通甲兵，在大是大非的问题上能够体现出这么高的境界，从一个侧面说明了晋文公"教其民"的政策确实是收到了良好的效果；也反映出先轸这些晋国的老一辈将军还是很受敬重。重耳团队的历经磨难、赫赫战功，使"晋一代"开国功臣成为影响晋国民风的力量。

《孙子兵法》里说：卒未亲附而罚之，则不服，不服则难用也。卒已亲附而罚不行，则不可用也。令素行以教其民，则民服；令不素行以教其民，则民不服。令素行者，与众相得也。

对于好下属来说，要真心实意地归属（亲附），要服从上司命令，尤其是要服从惩罚，这样才能"令素行"，也就是有令必行、自动执行，而不是强迫监督还不情不愿、半推半就。

管理里的执行力是难题，其实多数是因为下属"不服"，所以才难用，所以才令不素行。下属看不起上司，尤其是碰到上司处罚自己的时候，就心怀不满，这样的下属，轻则难用，有令无行，重则成了害群之马，甚至为祸上司。

狼瞫，这个流星一样的小人物，的确是好下属的榜样。

春秋时代，以下犯上的弑君者多矣，因为遵守规矩而冒犯上司的忠臣也不少。

楚文王得到茹黄的狗和宛路的箭，就到云梦泽打猎，三个月不回。又得到丹地的美女，纵情女色，整整一年不上朝听政。楚文王的老师、大臣葆申说：先王占卜让我做太葆，卦象吉利。如今您打猎三个月不回来，沉湎女色一年不上朝。大王的罪过应该施以鞭刑。

楚文王倒是没发火、反抗，而是说：我从小就是诸侯，能不能换一种刑罚，不要鞭打我？葆申说：我敬受先王之命，不敢废弃。您不接受鞭刑，这是让我废弃先王之命。我宁可获罪于您，也不能获罪于先王。楚文王说：那好吧！

于是葆申拉过席子，楚文王伏在上面。葆申把五十根细荆条捆在一起，跪着放在楚文王的背上，再拿起来，这样反复做了两次，对楚文王说：请您起来吧。楚文王说：同样是有受鞭刑的名声，索性真的打我一顿吧！

葆申说：我听说，对于君子，要使他心里感到羞耻；对于小人，要让他皮肉觉得疼痛。如果内心的羞耻不能改正，让他皮肉疼痛又有什么用处呢（臣闻君子耻之，小人痛之。耻之不变，痛之何益）？

葆申说完，快步离开朝廷，自行流放到澡渊边上，请求楚文王治自己死罪。楚文王说：这是我的过错，你有什么罪过？文王召回葆申，杀死茹黄之狗，折断宛路之箭，遣送走丹地美女，将所有的心思全部放在勤政爱民、励精图治上，数年时间就兼并三十九个小国。

还是这个楚文王，与巴人一起讨伐申国，巴人对于楚军的战斗力非常震惊，担心对自己不利，就背叛楚国，来攻打楚都城门。公元前675年，楚文王率军迎击巴人，在津地被巴人打败，楚文王带兵返回郢都。

来到城门口，守门官鬻拳对文王说：楚国规矩，败军之将不得入城。不开城门接纳文王。楚文王只好带兵去攻打黄国，得胜后返回途中，在湫地（今湖北宜城县境内）得病，没多久病逝。鬻拳将文王葬于夕室（楚皇家冢墓），然后自杀，葬在文王陵墓的门口，以表示至死为文王守门之志。

鬻拳是芈姓后代，辈分比文王高，曾经对文王搞过"兵谏"，文王不得已听从了鬻拳的要求（临之以兵，惧而从之）。事后，鬻拳说：我带兵威胁君王，罪莫大焉，就自己砍掉了膝盖（自刖，即后来孙膑所受的刑罚）。但楚人还是任命鬻拳为都城的总掌门官（大阍），并且称呼他为"太伯"，让他的后人继续做都城守门官。

孔子说：鬻拳可以说是爱护他的君上了，因为劝谏君上，自己给自己施加刑罚，受了刑罚仍然不忘让君上做正确的事情。

兵谏蒋介石的张学良，比自刖请罪、自裁殉主的鬻拳命运要好很多。孔子表扬鬻拳的爱君，楚人尊称他为太伯，说明鬻拳是一个得到认可的忠贞之人。

每一个独特的好下属，都必然有一个独特的好上司。好下属难得，好上司更难得。有忠有勇，且自知分寸的好下属，尤其难得。狼瞫、葆申、鬻拳，都是这样的好下属。

赵盾与狐射姑（贾季）为立新君人选争执的时候，狐射姑害怕自己被赵盾暗杀，就跑去了翟国。赵盾让臾骈把狐射姑的家小、财物送到翟国去。臾骈是狐射姑的家臣，当初在一次阅兵时，狐射姑曾经羞辱过臾骈，臾骈的随从就提议借这个机会报仇，把狐家灭门。

臾骈说：不可以。我听说《前志》里说过，无论恩惠还是怨恨，都不应该波及后代，这是忠恕之道（敌惠敌德，不在后嗣，忠之道也）。赵宣子（赵盾）对贾季有礼数，我因为得到赵宣子的宠信去报我自己的私怨，这样做是不合适的。依靠别人的宠信，不叫勇敢；虽然能报仇，却增加一个仇恨，不叫明智。以私怨妨碍公务，不叫忠诚（介人之宠，非勇也。损怨益仇，非知也。以私害公，非忠也）。如果这三点都做不到，拿什么去侍奉赵宣子呢？

臾骈于是将狐射姑的家人、财物整理妥当，亲自率领士兵护送到国境。

按照赵盾的行事风格推测，派一个与狐射姑有积怨的人去送家小财物，恐怕是有让臾骈泄愤、借刀杀人的意图。臾骈或许是精明，看破赵盾借刀杀人、再诿过于己的意图，或许是真的不愿意不勇、不知、不忠，这段话说的振振有词，是不迁怒于后嗣的好事。

事后，赵盾将臾骈提拔为下军佐。狐射姑知道此事后叹息道：吾有贤人而不知，吾之出奔宜也！

从小人物身上才能看到社会风气的状况。《左传》记载晋文公即位后的一段故事，可以说明晋国民风演变的线索：

晋侯始入而教其民，二年，欲用之。子犯（狐偃）曰：民未知义，未安其居。于是乎出定襄王，入务利民，民怀生矣。

将用之，子犯曰：民未知信，未宣其用。于是乎伐原以示之信。民易资者不求丰焉，明征其辞。

公曰：可矣乎？子犯曰：民未知礼，未生其共。于是乎大蒐以示之礼，作执秩以正其官，民听不惑而后用之。

出谷戍，释宋围，一战而霸，文之教也。

重耳即位后，晋国由于经历骊姬之乱、晋惠公之乱，重耳系的晋一代团队清除了国内政敌，但如何让晋国军民与国家共进退依然是一个问题，狐偃对此有清醒认识，这段话的逻辑放到一般组织的管理上，也有借鉴意义。孙子提出的可用标准是"令素行"，狐偃提出从三个角度去教育、评估下属是否可用。

首先是知义。什么叫义呢？就是安守自己的本分。对于国民来说，安居才能"怀生"，也就是珍惜生活，珍惜工作。晋文公就借辅佐周襄王（尊王）发布利民政策，让民众看到领导者是有道义的，民于是知义。

其次是知信。什么叫信呢？民间做买卖，明码实价，不是为了自己获得丰厚利润而欺骗他人。晋文公怎么让老百姓知道自己是个讲信用的人呢？

周襄王为感谢晋文公帮助他平定公子带之乱，就把几座城池赏给了晋文公，其中有一个叫原的城池不愿意接受晋文公。晋军就包围了原邑，晋文公下令只带三天的粮草，意思是三天后，如果原邑还不愿接受，就撤兵。三天后，原邑人还不愿投降，有人建议攻城，晋文公就说：既然说好三天不降就撤兵，就要遵守诺言，下令撤兵。结果晋军后退三十里，原邑人主动出来交城。

晋文公在撤军前说了这段话：信，国之宝也，民之所庇也。得原失信，何以庇之？所亡滋多。因此狐偃说：民众知道信用，才能明白告诉他们要干些什么。否则，说了也没用。

第三是知礼。什么叫礼呢？春秋时代的礼，就是现在的法律，也就是处理人际、国家间关系交往的规矩。知礼才能举止得体，才能生出公心（生其共），遵守领导的指令。

晋文公举行隆重的阅兵仪式，让大家尊重礼仪，设立一个"执秩官"监督士兵、将军都要遵守礼仪的规范。这里有两个重要的做法：第一是规矩，需要用仪式去强化，用专门的"执秩官"去做到一视同仁，没有例外才能改变某些领军自行其是的作风。第二是知礼，民众听从指挥，不会被其他的言论迷惑才能被使用。狼瞫是服从上官的命令，没有被朋友迷惑；臾骈是老实执行了赵盾指令，没有被下属迷惑；民听不惑而后用之，这样的军队才能做到"令素行"。

对一般组织的管理来说，知义就是让员工安于职守，这就要给予一个让各级员工满意的职务报酬；知信就是说话算话，将言必行、行必果作为组织的基本信条；知礼就是尊敬上司，尊重同仁，要有一定的仪式去体现公司的制度，安排专门监督制度执行的督察者。

从普通员工（执行者，包括中层）的状态，而不是少数的几位高管的状态，可以看到组织的真正实力。晋国狼瞫、臾骈这一群基层军士，能够知义、知信、知礼，晋国一战而霸，并不是无本之木。

第二十三章

预测之谜

最神奇的预言

　　读中国历史的人都会发现这个现象：每次发生重大变局、事件、改朝换代等，都会有预言。仅就春秋时期来说，有史伯对西周灭亡的预言，王孙满对秦晋崤之战的预见，伍子胥对越王灭吴的预言等。

　　预言是中国历史记录的独特现象，至今对于这些神奇的预言，有多少是事情发生后增加的，有多少是真实的预言，莫衷一是。但有一点是确实的，这些被记录到史籍里的预言，无疑是从大量不正确的预言里筛选出来的。

　　春秋时期，有一类预言堪称是史上最奇葩的预言：从一个孩子的诞生之时，就预言了结果，而且应验了。

　　城濮之战里的成得臣，其实是与一个预言赌气，结果战败自杀的人。

　　楚国国君熊仪，若敖氏即是以他的谥号若敖为族称，若敖死后，王位传给了霄敖，后来传到楚庄王。若敖氏分鬬（斗）氏和成氏两个支系。城濮之战的成得臣，之所以执意要与晋国开战，就是因为一个小辈的预言。

　　公元前 637 年（成王三十九年）秋，为了伐宋，成王先派前任令尹子文检阅部队，子文阅兵只用了一个早晨，没有惩罚一名士卒。子文以自己年老为由，推荐子玉做令尹。子玉阅兵，花了一整天时间，用鞭子责打了七名士卒，用长箭刺穿了三名士卒的耳朵，军纪顿时整肃。

一些老臣向子文道贺，说他荐举子玉为令尹是知人善任、后继有人，子玉向大家敬酒感谢。稍后赶来的年轻蒍贾，不仅不向子玉道贺，还说子玉"刚而无礼，不可以治民"，如带兵超过300乘，非打败仗不可。偌大一个楚国的令尹，指挥300乘以上兵马就要吃败仗，有什么可以道贺的？对内是没有人敢不从，对外打仗却会失败，这样"刚而无礼"的做法能获得什么呢（靖诸内而败诸外，所获几何）？

初生之犊的蒍贾的评论令成得臣耿耿于怀。楚国四大家族成、斗、屈、蒍掌握着楚国的实权，楚王命令成得臣退兵，成得臣却可以不听王命，可见大家族的骄横。

楚成王要子玉退兵时，成得臣派侄子伯棼（即斗越椒）向成王传话：非敢必有功也，愿以间谗佞之口。意思是，我不是要邀功，而是要让说谗言闲话的小人闭嘴。

城濮之战当天，成得臣说：今日必无晋矣。有点像电影《龙门客栈》里的一句台词：龙门客栈，你看不到明天的黎明。

信心是很大，可是子玉的轻敌给他带来了灾难的后果，最后兵败自杀。听到成得臣自杀，晋文公说了一句话：再也没有人危害我了（莫余毒也已）！

成得臣死在刚愎自用的性格上，让蒍贾的预言成真。蒍贾后来被斗越椒杀死，蒍贾的儿子是孙叔敖。

若敖还有一个儿子，封在斗这个地方，就姓了斗，这个王亲家族历代人才辈出，都掌管楚国兵权。楚庄王继位时被公子燮和斗克扰乱挟持，斗克就出自若敖族斗氏。庄王时的令尹（宰相）斗越椒，是若敖的族长。这个著名的预言就发生在斗越椒身上。

斗越椒的父亲是子良，子良的哥哥叫子文。子文在斗越椒出生时，对弟弟子良说了如下著名的预言：必杀之。是子也，熊虎之状，而豺狼之声，弗杀，必灭若敖氏矣。谚曰：狼子野心，是乃狼也，其可畜乎？

孩子的伯父仅凭孩子长相及哭声粗野，就断定孩子会祸及家族，还公开要求杀掉。这是任何一个父亲都断然不会认可与答应的，兄弟俩就此成了冤家。子文临死前，召集全家立遗嘱，再次做了预言：如果斗越椒有一天做了令尹，你们就逃命去吧，不要等着受连累。

斗越椒对子文也恨之入骨，子文死后，子文的儿子斗般做了令尹，斗越椒在楚穆王前说坏话，害死了斗般，自己做了令尹。

楚庄王九年（前 605 年），斗越椒跑回封地反叛，庄王率兵攻击，杀死斗越椒，《左传》记：遂灭若敖氏。楚国最大最有权势的家族被消灭，斗越椒的儿子苗贲皇逃到晋国，与后来叛逃到晋国的巫臣，上演了楚才晋用的现象。

前 575 年（楚共王十六年）晋、楚鄢陵之战。苗贲皇告诉晋厉公：楚军精锐在中军的王族部队，如果晋以精兵进攻楚军较弱的左右军，两军败退后，会往中军聚集，扰乱中军的部署，这样晋三军齐发，就可以击溃楚军。晋厉公采纳了这一建议，楚军果然失利。

楚军决定晚上休整，补充兵员，明晨再战。苗贲皇通告晋军作好准备，有意让楚国俘虏跑回楚营，报告晋军备战情况。楚中军统帅司马子反当晚醉酒，楚共王叫不醒，认为这是天意，下令全军连夜撤退。子反酒醒后，羞愧自杀，楚国北进中原的企图再次受挫。

斗越椒父子让楚国遭受了两次祸害，一次在内，一次在外。子文的预言是应验了。问题是：子文的预言是真实发生过的事吗？尤其是出生时的预言？古语说从小看大，但从出生的孩子就看到长大后的结局（灭族），确实不是一般的预言。

斗越椒第一次在国际上露面，是前 618 年，奉楚穆王之命出访鲁国，但一露面就给人留下傲慢的印象，鲁国大夫叔仲惠伯私下对人说：这家伙恐怕会给若敖之族带来毁灭性的灾难，对他先祖君上的态度如此傲慢，上天不会赐福于他（是必灭若敖氏之宗。傲其先君，神弗福也）！

现在读三国的人有不少认为魏延是被诸葛亮的预言逼反的，斗越椒是不是也是被伯父的预言逼成了叛逆呢？历史不可假设，历史记录的预言都成了真，留下未解的迷惑与无尽的感慨。

大伯预言新生的侄子，很奇葩，在民间这就叫诅咒，更奇葩的是亲娘也对亲儿子不客气。这个预言来自一位姜氏，即晋国叔向的母亲（也叫叔姬，此处以羊舌职为字称之为职姜）。

叔向父亲叫羊舌职，是晋武公的孙子，被封在羊舌（今山西洪洞县），故取姓羊舌。叔向的妈，权且称为职姜，生了四个儿子，叔向是老三，老四叫叔鱼（羊舌虎）。

老四刚生出来，职姜说：这孩子我不养。羊舌职怕老婆是出名的，问为什么，职姜说了一段载入史册的话：是虎目而豕啄，鸢肩而牛腹。溪壑可盈，是不可餍也，必以贿死。意思就是这孩子长相不好，长大了必然会因为受贿而死。欲壑难填这个成语，就出自这里。后来叔鱼（羊舌虎）在范家与栾家的内斗里被杀死。

羊舌虎不是职姜的亲生儿子，是羊舌职的小妾所生，叔鱼之母很美艳，职姜曾阻止羊舌职娶她：深山大泽，实生龙蛇。彼美，余惧其生龙蛇以祸汝。意思是太美的女人生出的孩子会祸害羊舌氏家族。

职姜对美女有很大成见，叔向要娶巫臣女儿的时候，她也强烈反对，把夏姬给数落一通：她的母亲夏姬，杀三夫、一君、一子，而亡一国两卿矣，你还不警醒吗？我听说，甚美必有甚恶。夫有尤物，足以移人。苟非德义，则必有祸。晋平公出面，让叔向娶了巫臣的女儿。

叔向与巫楚楚（巫臣与夏姬的女儿，楚楚动人就是说她）的儿子杨食我出生后，家人向职姜报喜生了男孩，职姜来到产房前，却扭头就走，家人问为何？职姜说：是豺狼之声也，狼子野心。非是，莫丧羊舌氏矣！

职姜听了孩子的哭声，认为声音像豺狼，这是有狼子野心，说自己的孙子会让家族灭亡。叔向死后，前514年，杨食我卷入祁家内讧，被祁胜杀死，羊舌氏被灭门。

神一般神秘的预言，不可思议！

算命是一种权力，是人类观念影响行为的途径。预言是先民智慧的一种形态，对规律性事件的认知是预言的起源，节气、寒暑、风雨等，自然现象规律的思维延伸到对人、家族、国家未来的预测，后世的咨询师也是由此而来。

对个人未来的预言俗称算命，《易经》就是一本算命记录，是依据问卜之人的卦象，推演所问之事的成败吉凶。算命有四种基本形态：

第一是巫祝，代表部落宗族负责祭祀、通灵，传递祖先或神灵预言的人，他对卦象的解释，就是权力。晋国史苏、郭偃都屡次以占卜之象预言未来。

第二是史官，记录君王臣民国家大事的，在泛灵论野性思维层面，被刻写的文字就是权力。春秋时代最著名的是史伯对郑桓公问。

第三是风水师，阴阳五行理论出现后，五行生克、易经八卦、卜筮筹算等成形，万物万事入五行阴阳，爻词断语的解释就是权力。春秋时代，风水师还没有从巫史里独立出来。

第四是策士，纵横家，即最早的国家战略咨询师。战略咨询就是一种算命，为了推动决策，是一种权力。子贡是纵横家的最早代表。

本文列举的算命是第五种，是比较常见、也比较随意的一种，也是基于个人体质特征（声音、相貌、体型等）及生活经验的民间预言。重耳"重瞳骈胁"就被认为是有天命的异相。相面、观人、相声最后到拆字、掌纹，都属于这一类。

算命是从已知推算未知，但算命并不是算结果，而是算原因，同时也就在算改变，即救命，补命，改命。救命，在紧急危险的时候提前制止，躲过一劫，即战略咨询里的预警功能；补命，针对缺少的先天或现有条件，引入外部新因素、新条件，即战略咨询里的核心能力优化；改命，不顾现有条件状况，大胆走新路，或者迎难而上，即战略咨询里的断臂转型。

从出生时的相貌与声音就断言结局的预言，确实不知理由何在，这种神奇预言超出了理性推理与生活经验可以判定的范围。

第二十四章
第一个巴尔干化的诸侯国
夹缝中的郑国

郑庄公姬寤生克段于鄢的事件，被列入《春秋》纪元元年。实际上，郑国是春秋时代唯一一个经过高人战略分析与咨询创立的诸侯国。前806年，第一代创始人郑桓公建都陕西华县，后迁都郑州荥阳，第二任君主郑武公迁都郑州新郑，直到灭亡。郑国立国共计432年，传位20君，建都新郑395年。

给郑国建国提供战略咨询指导的，就是周幽王时代的史官史伯，这段咨询被完整地记录在《国语·郑语》里，是一份最早的国际地缘政治分析文献，是战国策纵横家的范本。

距今2800年前，有一个老人在周王国的土地上划了一个圈，于是有了郑国。这个老人叫史伯。

郑桓公叫姬友，是周厉王的小儿子，周宣王的弟弟，周宣王二十三年（前806年），把郑地（今新郑）封给他，姬友治理郑地十几年，郑地民众都很爱戴姬友，周幽王就任命姬友担任周王室司徒（相当于国土局局长）。姬友做了一年司徒，周幽王宠爱褒姒，姬友觉得"王室治多邪，诸侯或叛之"，就向史伯请教：王室邪政太多，我害怕自己被牵扯进去，怎样才能躲开这个灾祸呢（王室多故，余惧及焉，予安所逃死也）？

春秋基因
每个中国人身上的

太史伯（国家历史馆馆长）说：王室即将衰落，北戎西狄会强大，不能离戎狄太近。以成周（洛阳叫成周，镐京叫宗周）来看，南面有荆蛮、申、吕、应、邓、陈、蔡、随、唐；北面有卫、燕、狄、鲜虞、潞、洛、泉、徐、蒲；西面有虞、虢、晋、隗、霍、杨、魏、芮；东面有齐、鲁、曹、宋、滕、薛、邹、莒。这些诸侯国不是周王的支系儿子，就是外姓的兄弟、外甥、舅舅，其他的都是蛮、荆、戎、狄之人。这些地方不是亲戚就是凶顽未化之民，是不适合建立新国家的。适合立国的地方，是济河（东）、洛河（西）、黄河（北）、颍河（南）之间的地方（非亲则顽，不可入也。其济、洛、河、颍之间乎）！

从地图上可以看到，史伯给郑国划出的国家范围，西边是周王室，北边是晋国，东边是卫、宋、陈、蔡等国，南边是申国、吕国、邓国、庸国，后来这些小国被楚国逐步吞并，才直接面对楚国。很明显，史伯划出的地缘政治版图，是基于安全的考虑。

史伯进一步分析：这个圆圈范围内现有的诸侯国，都是子爵国，郑桓公是伯爵，地位比这些诸侯高。其中，虢、郐是两个较大的国家，但这两个国家，虢叔恃势，郐仲恃险，都是有骄侈怠慢之心，又喜欢贪婪冒险。因此，桓公可借口周王室避难的理由，将子女和财物寄托到那里，他们也不敢不同意。等到周室真的乱了衰败时，这两个都是骄横贪婪的国家，必然会背叛周王，桓公再以周王室的名义率军讨伐，就能将两国收入版图。攻克虢、郐两国后，周边的鄢、弊、补、舟、依、历、华这些小部落国，也都会成为郑国的领地。这时，北临黄河，南临颍河，西有洛河，东有济河，以苐山、騩山为祭神，溱河、洧河为饮水源，完善典章制度守住这片土地，是可以稍微稳固的。史伯的战略咨询，不仅有方向，而且有明确的方法、对象、时机。

桓公问：能不能寄居南方呢？史伯说：楚国的熊严有四个儿子，其中小儿子被立为楚君，得到国民的拥戴，功业超过先祖，这是上天要眷顾他。天之所启，十世不替。他的子孙必然会开疆拓土，最好不要靠近。南方是祝融氏之后，先后有八个族群繁衍，我看最后振兴祝融氏的，恐怕是芈姓。如果周室衰微，楚国是一定会兴起的。齐姜、秦嬴、楚芈，这三个国家在周室衰微后，再次兴盛的日子就到了。

桓公又问：谢国西边有九个州邑，那里怎么样？史伯说：那里的民众懒惰、贪婪、残忍，是不可信任的。只有谢国与郐国之间的地方，那里的国君奢靡傲慢，民众厌恶他们的君王，如果更换国君，用周礼之德感化教育，还是容易被接受，也能保持较长时间。

史伯的地缘政治分析涉及祖先、后裔流传、国君特点、民众性格、国家潜力与趋势，是一份十分难得的地方风俗指南，从中可以看到春秋时代史官的博学与洞察力。

外部环境分析完了，接着是内部环境分析。

桓公问：周室衰败是必然的吗？史伯说：衰败是必然的了。现在幽王"弃高明昭显，而好谗慝暗昧；恶角犀丰盈，而近顽童穷固。去和而取同。

夫和实生物，同则不继。以他平他谓之和，故能丰长而物归之；若以同裨同，尽乃弃矣。"这一段是著名的"合而不同论"的起源。

再看幽王身边受重用喜欢的人，虢石父一味逢迎，废申后、立褒姒为后，陪在身边的都是些侏儒唱戏、逗人开心的戏子，不用有德贤臣，重用妖佞，尽干些偷偷摸摸的事情。幽王想杀太子立伯服，太子必然要向他外公申公求助，申公出兵帮助太子，大王必然会讨伐，申国与吕国、缯国、西戎关系正好，这几个国家正处在强盛之中，必定会救援申国，这场战争恐怕三年内就会到来。你如果想避开这场灾难，就要早做准备。等到祸乱起来，就来不及了。

桓公最后问：如果周室衰微，姬姓诸侯里哪个会崛起？史伯说：应该是晋国吧。桓公又问：姜姓、嬴姓等诸侯国，哪个会崛起？史伯说：国土大又能有德的，有机会兴起（过大而有德者近兴）。秦仲、齐侯都是诸侯里的佼佼者，且国土较大，他们将会兴起。

桓公听了很高兴，就把家（族）的人与财物分别疏散寄居到虢、郐等十个地方（这是玩布局潜伏啊！），十邑皆有寄地。

这番对话发生在2800年前的周朝首都镐京，对话人是国史馆馆长与国土资源部部长兼豫中省（新郑周边）省长。这两个周朝最聪明的部级官员，冷静地讨论即将陷入战乱而亡国的朝廷，谋划着自己的退路。

郑桓公将家族寄居十邑，自己在犬戎攻陷镐京的时候，却没有逃跑，而是拼死保卫幽王逃往骊山，最后战死。郑桓公并不是叛国者，也不是爱国贼，而是一个时代的悲剧人物，眼看着国家陷入动乱，却无能为力，只能先保存子孙家族，自己尽忠献身。

桓公死后，儿子郑武公带兵勤王，并护送周平王东迁。周平王封郑武公为上卿，相当于政府总理。郑庄公与周王室的龃龉矛盾，发生在平王的孙子周桓王时期。周桓王想报复郑庄公，结果在繻葛之战中，周桓王带领的联军被郑庄公打败，自己还差点被射死。郑国与周王室之间的亲密关系就此画上句号。

史伯的 SWOT（威胁、挑战、优势、劣势）式地缘政治分析，堪称战略咨询范本。不仅博学多闻、真知灼见，而且老谋深算、胸有成竹，历史所应该带给人的洞察与睿智，是否就应该是史伯这样的样板呢？

一代人有一代人的眼界，不能要求古人预知后代的一切。

史伯的战略规划是基于周室要出乱子，但还不至于大下大乱的基本假设，也就是说，任何战略规划其实都有战略假设，即基本背景或框架，这些背景与框架作为规划者与被规划者之间的一个"默认共识"存在，很多时候是没有或不需要详细阐述的，但是回过头看，就要刨出这个背景框架才能对"过去的规划"有一个客观的评价。

什么叫周室之乱？简单说就是最高掌权者的更替，而不是改朝换代的天下大乱，这种事情在西周的历史上，三监之乱（管蔡之乱）、成康之治、厉王时的国人暴动、周召共和等，并不鲜见，都是换掉一个不称职的周王，任用一批贤能的大臣，制定惠民政策，就很快恢复了繁荣。这种通过更换国君、改革政策，由乱到治的治国思维，已经形成一个"中国式政改"的路径依赖。

史伯给郑国指出的建国方向，在当时是一个阻力最小、机会最大的"软肋"地带。但是进入春秋时期之后，尤其是郑庄公之后，齐、晋、楚三霸崛起，宋、秦等小霸冲击，郑国这块舒服的软肋之地变成了荆棘的"四战之地"，无险可守，变成大国拉锯的对象，尤其是晋楚交锋的战场与战争导火索——城濮之战、邲之战都发生在郑国境内，有点像欧洲的巴尔干半岛。

"巴尔干化"（第一次世界大战的起源地，号称欧洲的火药桶）的郑国，从春秋中期（晋文公、郑文公去世之后）开始，彻底丧失了周王室上卿国的尊贵地位，沦为三头受气的墙头草。

前 637 年，楚宋泓水之战后，楚成王前往郑国，郑文公带着自己的老婆、成王妹妹及女儿前往劳军，楚成王竟然将两个侄女纳入后宫。前632年，先轸利用郑国在晋楚之间的摇摆态度，设计了城濮之战，击溃成得臣的楚军。

从公元前608年到公元前606年的三年中，晋四次伐郑，郑服于晋；从公元前606年到公元前598年的八年中，楚七次伐郑，郑又转而服于楚。郑国认为：晋、楚无信，我焉得有信？于是采取了"居大国之间而从于强令"的策略，楚强服楚，晋强服晋，盟约变成一张废纸。

前597年（郑襄公八年）楚庄王围攻新郑，攻破城墙，郑襄公赤裸上身，牵着绵羊迎接楚军（肉袒擎羊以迎）。晋、楚为争郑而爆发了邲之战，晋军惨败。

前588年，邲之战中被俘虏的荀婴回到晋国，前566年，成为中军帅，制定了利用郑国摇摆态度的拉锯战，晋国分三军轮流出击的"疲楚"之策。郑国只能勉强维持不被灭国，没有出击他国的能力，沦为二流附庸国。

郑庄公在位四十三年，郑国的小霸地位蒸蒸日上，可惜庄公的继任者们都没有稳定郑国的政局。

在郑庄公时代，郑国降服周王室，使四国联军不战而退，先后击败许国、宋国、息国、郕等国，甚至应齐僖公的要求，击败攻击齐国的北戎，大败戎师。这时的郑国实际充当春秋国际警察的角色，可谓南征北战，战无不胜。

连齐僖公都欣赏统兵的郑太子忽，两次提出要把女儿嫁给太子忽。齐姜的公主一向是与周王室、姬姓诸侯通婚的首选（所谓"宜其室家，必齐之姜"），第一次就是要把美艳闻名的文姜嫁给太子忽，结果太子忽两次都拒绝了齐僖公。

太子忽拒绝齐国的理由是：齐大非耦。还说，诗云，自求多福，大国何为？意思就是齐国比郑国大，不是我的理想配偶。诗云，自求多福，幸福在于在我自己，大国能有什么用呢？

这个时代的郑国真是够牛气。太子忽是听说了文姜与哥哥诸儿的绯闻，所以拒绝了齐国的联姻请求。但实际上，齐僖公在太子忽拒绝文姜后，就将文姜嫁给了鲁桓公，后来又提出要嫁另一个女儿给太子忽，太子忽又说了一番推辞的话：今以君命奔齐之急，而受室以归，是以师昏民也。民其谓我何？就是说，我奉君命来救援齐国，却接受齐国的联姻，带个妻子回去，这就成了借出兵为我娶亲，郑国民众会怎么说我呢！

太子忽为什么不愿结盟齐国，不得而知，肯定不是因为文姜的绯闻。太子忽是不是一个爱惜名声的守礼之人呢？恐怕也未必。太子忽最后娶了陈国公主，但迎娶陈国公主的时候却发生了失礼的丑闻。太子忽还没等将陈国公主娶回国，举办完仪式，就与陈国公主同了床。可见太子忽也不是申生那样的谦谦君子。

当年齐僖公想把文姜嫁给太子忽的消息让郑国民众很兴奋，著名的《有女同车》就是表达郑国民众对这个消息的喜悦之情：

有女同车，颜如舜华。将翱将翔，佩玉琼琚。彼美孟姜，洵美且都。

有女同行，颜如舜英。将翱将翔，佩玉将将。彼美孟姜，德音不忘。

可以看出，郑国民众对于这位孟姜（因没娶文姜，用孟姜之名避讳）的美貌、美仪、美德都是一副陶醉、羡慕、向往之情。

有人说，这首诗是借歌颂文姜之美，讽刺太子忽娶陈国公主的非礼失德。实际上，郑庄公之后，高渠弥弑杀郑昭公（太子忽），郑国陷入长达四十年的内乱。郑庄公的兴盛之势，一去不返。

郑庄公是被毛泽东评价为"比较厉害"的两个历史人物的一位（另一个人是刘邦），郑庄公处理内部事务都是隐忍待机，而不是乾刚独断，这预示了郑国的处事方式呈现"阴柔小气"的风格。

除了郑伯克段于鄢、汲泉见母、温地割麦这些暗藏阴手的做法，显示郑庄公长于"阴谋"的性格特点外，还有一件著名事件，更现出郑庄公的

"阴损"。

在前711年时，郑国要讨伐许国。出征之前，郑庄公在太庙里举行誓师仪式。郑庄公拿出一辆华盖兵车，要授给攻城将军。被孔子称赞"纯孝也。爱其母，施及庄公"的颍考叔与子都（公孙阏，即郑文公兄弟公子吕的儿子）都要争这辆车。颍考叔直接夹起车辕就跑，子都拔出大戟在后面追，追到大路，没追上，子都很愤怒。

到了郑、鲁、齐三国联军围攻许都的时候，颍考叔一马当先，举着郑庄公的"蝥弧"大旗，率先登上许国城墙，不料背后射来一支冷箭，颍考叔摔下城墙死了。子都又举起蝥弧大旗登城，大喊：国君登城啦！郑国部队由此攻入许都，许庄公逃往卫国。

事后检查颍考叔的箭伤，发现是从背后射入，郑庄公想为颍考叔报仇，又担心子都不承认，不好直接指认子都，回国后，就命令全军士兵每人拿出一只鸡，二十五人（一个小队）拿出一只狗和一头猪，并举行仪式，诅咒射死颍考叔的凶手。结果，子都忍受不了这种诅咒的精神压力，承认是自己射死颍考叔，自杀了。

子都是公子吕（帮郑庄公铲除共叔段的执行者）的儿子，郑庄公的堂弟，春秋时代有名的美公子，因为争一辆华车，嫉妒心驱使，一念之差杀死颍考叔。孔子点评这件事说：郑庄公失政刑矣。政以治民，刑以正邪，既无德政，又无威刑，是以及邪。邪而诅之，将何益矣！就是说郑庄公既不用政令，也不用刑法，而是用鬼神诅咒这些邪术来处理事务，对于树立品德与体现刑罚威力是没有益处的。

《国风·郑风·山有扶苏》是一篇非常优美的诗篇，就是歌颂子都的美貌与少女对子都的仰慕，子都是古代美男子的代名词：

山有扶苏，隰有荷华。不见子都，乃见狂且。

山有桥松，隰有游龙。不见子充，乃见狡童。

译文：

山上的扶苏茂盛，池里的荷花美艳。没见到我的子都，偏遇见你这个狂徒。

山上的青松挺拔，池里的水草丛生。没见到我的子充，偏遇见你这个狡童。

郑国本应做个人见人爱的子都，却偏偏因为出现太子忽、公孙阙这类任性"狂且"的狡童，失去了一次国家兴盛的历史机遇，沦为巴尔干化的受气包。

第二十五章

权臣的兴衰

从赵盾到赵氏孤儿

一部《春秋》，有人看到大义，有人看到谋略，有人看到权力斗争。有人越读越傻，有人越读越聪明，有人越读越老辣。关羽看到的是大义，诸葛亮看到的是谋略，曹操、司马懿看到的是权力斗争。曹操司马懿的老师，比鲁国的三桓更早的真正权臣赵盾，在春秋晋国的一场权力斗争中脱颖而出。

赵盾何许人也？赵盾的父亲赵衰，是追随重耳十九年的功臣，与重耳是连襟，重耳即位后，又把自己的一个女儿（赵姬）嫁给了赵衰。赵衰长于计谋、善于辞令，多次推荐、让位给别人，郤縠、栾枝、先轸、胥臣这些晋国实力派，都受过赵衰的恩惠，加之赵衰为人低调，待人和气，重耳系的"晋一代"对赵衰都感恩戴德。

玩政治，有个人缘好的爹，就是后代从政的政治资本。反之，老子在位得罪的人多，后代从政就危险加凶险。如今赵衰的儿子执掌了中军帅，大树底下好乘凉，老子英雄儿好汉。

赵盾的专政之路，过关斩将，步步先机。

先轸死后，晋文公留给晋襄公四大元老，栾枝、胥臣、赵衰在三天里相继去世，晋国朝堂出现权力真空：一场权力角逐开始了。

第一回合：晋襄公任用追随重耳的狐射姑（流亡海龟派）担任中军帅，把自己的老师太傅阳处父（土鳖派）晾在一边。

第二回合：狐射姑掌权后，采取了整军、阅兵立威等举措，没有增加朋友，却增加了敌人。阳处父本来就与狐射姑父亲狐偃有矛盾，眼见自己做不了中军帅，就说服他的学生晋襄公，用赵盾替换了狐射姑，还羞辱了狐射姑。在举行阅兵，阳处父等狐射姑来到阅兵场，才通知中军帅已经任命给赵盾。这与2500多年后麦克阿瑟从收音机里听到自己被杜鲁门解职，玩得是同一政治手腕。

第三回合：立新君之争。晋襄公有他爹的美德，却不幸，短命。晋襄公死后，赵盾与狐射姑在立哪个公子为新君上发生矛盾，狐射姑想私自迎立近在陈国的公子乐，赵盾想立在秦国的公子雍。两人都派人去秦国、陈国迎回公子，赵盾怕公子乐先回到晋国，派人在半途暗杀了公子乐。

第四回合：暗杀成为晋国政坛新常态。

狐射姑认为杀公子乐是阳处父的主意，派本家堂弟狐鞫居暗杀了阳处父。不久，狐鞫居被赵盾派人暗杀——上述三次暗杀，都没有人承认是自己所为，令人想起至今的无头悬案——宋教仁案，肯尼迪家族案等。狐射姑当然知道这连环暗杀意味着什么，连夜跑去了北翟。

第五回合：赵盾上位。

狐射姑是皇亲（外戚）、太师和中军佐，狐射姑难道是畏罪潜逃？怎样处理狐射姑宵遁北翟事件？如何定性，是个大问题。

很多人都在期待看赵盾如何斩草除根，结果赵盾说：狐太师是怀念他爷爷在北翟的生活，要落叶归根，去养老的，把太师家小和财产都送过去吧！

狐偃是重耳的大舅哥，狐家对重耳继位做出了非同一般的贡献。狐家是北翟血统，虽然地位尊贵，在晋国根基并不深厚。晋文公流亡团队后代（晋二代）的权力较量，以狐家北逃，赵家掌权告一段落。赵盾这一招"以消代打"的手腕，比武力灭门还斩草除根、干净彻底。

第六回合：改立国君。

狐射姑与阳处父都是赵盾的长辈，是晋文公一代的领导人，两人一死一逃，意味着晋一代基本退出历史舞台，晋国成了赵盾一人的天下。

在秦国的公子雍，因为秦穆公病故，没有及时赶回来。这一耽误，晋国政坛出现新格局，赵盾就不再想继续迎回公子雍，而是想扶太子夷皋继位，这样的好处不言自明。

赵盾唆使太子夷皋的母亲穆嬴抱着孩子闹朝堂，闹赵府，骂大臣欺负孤儿寡母，终于闹到朝堂不朝，闹到大臣们要求赵盾"改"主意，于是赵盾提出改立太子夷皋，众大臣也只能同意改立国君，即晋灵公。

赵盾对内的手腕，派刺客暗杀，是玩阴的；让文嬴闹朝堂，是玩暗的。对外，就是玩黑的了。

第七回合：偷袭秦军。

秦国派300乘士兵护送公子雍回国继位，赵盾举晋国全军，包围秦军，"潜师夜起"，不宣而战，在令狐击溃秦国护送队伍，还追击到刲首，公子雍死于乱军之中，秦国领军的老将白乙丙被杀。白乙丙，长平之战坑杀40万赵军的一代战神白起的先祖。去秦国迎接公子雍的先蔑、士会见赵盾背约，就跑去了秦国。

一连串阴谋、演戏、暗杀、屠杀之后，晋文公时代的权臣后代狐家（狐偃）、先家（先轸）、士家（士蒍）的势力，都被翦灭。《史记·十二诸侯年表》载：晋灵公元年，赵盾专政。

权臣专政，晋国赵盾是始祖，活脱脱是一部政治斗争教科书。

狐射姑评论：赵衰，冬之日也；赵盾，夏日之日也。一阴二暗三黑的赵盾，偏偏又是个继承了赵衰家教、知书懂礼、爱惜名誉的人，这样的太阳，没法让人好受。

前620年，六岁的晋灵公登基，长大后，却是个荒唐的国君。他加重赋税，修建宫墙，在高台上用弹弓射击路人取乐，厨师炖熊掌没有熟透，就杀了厨师，把尸体放在筐子里，让宫女抬着走过朝廷。士会、赵盾去劝谏他，他当面说要改过，敷衍他们，事后依然如故。

前607年，晋灵公对赵盾专政越来越不满，派一个叫锄麑的大内高手暗杀赵盾，不料派去的杀手看到赵盾在恭敬准备早朝，认为是个贤臣，不忍杀害，又不能复命，就自杀了。

九月初的一天，晋灵公请赵盾饮酒，在朝堂上组织内侍围攻赵盾，被赵盾的家臣提弥明和灵辄——一个曾经受过赵盾救济、后成为灵公卫士的人拼死搭救逃脱，赵盾就跑到了边境。赵盾救济灵辄，与秦穆公救济梁山野人一样，都是"积阴德者必有阳报"。

当月二十六日，赵盾弟弟赵穿带兵杀了灵公。《左传》记：赵穿攻灵公于桃园。一个"攻"字，把双方对阵形势的战斗性质界定清晰。灵公被杀后，赵盾回朝主政。

赵穿为何要帮助赵盾？前615年，秦晋爆发河曲之战，赵穿不听赵盾指令，独自带军过河攻击秦军，赵盾怕赵穿被秦军击败，下令全军进攻，勉强与秦军打个平手，等于赵盾救了赵穿一命。赵盾因为这一战，发现士会是人才，留在秦国对晋国不利，后来派人将士会请回晋国。邲之战中，只有士会一军有序撤退，后来士会做了中军帅。

晋太史董狐面对赵盾书写这段历史曰：赵盾弑其君。惹得赵盾跺脚赌咒，我在逃亡，灵公怎么能说是我杀的呢？董狐说：你虽然跑了，但还在国内；回到朝廷，你是正卿，却不去惩办凶手，国君不是你杀的，是谁杀的（子为正卿，亡不越境，反不讨贼，非子而谁）？赵盾哑口无言，说了句：呜呼！《诗》云，我太怀念故土，反而带来悲伤，说的就是我吧（我之怀矣，自诒伊戚，其我之谓矣）！孔子对赵盾也报同情地说：可惜了，要是跑出国境就不会被记录为弑君了。

前606年，赵盾立公子黑臀，是为晋成公。赵盾继续专政。

当年，晋襄公即位三年（前618年），由于晋襄公要提拔箕郑父、先都、先縠、梁益耳等进入中军，先克以"狐、赵之勋，不可废也"为由阻止，先克还抢夺了蒯得的土地，这五个憎恨先克的人就合谋，派杀手暗杀了先克。

赵盾闻讯，很快抓住凶手，供出指使者，赵盾先把直接参与的先都、梁益耳杀了，两个月后，把箕郑父、士毂、蒯得也杀了。一年之内晋国失去军帅、军佐、大夫六位重臣，导致楚国趁晋国内乱进攻郑国。赵盾的屠刀下，也欠了不少家族的血债。

赵盾是晋文公之后第一个在重耳系的四大家族里，采用权谋、武力、暗杀等方法掌握大权的家族，是"晋二代"里的佼佼者。但是，赵盾专政之路开了一个坏头，此后晋国三代、四代反复争斗，动辄暗杀、灭门。

从赵盾开始的赵家史，权力与血腥相伴始终，最后三家分晋时，赵氏不仅是其中之一，而且是三大家族反攻智氏的导火索与中坚力量。秦赵长平之战是结束战国的关键一战，也是中国古代战争史里最血腥的一战。

赵家人是能文能武的一族，可惜的是，赵氏后人中少有赵衰那种"冬日之阳"的德性。赵衰曾引用过一段古代礼治的话劝重耳接受怀嬴，可以说明赵衰冬日之阳的来源：

将有请于人，必先有入焉。欲人之爱己也，必先爱人。欲人之从己也，必先从人。无德于人，而求用于人，罪也。

赵盾专政后，策动恢复晋国公族，试图将既得利益的延续合法化。赵盾死前，安排好权力交接，也保住了灵公一朝赵家无忧。但强权再强，专政再专，哪能保住三代？

到了晋景公年间，屠岸贾受宠信，势力强大起来，借梁山山崩、天出异象，说这是灵公的冤魂要景公追究赵氏弑君之罪。

景公问栾书、郤锜，二人含糊其辞，关键时刻，赵家失去了同盟军。于是，屠岸贾亲自带人，将赵同、赵括等各家老小百余口，尽行诛戮。书载：尸横堂户，血浸庭阶。史称下宫之难。

如果赵盾有知，不知会不会后悔自己专政？赵衰有知，不知是责怪晋灵公还是赵盾？于是有杵臼、程婴，一死难，一立孤，程婴背负叛徒骂名，用自己的儿子换下赵氏孤儿（赵武），抚养十五年，最后晋悼公决定诛杀屠岸贾。

晋悼公命韩厥带武士埋伏在宫中，等到诸位朝臣进宫探望病情，将他们都软禁起来，让赵武出来和大伙儿见面。各位大臣一看就知道是怎么回事了，纷纷推卸责任说：当年下宫之难，是屠岸贾主使，假传君命，要挟群臣，否则谁敢作难？听到国君生病的消息，我们便想到要替赵氏家族拨乱反正，现在只要您发话，我们便照办不误！

韩厥同赵武围屠岸贾宅，无论少长皆杀之。据称，杀屠岸贾全家，国人无不称快，这就是所谓的赵氏复兴，即最著名的赵氏孤儿故事。

屠岸贾诛杀赵家，不知是否想到自己会被满门灭族？都看到赵家与屠岸贾相争，其实背后做决定的是晋侯。诛屠岸贾全家，晋国人无不称快，说明屠岸贾不得人心，但晋国人的脑袋是不是也有点二？对这种不分青红皂白就诛杀全家的暴行，还拍手称快，他们以为真正的正义是什么？

赵家由赵衰的创业功臣，忠厚之家，到赵盾的暗杀储君、暗杀政敌、偷袭秦军，专政权力带来的只是短暂的任性，种下的却是后代的祸根。赵家是个矛盾体，既沾满鲜血，又是忠义之家，否则也不会有程婴、仵臼这样的人，牺牲自己及亲生骨肉，救下赵家唯一血脉。

令人不喜欢的是那些灭门赵家、屠岸家都"无不称快"的晋国国民，他们为灭门暴行称快，反映了这些人缺乏对生命的敬畏与人道精神。这样的国家，陷入杀戮与冤冤相报，是否也是一种惩罚？仿佛晋国与赵家的纠缠，就是中国历史治乱循环血腥悖论的预演。

唯一可敬的是杵臼、程婴二人。程婴说：始吾不死者，以赵氏孤未立也。今已复官报仇矣，岂可自贪富贵，令公孙杵臼独死？吾将往报杵臼于地下。遂自刎而亡。杵臼、程婴这样的小人物，体现了中国历史的大精神：家可灭，国可破，民气不会灭。中华民族的延续，这种舍身取义的勇气才是真正的力量。

值得一提的是，程婴没有说要报答赵家的恩惠，而是往报杵臼之约。杵臼对程婴曰：子任其难（立孤），我任其易（死难）。程婴哭，杵臼怒曰：此大事，亦美事，何以泣为？

程婴有大勇气、大忍性，杵臼有大智慧、大气魄，为二子赞！仅为二子赞！权力反复、国人称快等皆不足为论。读赵氏孤儿故事者，当作如是观，则杵臼、程婴没白死也！

赵氏孤儿作为戏剧，被伏尔泰改编后在欧洲的传播，大致就是这个内容。杵臼、程婴的人格表现里有普世价值。

但是，且慢，真实的历史比伏尔泰看到的复杂。赵氏孤儿见载于《史记·晋世家》，《左传》《国语》并未见记载，而是记录了前583年的"下宫之难"，这是赵氏孤儿的另一版本故事，这个事件的起因更惊心动魄。

《左传·成公四年》：晋赵婴通于赵庄姬。《左传·成公八年》：晋赵庄姬为赵婴之亡故，谮之于晋侯，曰，原屏将为乱，栾郤为徵，六月，晋讨赵同，赵括，武从姬氏畜于公宫，以其田与祁奚。韩厥言于晋侯曰，成季之勋，宣孟之忠，而无后，为善者其惧矣。三代之令王，皆数百年保天之禄，夫岂无辟王，赖前哲以免也。《周书》曰，不敢侮鳏寡，所以明德也，乃立武而反其田焉。

左传记载是前587年，赵庄姬与赵婴私通。赵婴是赵盾的弟弟，也就是说，赵朔的小叔叔与侄儿的老婆通了奸。四年后，前583年，赵庄姬因为赵同、赵括把赵婴赶到齐国，向晋景公，即赵庄姬的弟弟告发（谮）他们要谋反，"栾郤证之"，即赵庄姬与栾氏、郤氏合谋，坐实了赵括、赵同谋反的诬陷。

于是晋景公讨伐赵括、赵同，将他们的土地分给了祁奚，此即"下宫之难"。韩厥向景公谏言：赵氏于晋国历代有功，不应该被灭门。景公留下赵武，把土地重新还给了赵家。

下宫之难，是公室对卿室，也就是皇权对相权的一次胜利，赵盾发起的恢复公族的势力，经此一战，权力相对集中于公室（国君）。《史记》绘声绘色地描写了赵氏孤儿的故事，却与《左传》的记载冲突，其实赵氏孤儿另有一番隐情。

为什么会有赵婴与赵庄姬通奸之事？是庄姬淫荡？当然不是，这是一个家族的工程，一项通向赵氏被灭门的秘密工程。

赵朔（赵盾的大儿子）又称赵庄子，娶了晋成公的女儿、晋景公的姐姐，因此叫她赵庄姬，包括一个陪嫁的媵（春秋时娶妻都是娶一送一的）。但十四年里，赵朔的老婆没有一个怀孕的。作为赵氏家族的族长，没有继承人是个大问题。

赵盾的另两个弟弟赵括（不是纸上谈兵的赵括，是赵衰之妻赵姬的儿子，赵盾同父异母弟弟）、赵同，对于身体不好又性格柔弱的大侄子赵朔很不服气，跑到赵家的政敌荀林父那里，要求荀把赵朔担任的下军将给撤了——叔叔跑到外人那里拆侄子的台。

赵朔与赵穿的矛盾有些讽刺：赵衰娶了重耳的女儿赵姬，赵姬是个很有礼节的女人，坚持让赵盾的母亲、叔隗做正室。赵姬对赵衰说：得宠而忘旧，何以使人。叔隗是赵姬的父亲重耳的老婆之一，也是季隗的姐姐，赵姬坚持让自己的姑姑做自己丈夫的正妻，赵盾因此就做了赵家的嫡长子。

赵盾专政后，为了报答赵姬的恩情，就让赵姬的儿子、他同父异母的弟弟赵穿做了赵氏宗族的族长。赵盾死后，赵穿与大侄子赵朔的矛盾逐步激化。赵庄姬与赵婴通奸，族长当然不能不管。

赵朔虽然是银样镴枪头，却不是废物点心，他知道两个叔叔对自己虎视眈眈。赵朔说服小叔叔赵婴为了赵家香火延续，与赵庄姬"造人"，也就是给老婆借种，于是庄姬怀孕，有了赵武。赵括、赵同将赵婴与庄姬捉奸在床，逼赵婴离开晋国，并研究怎么把庄姬肚子里的乱伦孽种弄掉。

也就是说，如果没有下宫之难，赵武（即庄姬私通的私生子）更没有机会活着出来。赵朔明白这一点，他决定让庄姬回到宫里，向景公举报赵括、赵同谋反。姑姑举报夫家谋反，是大事，晋景公找来栾书、郤锜、荀林父、屠岸贾等询问怎么办。栾、郤含糊默认，荀、屠早就想扳倒赵家，这俩人搞了一次阶级斗争扩大化，把赵盾杀死晋灵公的旧账翻出来，宣称赵家罪大恶极，于是景公派屠岸贾去剿灭赵家。

赵朔本意是导演借种、举报，想借晋景公之手，除掉赵括、赵同，结束赵家内部的争权内斗，却没想到把自己家也搭进去，变成了赵氏家族的灭门。

赵氏以最离奇的方式三代而折，说明一个问题：家族内斗是极其凶险的。中国古代高呼家和万事兴，源于血淋淋的家族内斗的历史教训。

赵武复辟后，经历了三郤、栾氏两家的兴衰，在下宫之难三十五年后，即前548年，晋平公任命赵武为中军帅，赵氏一族经历一次血腥清洗、晋国的三次权臣家族的先后灭门，再度掌握晋国大权，与韩氏（韩厥后代）、魏氏（魏犨后代）、智氏形成四足鼎立局面。

前453年，韩赵魏上演惊天大逆转，由智氏带领魏氏、韩氏攻打赵氏，变成韩赵魏三家联手消灭了智氏，晋国落入三家之手。到前406年，三家分晋，韩、赵、魏正式立国。

智伯灭而三晋之势成，三晋分而七国之形立。赵氏、魏氏是两家，是重耳流亡团队的后代，经历残酷内部权力斗争后留存下来，建立了新国家的家族。

第二十六章
楚国的天敌
俘虏的傲骨

春秋时代大小战争不断，总体来说，战争的规模不大，没有像战国后期长平之战那样的以消灭武力为目的的战争，所谓灭国，最多就是杀掉国君一姓家族。

在战斗过程里，还很注重各种礼节规矩，如杀国君不祥（以活捉为主），不杀忠臣，活捉国君的时候以请到我国为说辞，甚至追杀敌人时，对方要是献上一只鹿，就放过，等等。

春秋时代的国君有很多荒唐的人，但宽以待下、宽以待外的国君也很多，如收留巫臣的晋景公、不追究巫臣的楚共王等。

巫臣来到晋国避难，让晋国人想起荀首的儿子荀罃与楚庄王的儿子公子谷在对方国家里互做人质，已经九年。巫臣出了个主意，让晋国找在郑国的皇戎做中间人，去楚国调解，楚共王当即同意交换。

第二年（前588年）夏，双方送还各自的人质，楚共王以国宴之礼为荀罃送行。于是发生如下对话。

共王：让你在楚国待了九年，怨恨我吗？

荀罃：做了俘虏大王没杀我，这是对我的恩惠，为什么要怨恨呢？

共王：那你感激我吗？

荀罃：两国打仗是为了各自利益，现在两国和好交换战俘，跟我个人没有关系，我为什么要感谢大王呢？

与当年楚庄王追问重耳一样，楚共王也有打破砂锅问到底的性格，共王：虽然如此，你还是要告诉我你究竟怎么想的？

荀罃还是不给面子：我既不怨恨你，也不感激你，我们之间没有恩怨，也没有恩德，不知为什么要报答你（无怨无德，不知所报）。

共王：那你到底是什么想法，你要告诉我。

共王的执拗让荀罃愣了一会，说道：如果我回去被国君杀了，我算死而不朽。如果国君不杀我，我父亲在宗庙杀我，也算死得其所。如果谁都不杀我，让我继承家族世袭官位，领兵守卫边疆，那时若遇到大王，我也会竭力战斗，死而无悔。这就是对大王的报答了。

这话意思就是虽然我在楚国九年，楚王没虐待我，但我的心依然在晋国，愿意为晋国而死，我忠于晋国就是对大王的报答。与孟明视对阳处父说的那段话意思一样，但荀罃这时还在楚国人手里，这么硬气的回答，还是有风险的。

楚共王倒是明理，说了一句：晋未可与争！重为之礼而归之。（《左传》）

一个俘虏的傲骨让国君敬重，为自己的国家挽回了尊严。那些战败就奴颜婢膝的人，其实输了两次。第二次输得最彻底，不仅让敌人轻蔑你的能力，还轻蔑了你的人格，顺带轻蔑你的家族、国家。死是容易的，活得有尊严是不容易的。

荀罃回国的事还有一段花絮。

荀罃在楚国当战俘的时候，有位郑国商人（又是郑国的商人，最著名的郑国商人是用二十头牛退秦军的弦高）曾经想将他藏在货物中带出楚国，事情已经计划好了，还没有实施，楚国人就与晋国达成了交换战俘的协议。

后来那位商人来到晋国做生意，荀罃非常热情地接待了他，并且要按照当时的约定给他一笔报酬。商人说：我没有任何功劳，哪里敢要报酬？

我是身份低微的小人，不能这样去欺骗君子，于是离开了晋国。无功不受禄，是中国人有悠久历史传统的美德。

老将韩厥去世后，前566年，晋悼公任命荀罃继任中军帅。晋悼公叫孙周，即位时十四岁，是春秋时代又一个"少"有大略的国君，回国登基第一天就摆平晋国的四大家族，荀罃是当年去洛阳（周王室）迎回孙周的使臣之一。

楚共王听到这个消息后，认为一个楚国俘虏做了晋国执政，晋国没什么可怕。令尹子囊认为，荀罃是晋国的上卿互相谦让推举出来的，此人不可小觑，晋国如此团结也不能轻敌。楚共王不听，下令攻打晋的盟国陈国，敲山震虎。陈国投降，倒向楚国。

消息传到晋国，晋国群卿讨论对策，认为陈国离晋国远，鞭长莫及，救援无用，默认了陈国的"叛变"。第二年（前565年），楚国再次发兵，进攻倒向晋国的老附庸国郑国。郑国群臣讨论是坚守等待晋国救援，还是投降楚国？

郑国朝堂上的六卿会议，主战与主降相持不下，执政子驷最后发言：诗经（《诗经·小雅·小旻》）里说，谋夫孔多，是用不集。发言盈庭，谁敢执其咎？如匪行迈谋，是用不得于道。意思是：谋划的人多，决策就难；发言的人多，负责任的时候找不到人。与不是执行者谋划一样，有什么用呢？晋国今年歉收，自顾都还不暇，等晋国来救援是不可能的。去年陈国投降楚国，晋国没有表示，今年楚国攻打我国，晋国也不会来救援，我们也投降，免得受损。郑国投降了楚国，子驷亲自去楚军订立盟约，同时又派王子伯骈去晋国做解释。

楚国的两次挑衅，晋国都没有动静，荀罃真的是个缩头乌龟吗？

晋国确实歉收了，老"冤家"秦国也在伺机报复，秦国与楚国结了盟，约定共同对付晋国。第二年，秦国出兵晋国，晋国再次像赵盾时一样，坚壁清野，拒不出战，秦的盟国楚国也出了兵，却待在武城，并没与秦军合兵作战的意思。秦国在晋国找不到仗打，盟友又不积极，就退兵了。

荀罃这个做了九年俘虏的人，对于"忍字诀"驾轻就熟。晋国这两年的忍，显然是正确的。忍，有时是一种战略，在中国式智慧里，被称为韬光养晦，荀罃给晋国的国策是：退而修德。

荀罃时代的春秋格局，晋楚经过城濮之战、邲之战（荀罃就是在邲之战中被俘）、鄢陵之战，晋国占了上风，楚国北上谋霸受阻，以至于过去在中原的跟班郑国倒向晋国。但楚国地广兵多，出一个强势有为的君主，实力很快就恢复。楚国在春秋时期一直是姬姓中原诸国的大威胁。齐桓公时代，齐国压制了楚国；楚庄王崛起，击败晋国；随后巫臣叛逃到晋国，定下扶持吴国、牵制楚国的策略，晋楚形成拉锯均衡的局面。

荀罃认为晋国经过多次内斗，需要安定国内，所谓退而修德，是把主要精力放到国内，给晋国百姓实惠，包括开仓放粮、晋国卿和大夫捐献积蓄、停止增加俸禄、节约祈祷祭祀宴请等公务活动支出、公室不再增加新的建筑器具、车马服装禁止奢侈等。这个由荀罃提出的战略、魏绛提出的实施方案，简单说，就是以国家（包括高级官员）补贴百姓，君主节制，官员带头，百姓得实惠。这个政策推行一年，晋国国内安定，百姓安居乐业，军队士气提高，晋国从饥荒里走了出来。

修德好理解，如何叫退呢？荀罃的"退字诀"更有智慧。

春秋结盟，是结盟国在受到敌国攻击时，盟约国尤其是盟主要出兵相助。中原的中小国家如卫、郑、宋、陈、曹、吕国等，处在晋楚交锋的中间地带，这些国家无奈地只能做墙头草，今天倒向楚国，明天投降晋国。晋楚三次战争，都是由争夺郑国挑起，最后晋楚救援，导致双方盟约国参与的大国决战。

说"春秋无义战"，这里的义是指是否维护周王室这个正统的义，实际上诸国之间的战争，很多是因为盟约这个"义"而引起的。无义战，不是春秋不讲义，而是所讲的义的内容变了。

你要修德，但处在大国交锋、盟约国不断倒戈的环境下，树欲静而风不止。如果只是做缩头乌龟，这种消极的退只会助长敌方的士气与气焰，就会想退而不得。

荀罃的退字诀是这样的：晋楚交锋的主要症结是郑国，郑国如果彻底倒向楚国，等于楚国有了对晋国开战的跳板。郑国完全倒向晋国，势必要与楚国决战，这就修不成德了。怎么办呢？

晋国过去出兵，都是三军齐出，这样无论打不打仗，大军进退一次都是成本。《孙子兵法》说：凡用兵之法，驰车千驷，革车千乘，带甲十万，千里馈粮。则内外之费，宾客之用，胶漆之材，车甲之奉，日费千金，然后十万之师举矣。所以，打仗就是打钱粮。在古代物质相对匮乏的时代，大量养兵、频繁用兵是个大成本，小国是承担不了的。大国养兵，也要通过战争攫取财富，否则养兵何用？这是战争的背后逻辑。

荀罃的策略是：针对郑国的倒戈，晋国分三军轮流讨伐郑国，吸引楚国来援，反正晋军一到，郑国投降，楚军一到，郑国也投降，郑国投降了，就不会发生晋楚大战。如此反复拉锯，让楚国反复出兵、撤兵，晋以一军调动楚国全军，每一回合，晋军至少还有两军在修正，楚军必定会奔劳疲惫，这就是荀罃的三军疲楚计。

楚国出兵郑国，毕竟是劳师远袭，不敢派出少量军队，晋国离郑国较近，出动一军足以威胁郑国，后面两军既可以休整，也可以及时会师。荀罃为了增强国际声势迷惑楚国，将晋国的盟约国军队也分别编入三军：中军搭配鲁、曹、邾；上军搭配卫、宋、吕；下军搭配齐、滕、薛。新军防卫首度，新军帅赵武、新军佐魏绛分别随上军、下军出征。

第一次出军，楚国来救援，晋楚两军在郑国对峙。郑国决定投降楚国，晋军北撤，楚军获得名义上的胜利，也没有追击，撤军回国。

第二年，郑国攻击宋国，晋军只派出中军，晋悼公亲自领军，召集了十二个盟约国一起进攻郑国，大军会师郑国城下，郑国投降，与晋联盟，立下盟约。动静这么大，郑国又叛变，楚共王决定邀集盟友秦国御驾亲征。结果秦楚联军到的时候，晋联盟军已经得胜撤兵。楚军一到，郑国马上又投降，与秦楚订立盟约。郑国七月投降晋联盟，八月投降楚联盟。秦楚联军撤兵。

秦楚联军刚撤，九月份，晋联盟第二军又包围了郑国，起因是郑国出兵攻打宋国。郑国派使臣去楚国求援，楚共王却不想动了，还把郑国派来搬援兵的两名使臣给软禁了起来。

得不到楚国救援，郑国投降，与晋签订盟约。楚军认了怂，郑国倒戈，楚国不管，晋国退的目的就达到了。

与郑国签订盟约后半年，即前560年，荀罂死了。提拔荀罂的晋悼公十四岁继位，在位十五年，前558年，在他二十九岁时也死了。

执行荀罂疲楚策略与魏绛修德政策的晋国，获得了对楚的战略主动权。荀罂这个楚国的俘虏成了楚国的一个剋星。楚国这个国家很是奇葩，楚国的剋星都来自内部，如巫臣、荀罂、伍子胥、苗贲皇。与秦国对照就很有意思，对秦国崛起有关键作用的人都来自敌国，如百里奚、蹇叔、由余、卫鞅（战国）。

荀罂这个中军元帅只会忍，不懂打仗吗？未必。

晋悼公十年（前563年），晋国在椮地（今江苏徐州邳县）召开盟会，会议结束时，荀偃和士匄对晋悼公说附近的一个叫逼阳的小国，就一座城池，两可以三天就能打下来，送给向戎，感谢他促成宋国与晋国结盟。他俩还假称荀罂已经同意了，晋悼公也就同意了。

这俩人又去对荀罂请战，荀罂说：城小而固，胜之不武，弗胜为笑。荀罂认为逼阳城虽然小，但城池坚固，不那么容易打。以大欺小，胜利也不光彩，打不下来反而成了笑话。

荀罂知道两人收了向戎的好处（贿赂），碍着荀偃是自己的侄子，不好去揭穿，就同意他们攻打逼阳城。果然，联军打了三个多月还没有攻下逼阳。俩人又去找荀罂，想撤兵。

荀罂气得把手边的弩机砸向两人，揭穿了俩人玩的小阴谋，下令给他们七天时间，攻不下逼阳，就把欺上瞒下、贪污受贿罪放一块清算，将他们斩首示众。

两人没了退路，身先士卒带领攻城，虽然七天没有拿下逼阳，荀罃念在他们已经出力，又宽限几天，最后用了整整四个月才攻下逼阳。荀罃下令将逼阳国君押送回晋国，祭祀祖先。

这次小战役，也是《孙子兵法》思想的来源：上兵伐谋，其次伐交，其次伐兵，其下攻城。攻城之法，为不得已。修橹轒辒，具器械，三月而后成，距堙，又三月而后已。将不胜其忿而蚁附之，杀士卒三分之一而城不拔者，此攻之灾也。

在攻打逼阳的战斗中，鲁国联军曾攻入逼阳城里，又被打回来，撤退时，有一鲁军大力士顶住逼阳城门，让鲁军安全撤退。这个人叫叔梁纥，孔丘的父亲。

荀罃死后谥"武"，即智武子，始祖为智庄子荀首。荀首是晋国大夫荀息的幼孙，因功被封在智邑（今山西永济市西北），卒谥"庄"，史称智庄子。

荀息是晋献公托孤之臣，在里克杀奚齐、卓子后自杀。晋景公时的中军元帅荀林父是荀息的长子，在邲之战中，由于魏锜、赵旃不听荀林父指挥擅自出战，导致晋军溃败，但晋景公没有撤换荀林父，后取得对北狄的大胜，平定晋国北方。

公元前566年，智庄子之子荀罃出任晋国中军元帅后，便以先父采邑智为氏，追尊先父智庄子为始祖，荀氏始分为中行氏、智氏两族。智氏、中行氏都位列晋国六卿之一。中行氏被灭，从晋国逃到赵国，改回荀姓，荀况（荀子）就是赵国中行氏的后裔。

韩赵魏三家灭智的智氏，是荀罃的后代智伯瑶。司马光对智氏的灭亡给了一句断语：智伯之亡也，才胜德也。智武子做楚囚经历的智慧与成就，可以传之子孙；俘虏的傲骨与品德，却难以被子孙传承。智而无德，权力就成了祸根。

第二十七章

美目盼兮
春秋时代的绝世美女

春秋时代的美女，很多是因为《诗经》的记录而为人所知。被后代名诗人当作题材吟咏最多的美女，要数息夫人。唐代的王维、李白、宋之问、杜牧、罗隐、韦庄，明代的袁中道，清代的邓汉仪、袁枚等皆有诗作。

诗言志，以历史人物为题材的诗作，可显出诗人的见识、才气，围绕息夫人的诗作就引发过一次"文案"：清代词学家陈延焯《自雨斋词话》以杜牧、宋之问、袁枚咏息夫人诗为例，点评文人见识的差异。

杜牧途经汉阳（今武汉黄陂区）时，到息夫人庙中凭吊，题两首七绝诗。杜牧的诗，感叹息夫人身不由己让息国灭亡。

细腰宫里露桃新，脉脉无言度几春；毕竟息亡缘底事，可怜金谷坠楼人。

息亡身入楚王家，回看春风一面花；感旧不言常掩泪，只应翻恨有荣华。

宋之问的两首五绝诗，描写了楚文王对息夫人的宠爱与息夫人内心坚持的不忘息君，以传说中的息夫人重见息君双双殉情的故事，感叹两人为情而死。

可怜楚破息，肠断息夫人。仍为泉下骨，不作楚王嫔。

楚王宠莫盛，息君情更亲。情亲怨生别，一朝俱杀身。

清袁枚的《息夫人》，是讽刺息夫人弱不禁风、不能殉情，颇有轻薄之意。

人生一死谈何易，看得分明胜丈夫。犹记息姬归楚日，下楼还要侍儿扶。

陈延焯点评三人：无论作诗作词，不可有腐儒气，不可有俗人气，不可有才子气。人第知腐儒气、俗人气之不可有，而不知才子气亦不可有。尖巧新颖，病在轻薄；发挥暴露，病在浅尽。腐儒气，俗人气，人犹望而厌之；若才子气则无不望而悦之矣，故得病最深。

陈延焯认为，宋之问诗作淳厚，虽是才子却没有才子气；杜牧略显刻薄，等而下之；袁枚的诗，逞才使性，尖刻漓薄，只是为了显示其才子气。这是由于三人才情、器识不同所致。没有才情，则腐儒，作诗则俗；才情过多，作诗就喜欢卖弄才子气。写诗，最怕有腐儒气，即板起面孔教训人；也怕俗气，即见识平庸；却更怕有文采而无见识的才子气。这种才子气，看似与众不同，实际是轻薄粗鄙；写得活灵活现，实际浅白无味。袁枚咏息夫人的诗，就是这种"得病最深"的才子气。

写息夫人最好的两首诗，一首是清代诗人邓汉仪的《题息夫人庙》。这首诗里的"千古艰难惟一死"已成名句，作者借息夫人感慨明清之际的晚明臣子和文人不能殉国的悲哀。

楚宫慵扫眉黛新，只自无言对暮春。千古艰难惟一死，伤心岂独息夫人。

最能表达息夫人处境与心境的千古绝唱，是王维的《息夫人》：

莫以今时宠，能忘旧日恩。看花满眼泪，不共楚王言。

对同一人物的诗作，体现每个人的才情、器识（即见识与格局）。读历史，也并不是我们在读古人，而是古人在读我们。当我们在表述历史、评论历史事件与人物的时候，我们的见识、格局、才情乃至性格都被呈现了出来。

历史上的息夫人究竟为何引起两千多年文人的感慨，让我们一探究竟。

息夫人是陈宣公的女儿，陈国（宛丘，今河南周口淮阳）妫姓，嫁给息国（今河南信阳息县）国君，因此叫息妫。前684年，陈宣公将息妫和她姐姐分别嫁给息君与蔡哀侯。送息妫去息国时，经过蔡国（今河南上蔡），蔡哀侯见小姨子路过，就提出要招待一下。

宴席之间，蔡哀侯见息妫美貌，就做出非礼举动，被息妫拒绝。蔡哀侯非礼息妫，也有看不起息国的意思在里面，蔡国比息国大。息妫到了息国后，将蔡哀侯非礼的事情告诉了息君，息君知道打不过蔡国，就想出一个计谋，派使者到楚国，要求楚国发兵攻打息国，息国则要求同姓连襟国蔡国出兵相救，楚国就可以借机攻打蔡国。

蔡国是楚国通向中原的一个障碍，楚国早有意吞并，现在息国来请求设计袭击蔡国，等于给了一个开战理由，楚文王同意出兵，在莘地（今河南汝南）击溃蔡军，将蔡哀侯俘虏带回郢都囚禁。

蔡哀侯估计是在楚国才明白中了连襟息君的算计，三年后，即前680年，有一天，楚文王向蔡哀侯炫耀自己的美女，蔡哀侯就把息妫的美貌添油加醋地夸了一通，搞得楚文王心里发痒。不久，楚文王借口路过息国，要求息君招待自己，见一见息妫。一见息妫，果然美艳，楚文王当晚就带兵灭了息国，将息君带回郢都做守城门的士兵，息妫纳入后宫，并释放了蔡哀侯回国。据说息妫要自杀，楚将斗丹说：如果息妫自杀，就杀死息君。息妫不得已只能嫁给楚文王。

又三年，即前677年，息妫已生下两个儿子，长子堵敖，次子熊恽。三年里，息妫从来不主动与楚文王说话，更没有笑脸，楚文王就问这是为什么。息妫说：吾一妇人而事二夫，纵弗能死，其又奚言？

楚文王为了取悦息妫，于是派兵讨伐蔡国，再一次将蔡哀侯带回楚国囚禁，三年后，即前675年，蔡哀侯死在楚国。《左传》里批评蔡哀侯害人害己的恶行:《商书》所谓"恶之易也,如火之燎于原,不可乡迩,其犹可扑灭"者,其如蔡哀侯乎!

楚文王宠爱息妫,在邓州为息妫修建别宫,因为息妫美若桃花(另一说息妫出生时恰逢桃花盛开),取名桃花洞,息妫又被称为桃花夫人。

有野史说:息妫有一天在城门口与息君相遇,两人执手相看泪眼,息妫撞城墙自杀,息君也随即自杀。这个故事不符史实。

前 675 年,楚文王去世,息妫长子堵敖即位,堵敖要杀弟弟熊恽,熊恽就跑去了随国(今湖北随州)。前 672 年,熊恽借助随国将堵敖杀死,即位为楚成王。成王年幼,大权落在楚文王的弟弟令尹子元手上。

子元觊觎嫂嫂息妫的美貌,想娶息妫,息妫不允。子元就在息妫的宫殿旁造了一所房子,晚上带人跳万舞。万舞是先拿着武器,后拿着羽毛(象征文),敲锣摇铃边唱边跳,是个比较热闹的舞蹈,《诗经·国风·邶风·简兮》描述了万舞的场面与歌唱的内容,最后两句是思念美人的意思。

简兮简兮,方将万舞,日之方中,在前上处,硕人俣俣,公庭万舞。
有力如虎,执辔如组,左手执籥,右手秉翟,赫如渥赭,公言锡爵。
山有榛,隰有苓,云谁之思,西方美人,彼美人兮,西方之人兮。

小叔子在寝宫外整天跳艳舞,唱淫词艳曲,息夫人听到后,哭着说:先君以是舞也,习戎备也。今令尹不寻诸仇雠,而于未亡人之侧,不亦异乎!息妫的侍者把息夫人的话告诉给子元,子元惭愧地说:妇人不忘袭仇,我反忘之!

前 664 年,子元带兵讨伐郑国。这次讨伐,郑国人玩了一出"空城计",外城城门大开,子元率军进入郑国的外城,内城城门也大开,子元怀疑有埋伏,商量了一阵,决定退出城外。晚上,担心诸侯国来救援郑国,决定偷偷撤兵。其实,郑国也正打算逃跑,有探子报告楚军的帐篷上有乌鸦，判断楚营已经没人，这才停止出逃。

子元回国后，索性住到王宫里，想继续纠缠息夫人。楚国大族看不下去，斗射师就去劝谏子元，结果子元把斗射师用枷锁给拷了起来。色迷心窍的子元忘记了危险，没过多久，申公斗班率兵杀死子元。经过子元八年的专权之后，成王亲政，任命斗谷于菟（即子文）为令尹。在子文的协助下，楚成王在位四十六年，城濮之战虽然楚军被打败，但也除掉了楚国权臣成得臣（子玉），成王的权力并没有被削弱。

息妫被后世认为是著名的春秋第三美女（第一美女是庄姜、第二是宣姜），有人认为息夫人不仅是祸水，而且是一株不折不扣的毒花。因为她，息国被灭了，蔡国被灭了，楚国权臣子元被她找人杀了，她还杀了自己的大儿子，扶小儿子登基。

这类将美女当作祸水的指责，就是典型的腐儒之见。且不说息妫是否帮助成王杀了大儿子堵敖，指使斗班杀了子元，说息国、蔡国因为息妫被灭，就是错误归因。自楚武王到楚文王，灭掉的小国有三四个，连文王的舅公邓国也照样被灭掉，何况息国、蔡国这样的姬姓国被灭？

由于史料缺乏，我们不能推测子元专权的八年里，息妫是不是如孝庄与多尔衮周旋、保护康熙一样操心，但可以说，息妫成功地保住了成王。堵敖为何与弟弟厮杀起来，史书缺乏记载，在位五年的堵敖都没有谥号，这是个不同寻常的历史之谜，至少说明息妫、成王，包括子元、斗班等，都没有为堵敖这个楚君说话。

息夫人生卒年都不详，死后葬于桃花夫人庙，又称桃花庙，今武汉黄陂区、河南息县都有桃花庙。息夫人"看花满眼泪，不共楚王言"的以柔克刚的决绝，成为中国历史上弱小反抗强暴的独特符号。

春秋时代，即使贵为公主，也只是诸侯国外交的工具，因为美貌而引起诸侯相争、攻伐、灭国，又岂能责怪这些身不由己的美女？放纵国君性欲的皇帝制度才是罪魁祸首。后世学者对此不加以分辨，却轻易地说什么美女祸水，未免见识太短了。

古代的美女有五个类型，或者叫阶级：

最底层是乡野村姑，如妹喜、西施、郑旦等。

第二类是小家碧玉，乡绅、地方官员的女儿，如孔子娶的宋国老婆丌官氏。

第三类是庶公子（小宗）、国都里大夫的女儿，如嫁给陈完的齐国大族懿仲的女儿、嫁给叔向的巫臣的女儿。

第四类是国君的庶公主和外族、亲王、王族的女儿，如重耳的母亲狐姬、嫁给夏御叔的郑穆公女儿夏姬。

最高层是国君的亲女儿、嫡公主，以及诸侯的正妻，如庄姜、文姜，宣姜之女许穆夫人、宋桓夫人。

春秋时代，留下最多纪录的多是诸侯国的公主。其中，几乎成为"中国式美女"标准形象的是春秋第一美女——庄姜。

庄姜的一生美丽而平淡，犹如一场流星雨，留在历史的天空里。

《诗经·国风·卫风·硕人》这首诗，将庄姜最美丽的时光、从齐国出嫁到卫国的送亲盛况，刻写的淋漓尽致。

硕人其颀，衣锦褧衣。齐侯之子，卫侯之妻。东宫之妹，邢侯之姨，谭公维私。

手如柔荑，肤如凝脂，领如蝤蛴，齿如瓠犀，螓首蛾眉，巧笑倩兮，美目盼兮。

硕人敖敖，说于农郊。四牡有骄，朱幩镳镳。翟茀以朝。大夫夙退，无使君劳。

河水洋洋，北流活活。施罛濊濊，鳣鲔发发。葭菼揭揭，庶姜孽孽，庶士有朅。

译文：

美人身材真挺拔，外面锦衣里布衣。她是齐庄的明珠，嫁给卫庄做正妻。

哥是齐国的太子，邢国国君的小姨，谭公还是她妹夫。

手指纤纤如茅芽，肌肤细滑如脂膏。脖子雪白如蝤蛴，齿白齐整如瓜子。

前额方正眉细弯，轻轻一笑酒涡生，两眼顾盼似秋波。

美人身材好苗条，停车休息在近郊。四匹公马多雄壮，红绸挂在马嚼旁。

羽饰车驾到王宫，大夫无事早退朝，莫使新人太疲劳。

黄河之水浩荡荡，激越奔流向北方。撒网入河沙沙响，鳇鱼鳝鱼捕在网。

初生芦荻长又长，随嫁姜女尽盛装，陪送男子也雄壮。

这首诗确定了春秋时代最佳美女的九大标准：身份尊贵、身材高挑、胸大腰细、皮肤雪白、手指纤纤、牙齿整齐、头方眉弯、眼波盈盈、不语似笑。

硕人是一种典型的瘦而有肉、肤白有骨的丰满之美。俗话说一高遮百丑，一白遮百丑，又高又白还文静端庄，庄姜的美是所谓正室范儿的典型。当今哪位美女可以用来类比？

硕人也包含生育能力强的期许。可惜的是，庄姜的一生恰恰毁在生不出儿子上。庄姜，美而无子（《左传》）。《毛诗序》说：《硕人》，闵庄姜也。庄公惑于嬖妾，使骄上僭，庄姜贤而不答，终以无子，国人闵而忧之。

作为正妻，担负着国家嫡长子传承的责任，生不出儿子，这是个大事，在春秋时代，因此而造成的悲剧并不少见。卫国人对庄姜的同情惋惜，在这首诗里溢于言表。就此而论，庄姜的悲剧并不是毛诗序说的惑于嬖妾，而是庄姜的生理缺陷造成的。

卫庄公算不上很荒唐的国君，在位二十三年并没有干什么坏事。庄姜不能生育，导致两人关系冷淡，庄公又娶了陈国姐妹，却喜欢一个不知名小妾生出的儿子公子州吁，最后酿成了州吁之乱。平定州吁之乱后迎回的卫宣公，以及迎娶的庄姜的侄女宣姜，是卫国"五世之乱"的开始。由此可知，古代诸侯的婚姻就是一种政治，女人的肚皮也是一种武器。庄姜不能生育，作为正妻而言，是注定要酿出悲剧的。

朱熹认为庄姜是中国古代第一位女诗人，《诗经》中的《燕燕》《终风》《柏舟》《绿衣》《日月》五首诗，都出自庄姜之手。这五首诗，确实都非常优美，有很多千古名句。

《燕燕》送别诗的经典：

燕燕于飞，差池其羽。之子于归，远送于野。瞻望弗及，泣涕如雨。

《终风》把遭受戏弄的悲愤心情刻画的入骨三分：

终风且暴，顾我则笑，谑浪笑敖．中心是悼。

《柏舟》简直是一幕忧伤惆怅的微电影：

泛彼柏舟，亦泛其流。耿耿不寐，如有隐忧。微我无酒，以敖以游。忧心悄悄，愠于群小。觏闵既多，受侮不少。静言思之，寤辟有摽。

《绿衣》即景生情，看到旧衣服，想起当年的那个人，情意绵绵：

绿兮丝兮，女所治兮。我思古人，实获我心。

《日月》更是忧郁之情的经典：

日居月诸，胡迭而微？心之忧矣，如匪浣衣。静言思之，不能奋飞。

1932 年在朝歌西北三十五里、淇河北岸辛村的卫国墓地，发掘出大量的青铜器随葬品，其中一青铜鬲，上有铭文为"卫夫人庄姜作其行鬲用"，据考证即为庄姜的遗物。

不过，这五首诗究竟是不是庄姜所作存在争议。但晚于庄姜五十年，宣姜的女儿许穆夫人却是一位被公认的女诗人。

许穆夫人是宣姜的女儿、卫懿公的妹妹。前 660 年，爱养鹤的卫懿公遭到北狄侵略，卫国国都被攻陷，卫懿公战死，卫国都城只逃出 730 户百姓。许穆夫人见母邦危难，请求许国出兵相助，许穆公以国小实力弱、不想引火上身推辞。许穆夫人要独自赶回卫国奔走救援，许国大臣劝阻，于是，这首愤怒的千古名篇《载驰》由此传世：

载驰载驱，归唁卫侯；驱马悠悠，言至于漕。

大夫跋涉，我心则忧；既不我嘉，不能旋反；

视尔不臧，我思不远。既不我嘉，不能旋济；

视尔不臧，我思不閟。陟彼阿丘，言采其蝱。

女子善怀，亦各有行。许人尤之，众稚且狂；

我行其野，芃芃其麦。控于大邦，谁因谁极；

大夫君子，无我有尤。百尔所思，不如我所之。

前四段是叙述自己要赶回去吊唁卫侯，得不到支持，怒斥你们不能帮我，就不要劝阻我，最后自陈心志：女子善怀，亦各有行。许人尤之，众稚且狂；大夫君子，无我有尤。百尔所思，不如我所之。

翻译过来就是：

女人怀念家乡，不过独自去救援。

许人还埋怨我，实在幼稚又轻狂。

你们这些大夫君子，不要来指责我。

听你们算盘打尽，不如赶我自己的路！

此诗情感真挚，一气呵成，毫不顾忌许国君臣、大夫君子们的危难退缩，直抒胸臆，最后一句可谓掷地有声：百尔所思，不如我所之！

任你百般算计，不如一颗单纯的心！

许国是姜姓男爵国，在今河南许昌一带，国力弱小，两次被楚国打到许国国君"肉袒"投降，九次被郑国攻击，每隔三五年就要迁都一次。这样的诸侯国，是苟全性命于乱世，哪里有能力救援卫国？许穆公在前656年，即许穆夫人写《载驰》三年后，参加齐桓公征讨蔡国、责楚王包茅不贡的联盟行动时死去，以侯爵之礼安葬，许穆夫人也从历史中消失。

许穆夫人是公认的中国第一位女诗人，甚至是世界文学史上的第一位女诗人。愤怒出诗人，男女皆相同。三位美丽端庄、文采斐然的绝世美女，是春秋时代的美丽星辰。她们的事迹与诗篇，应该得到后人的敬仰，这是中华女性的文明之光。

第二十八章

位尊而无德

这几届齐国老大不行

　　齐襄公是齐桓公的哥哥、齐僖公的大儿子，叫姜诸儿，宣姜、文姜都是他同父异母的妹妹。诸儿英俊多才，妹妹是当世闻名诸侯国的美女，兄妹们青梅竹马，诸儿与文姜竟然互生情愫，由兄妹变成了恋人。

　　文姜（这个称呼是因为她后来嫁给鲁桓公而得名）是宣姜的妹妹，齐僖公相中的是郑文公的大儿子公子忽，想将文姜许配给忽。没成想公子忽拒绝了这个联姻，还说出一句计入史册的话，解释自己拒绝的理由：齐大非耦。就是说，齐国比郑国大，不合适做我的配偶。

　　这个拒婚理由比较牵强，春秋之世，小国都是愿意与大国联姻以获取保护，春秋时代的"势力均衡格局"，与各国之间的互相联姻有很大关系。后人猜测，公子忽拒婚的真实原因是风闻了诸儿与文姜的不伦之恋。

　　诸儿与文姜的恋情确实成了齐国，也成了诸侯国的一个谈资，齐僖公决定赶紧将文姜嫁出去，就想到了邻居鲁国。鲁桓公当然也听到了传闻，但鲁桓公似乎对文姜的美色更倾心。鲁国大夫公子翚支持鲁桓公娶文姜，还亲自带着聘礼去齐国见了齐僖公夫人，鲁桓公则来到齐鲁交界的瓘邑迎接文姜。

　　这次迎亲，出现了有违周礼的情况，《左传》说：齐侯送姜氏于瓘。非礼也。《周礼》中规定，诸侯之间婚聘，大国嫁小国，派下卿送；小国嫁大国，派上卿送；诸侯嫁天子，所有的卿都要去送。国君，也就是新娘的父亲，是不用去送亲的，可是齐僖公竟然亲自送女儿到边境，这不合礼制，说明齐僖公对这个女儿非常宠爱。

回到曲阜完婚，鲁桓公发现诸儿与文姜的绯闻也仅仅是绯闻，文姜还是处子之身。三年后，文姜生长子姬同（因为与桓公是同一天生日，故名同），八年后，齐僖公过世，诸儿即位，是为齐襄公。

夏姬在嫁给夏御叔之前，就与哥哥云雨尽欢，还让哥哥"脱阳"（即纵欲过度）而死。文姜与诸儿只是发乎情，出嫁鲁桓公之前并没有发生关系。但鲁桓公以为这就安全，却低估了诸儿与文姜的感情。

《东周列国志》模仿"桃之夭夭"给诸儿与文姜编排了一段诗文。诸儿见妹妹要出嫁，吟诗叹息：桃有华，灿灿其霞。当户不折，飘而为苴。吁嗟兮复吁嗟！文姜看了哥哥的诗句，也回和一首：桃有英，烨烨其灵。今兹不折，讵无来春？叮咛兮复叮咛！

这两首伪诗，诸儿那首是感叹自己下手晚了，文姜这首是留下再次相见的承诺。鲁桓公十八年（前694年），文姜嫁到鲁国已十五年，诸儿与文姜反而互相思念了起来。齐襄公派人送来国书，邀请妹夫到齐国访问，还特别叮嘱带夫人前往。鲁国大夫申需认为这不合礼制，鲁桓公不听，带文姜去了齐国。

到了临淄，齐襄公盛宴招待鲁桓公，桓公喝多了，要回馆驿休息，文姜说想去看看当年的闺房，怀念一下父母，鲁桓公就先行离开。没想到，文姜一夜未归，天亮了，文姜才回到国宾馆。鲁桓公大怒，认为文姜肯定是与哥哥厮混，文姜只是推说是与嫂子连妃在一起。两人争吵不已。

文姜把自己与桓公的争吵告诉了哥哥，齐襄公第二天继续宴请鲁桓公，在送鲁桓公上车的时候，指使大力士公子彭生借抱鲁桓公之机，勒断桓公肋骨，桓公当场毙命。《史记》载：齐襄公飨鲁桓公。桓公醉，使公子彭生抱鲁桓公，因命彭生折其肋，桓公死于车。

齐襄公为了与妹妹的私情，竟然指使大臣把一国国君杀死在自己国家，色胆包天！桓公的死讯传到鲁国，鲁国朝臣明明知道是齐襄公指使，却又不敢对齐国宣战，就发出国书，要求严惩公子彭生。

彭生按辈分是齐襄公的叔叔，诸儿也巴不得就坡下驴，就按照鲁国要求把彭生杀了，然后盛殓桓公，将尸体和彭生的人头一起送回了鲁国。

但是，文姜没有护灵柩回国。

次年（前693年），文姜儿子姬同即位，是为鲁庄公。庄公上任第一件事，就是去齐国接回母亲。文姜车队走到齐国靠近鲁国的禚地时，文姜给儿子送信，说自己不想回曲阜，要求就住在边界。

庄公就在靠近禚地的鲁国边境驻丘修了一座别墅，让文姜居住。自此，诸儿时不时地就到禚地打猎，或者是文姜去禚地，或者是诸儿去驻丘，经常私会。这场相隔十五年，大舅子谋杀妹夫的不乱之恋，终于成了当世春秋诸国都知道的国际丑闻。

《诗经》齐风里《敝笱》《载驱》《南山》三首诗，都是讥讽诸儿与文姜。其中，《敝笱》最传神：

敝笱在梁，其鱼鲂鳏。齐子归止，其从如云。

敝笱在梁，其鱼鲂鱮。齐子归止，其从如雨。

敝笱在梁，其鱼唯唯。齐子归止，其从如水。

笱，渔网；敝笱，破渔网。敝笱在梁，指破渔网防不住鱼儿。敝笱不是指文姜，而是指鲁桓公防不住文姜偷腥。鱼指齐襄公，齐子指文姜。古代出嫁女儿到夫家叫归，回娘家叫归宁（省亲）。文姜回娘家，不说省亲，却说是归止，是讽刺文姜回到哥哥怀抱，赖着不走。其从如云，指文姜的排场。鱼、云、雨、水的取象，暗示两人不顾乱伦，明目张胆地行鱼水之欢、放纵云雨。这三句诗把鲁桓公、文姜、齐襄公三人关系阐释得生动鲜活。

诸儿的闹剧还没有结束。杀了公子彭生，是卸磨杀驴、过河拆桥。这样的老大，谁还敢为他干事？

七年过去了，齐襄公派管至父、连称两位大夫去葵丘驻防，防备楚国。葵丘这个地方比较荒凉，出发之前，两人来辞行，问齐襄公何时能换防回到都城。齐襄公当时正在吃甜瓜，就顺口说了一句：等再吃到甜瓜的时候，就换你们回来。

两位大夫索性在葵丘也种上甜瓜，盼望着瓜熟了好回家。第二年，葵丘的瓜熟了，齐襄公的换防命令迟迟不见踪影。两人急了，送一筐甜瓜到临淄，让连称的弟弟送给齐襄公，提醒当年甜瓜换防的承诺。

齐襄公正在与新面首孟阳调情，哪里还记得换防这回事。连老三提醒齐襄公，他去年答应哥哥瓜熟的时候就换他们回来。齐襄公愣了一下说：我是说瓜熟的时候换防，但我也没有说是哪一年瓜熟啊！

连老三把齐襄公这话传给管连二人，两人气炸了，当下越说越气，绝望生歹心：既然不换我们回临淄，我们索性把这个丑闻不断的姜诸儿给换了。齐襄公名声不好，杀了他估计也不会引起众怒。

齐僖公只有三个儿子，诸儿即位后，老二公子纠跑去了莒国，老三公子小白跑去了鲁国，诸儿的堂弟公孙无知，在齐僖公时享受公子的待遇，齐襄公即位后把这个待遇取消了，无知因此恨齐襄公。

管连二人找到公孙无知，说两人计划杀了诸儿，拉无知入伙。又找到襄公的妃子、连称的堂姐连妃做内应，连妃因为诸儿一会儿与文姜、一会儿与孟阳的事，也对齐襄公积怨。这几股怨恨齐襄公的势力偷偷联结在了一起。当年冬天，齐襄公去姑棼狩猎，只带了几个随从，管连等带兵冲到贝丘，将齐襄公杀了。

齐襄公被杀，还被编排了一个故事，说齐襄公在贝丘打猎，出现一头野猪，有人说那只野猪像公子彭生。齐襄公在射死野猪后，莫名其妙地丢了一只鞋。叛军冲到贝丘的时候，齐襄公躲到窗帘的后面，叛军找不到。这时，那只鞋子出现在窗帘下，叛军掀开窗帘，看见齐襄公，于是杀了。有人说这是公子彭生冤魂附身野猪，来向齐襄公报仇。

冤魂之说起于公子彭生被齐襄公杀掉时，彭生当着鲁国使者及朝臣的面，愤怒地指斥齐襄公过河拆桥，说自己要变成厉鬼前来索命。弑君者故意编造野猪与鞋子的故事，给弑君找一个借口。其实，齐襄公言而无信才是这次内斗的真实原因。有人将齐襄公之死说成是"甜瓜命案"，很传神。

管连扶无知继位，伪造齐僖公遗言，说生前就密令无知继位。管连二人低估了齐国群众的眼力。管至父、连称在齐国名声不好，无知是个浪荡子，与很多大夫都有过节，三个人的名声、人缘都不好。齐襄公因为桃色绯闻不断，名声不好，但齐襄公对国民比较放任，并不苛刻，齐人对诸儿只是嘲笑却不憎恨。管连无知弑君，没有得到齐国大家族的支持。

无知继位后，有个叫雍廪的大力士很害怕，他曾经与无知因为斗鸡起了争执，把无知打了一顿。当年齐襄公减少无知的待遇，就是因为无知被打后去齐襄公那里告状，反而被齐襄公责怪玩物丧志，减少了一半俸禄。无知不仅恨齐襄公，更加恨雍廪。

无知刚即位，不好意思杀雍廪，雍廪却很害怕，索性先下手为强，借一次宴会，把管至父、连称、无知一块杀了。诸儿、无知之乱结束后，著名的公子小白战胜公子纠，回国继位，伟大的齐桓公、管仲时代开始了。

齐襄公之死值得注意的是什么？

不怕领导有绯闻，就怕领导不守信。位尊而无信，祸之渐也。孔子曰：人而无信，不知其可。此之谓也。

位尊而无信，不好；位尊而缺德，更不好。

齐国姜姓国君似乎荷尔蒙都过剩，对私通有特别嗜好。前613年，齐昭公去世，他的儿子公子舍即位，可是不到三个月，就被他叔叔、齐桓公的儿子、齐昭公的兄弟公子商人派人暗杀。公子商人曾拿出家产帮助齐国百姓，还算有些口碑，暗杀侄子后，商人假意请他兄弟公子元即位。公子元哪里不知这是什么意思，赶紧说：哥哥你别为难我。你能让我安安静静做个老百姓，我就知足了。商人于是即位，就是齐懿公。

赵盾为商人暗杀公子舍的事，还打算召集同盟国去讨伐齐国，齐懿公向晋国进献很多礼物，讨伐的事就不了了之。齐懿公做了国君，想起以前得罪过他的大夫丙原，当时管仲把争执的土地判给了丙原。齐懿公现在不仅把判给丙原的土地夺了回来，还把管仲后代的封地也收了回来，管仲后代就逃去了楚国去。比较一下与孙叔敖后代的差别，可以得出一个教训：权力获得的财物，失去权力的后代是守不住的。

齐懿公还不解恨，把丙原的尸体从坟里刨出来，砍去一条腿。他还问丙原的儿子丙蜀：我这样惩罚你的父亲，你恨不恨我？丙蜀说：我父亲没有在活着的时候受到惩罚，已经是幸运了。现在砍了死人的骨头，我怎么能怨恨主公呢？齐懿公一高兴，把夺来的土地又赏给了丙蜀，还留在了身边。

齐懿公听说大夫阎职的夫人美貌，就召她进宫，一看果然漂亮，就留在宫里，让阎职再娶一个。阎职没辙，没说什么，齐懿公也当阎职是忠臣，留在身边。

前609年，齐懿公到一个叫申的竹林温泉避暑，带着宫女和丙蜀、阎职。天气炎热，齐懿公喝了酒，就在竹林里休息，丙、阎两人到池子里洗澡。洗着洗着打起水仗，丙原拿起一根竹竿打了阎职，阎职辱骂丙蜀。丙蜀就说：老婆被别人抢走都不发火，我跟你闹着玩，你却生这么大的气？阎职反唇相讥：自己爹被人从坟里挖出来受刑，你也没吱声，我老婆的事还算事吗？两人说出伤心事，顿时流泪不止，哭完了，两人对视，凶光一闪，决定杀了齐懿公报仇。

齐懿公睡得正香，两人让宫女去准备热水，支开所有人，一个人抓手，一个人掐脖子，齐懿公刚睁开眼，头就被砍了下来。两人把齐懿公头扔到水池里，尸体扔到竹林深处，然后跑回城里，大吃一顿，带上家小财物，慢慢腾腾走出南门。家里人害怕，催他俩跑快一点，丙蜀说：这个坏蛋死了，高兴的人多呢，有什么可怕的？

还真没人来追他俩。齐国卿士大夫中恨齐懿公杀公子舍的人很多，于是立了公子元做国君，即齐惠公。暗杀、刑尸、夺妻，干了这些缺德事的齐懿公就这样一命呜呼。杀掉一个齐国这样大国的国君，竟然也能如此从容，齐国的衰败也就可想而知了！

公元前548年，齐国又发生一起私通血案：崔杼弑其君。

当年董狐写"赵盾弑其君"，赵盾还不是直接凶手，也没有问罪董狐。现在崔杼是明火执仗地杀了齐（后）庄公，齐国太史写了"崔杼弑其君"这句话，崔杼就把太史杀了。太史的二弟弟继续这样写，崔杼又杀了他，太史三弟弟还是这样写，崔杼下不去手，只得作罢。这时，一个叫南史氏的史官抱着竹简来到朝廷，打算继续齐太史兄弟的写法，听到崔杼弑其君被记入史册了，就回去了。这是一段著名的公案，体现古代史官的气节。崔杼是齐国的权臣，可是与赵盾相比要残暴很多。

崔杼杀的齐庄公叫公子光，是崔杼掌权后迎回来的国君。崔杼娶了一个寡妇叫棠姜，是崔杼的家臣东郭偃的姐姐、齐国棠公的老婆。棠公死时，崔杼去吊唁，发现棠姜很美，就让东郭偃为自己娶回来。东郭偃劝崔杼：男女辨姓。也就是同姓不婚，我们两家都姓姜，这样不好。

崔杼就找人占筮，得到困卦转到大过卦，史官说这是吉利。陈文子（名须无，公子完的后代）却说：这个卦象是凶兆，显示的是被石头困住，蹲在荆棘丛中，进了屋子却看不到妻子，意味着不得善终，不能娶。崔杼说：这些凶兆已经在棠公身上了，跟我无关。于是娶了棠姜。

齐庄公与崔杼关系很密切，两人经常往来，庄公竟然与棠姜发生了关系，私通了，庄公就经常到崔杼家里与棠姜厮混。不仅如此，庄公还从崔杼家里把崔杼的帽子拿出来送人，庄公的太监说这样不好。庄公说：我拿他帽子送人，那是他的荣幸。真不知道庄公是怎么想的，可是崔杼却下决心要动手，连鲁国大夫都知道崔杼的意图。

当年春天，崔杼率军讨伐鲁国，鲁国想找晋国帮助，鲁国大夫孟公绰说：崔杼要干大事（杀庄公），想讨好齐国国民，不会真心攻打我国，会很快回去的（崔子将有大志，不在病我，必速归，何患焉！其来也不寇），果然，齐军无功而返。

当年夏五月，庄公在北郭招待来访的莒国国君，崔杼借口生病不去参加。庄公就去崔杼家里探病，实际是想与棠姜厮混。棠姜进入内室，与崔杼从侧门跑了出去，庄公的侍人贾举拦住庄公的卫士不让进去，庄公在里面竟然拍着房柱唱歌、召唤棠姜——真是够荒唐。此时埋伏在崔杼家里的甲士一涌而出，把庄公包围了起来。戏剧性的一幕出现了：公登台而请解，不许；请盟，不许；请自杀于庙，不许。

庄公要求甲士不要杀他，甲士不许；请求发誓，也不许；请求让自己在太庙里自杀，还是不许。甲士们说：我们只知道奉命来抓淫乱的奸人，不知还有其他命令。庄公站在高台上想翻墙逃跑，被射中大腿，坠落下来，被杀了。贾举等内侍也被杀了——贾举曾经被庄公鞭笞过，怀恨在心，这次是做了崔杼的内应，可是也被崔杼杀了。这个崔杼够狠！

此时又发生一件奇葩的事情。晏婴站在崔氏家门外，他的随从问：您是打算去与国君一起死吗？晏婴说：难道只有他一个人是我的国君吗？为什么要为他死？又问：那是要逃跑吗？晏婴说：他的死又不是我的过错，我为什么要逃跑？又问：那我们回去吗？晏婴说：国君都死了，还能回到哪里去呢？

不救、不逃、不回的晏婴说了如下的一大段话：作为百姓的君主，难道能凌驾民众之上吗？是让他来主持国政的。做臣子的，难道是为了俸禄吗？是为国家做事的。国君要是为国家死，为国家逃亡，做臣子的就应该跟着他死，随他逃亡。如果是因为自己的私情被杀死，因为私情逃亡，不是他最亲近的人，谁需要跟着他一起呢？况且正是得到他信任的人杀了他，我为什么要为他去死或者逃跑呢？但是，我又能回到哪里呢？

等到崔杼的甲士杀了庄公，打开大门，晏婴就进入府内，抱住庄公的大腿嚎啕大哭，哭完，顿了三次脚（意思是三拜），就走出去了。有人把晏婴的举动报告给崔杼，说一定要杀了晏婴。崔杼说：晏婴民望很高，我不杀他，国民会感谢我。

齐庄公的死，恐怕任何人都不会同情。崔杼的罪过不是杀了庄公，而是不应该杀齐太史兄弟。崔杼于是立庄公的弟弟为君，是为齐景公，与庆封共掌齐国。

私通、杀戮还没有结束。

不久，崔杼家里也闹起废长立庶的事情，庆封帮助崔杼的嫡子崔成和崔疆刺死想废长立幼的家臣东郭偃和棠无咎，崔杼不知是庆封在暗中让崔家自相残杀，反而去找庆封帮忙。庆封佯装不知，答应出兵帮崔杼平定崔成之乱。庆封派家臣卢蒲嫳斩杀了崔氏的妻妾儿子全家，所有车马服器搜取无遗，还放火烧毁崔家的门户房屋，然后带回崔成与崔疆的首级。到了家毁人亡的时候，崔杼才明白是被庆封灭了门，回家后自缢而死。

庆封独裁齐国后，竟然与家臣卢蒲嫳的妻子私通，还带着自己的家室住到卢蒲嫳家里，玩起两家妻妾共用。前545年，卢蒲嫳等杀了庆封的儿子庆舍，庆封跑到吴国，在朱方封了块地住下。前538年，楚国讨伐吴国，攻下朱方，庆封聚集在此的族人全部被杀，不是毁家，而是被灭了族。

齐庄公、崔杼、庆封，这三个人都死在私通、乱搞男女关系上，齐国的国君、大夫、家臣还真是都够奇葩，毫不吸取教训，前赴后继干这些缺德的事情。

位尊者与下属的妻子私通，到了堂而皇之的地步，怎能不身死族灭？尊者不自重，自启祸端。

第二十九章

完人不能做朋友

和圣柳下惠

一辈子不说假话已是不可想象，如果一百年不说假话，如何想象呢？这个 100 年可不是形容词，而是个实数。

春秋时代有这么个人，一生不会说假话，也没说过假话，享年 100 岁。此人被孟子列为四圣人之一，民间称其为和圣，叫展禽，因为他出生时"火光入室，文鸟鼓舞"。这一天是公元前 720 年，鲁国二月发生日蚀，当年十一月十八日，鲁国司空展无骇家诞生一个孩子，所以叫展禽。

知道展禽的人不多，他的另外一个名字却无人不晓：柳下惠。

公元前 695 年，即鲁桓公十七年，展禽二十六岁。远行归，夜宿郭外。时天大寒，有一女子趋讬，恐其冻死，乃令坐于怀中，以衣覆之，至晓不乱。

这个坐怀不乱的主角就是展禽，即后来的柳下惠。柳下惠并不姓柳，而是姓姬，是鲁孝公之子公子展的后裔，鲁隐公命展禽一族以其祖先的字为姓，始有展姓。展禽八十五岁时，鲁僖公封柳下（今山东新泰宫里镇）给展禽做食邑。展禽死后谥号为惠，后世称柳下惠，展姓、柳姓都共同以展禽为祖先。

难的不是做一件好事，难的是做一辈子好事。二十六岁就坐怀不乱而有美名的展禽（前 720 年—前 621 年），用他坐怀不乱之后七十四年的人生，完整地诠释了"圣人"这两个字。

展禽坐怀不乱的事迹迅速传遍了整个曲阜城，展禽意外地获得了广泛的好名声，第二年被鲁桓公任用，官从"参末议"，是比较低级的公务员。一年之后，被提拔为士师，级别为上大夫，相当于最高法院副院长。

展禽被起用过三次，每次都只干了一两年就被免职——像展禽这种只说真话、不说假话的性格，得罪人是必然的，被排挤也是必然的。

展禽在这三起三落之间，名声越来越大，不仅齐桓公闻名想把他树为国家楷模，他的邻居们也为他愤愤不平：凭您的人品和才能，还有您的名声，到哪个国家不能当个大夫啊，何必非要窝在鲁国？去齐国也行啊。

展禽说了被孔子引用的话：正直地帮人做事，到哪里都免不了被屡次罢免。我要是愿意歪门邪道地帮人做事，何必离开自己的国家呢（直道而事人，焉往而不三黜？枉道而事人，何必去父母之邦）？

孟子说展禽：不以侍奉坏君为可耻，不以自己官职小为卑下。对个人的处境无怨无艾，也无所求无所谓。即使自己被当权者遗弃，也不怨恨；自己穷困，也不忧愁（不羞污君，不卑小官。遗佚而不怨，既穷而不悯）。

展禽是真正做到了"去留无意"：援而止之而止。援而止之而止者，是亦不屑去已（意即叫他留住他就留住。叫他留住就留住，是因为他感到并没有必要离开某个地方）。

展禽看明白了世界，活明白了自己。

公元前 667 年，展禽开设了一所私立学校，开讲诗书礼乐。因为展禽品行闻名，许多人前来求学，从此之后，展禽就成了一位教育家。论起来，展禽是先于孔子的民办教师。

展禽七十三岁时，鲁僖公想再次起用展禽，当时的正卿藏文仲阻止了鲁僖公。就因为这件事，孔子批评藏文仲：藏文仲其窃位者与？知柳下惠之贤而不与立也！

展禽七十五岁时（前 646 年），齐桓公听了易牙的话，说鲁国的国宝岑鼎不错，派兵去抢，鲁国打不过，就做了一个假岑鼎交给齐桓公。齐桓公看了知道是假的，鲁国使者一口咬定是真的。齐桓公说：你们把这鼎拿去给展禽鉴定，他要说是真的，就算是假的，我也认了。

鲁僖公亲自带着鼎去找展禽鉴定。展禽说：主公，这鼎是山寨的。展禽见过真鼎，知道眼前这鼎是伪造的。鲁僖公承认鼎是假的：真鼎是咱们祖上传下来的，镇国之宝啊，总不能让齐国给抢了吧？如今齐国人就相信你的话，为了国家，为了鲁国人民，麻烦您就给出个伪证，祖国人民不会忘记你的。

展禽说：主公，你知道我这人一辈子不说假话。鲁僖公说：为了国家，就说一回吧。展禽说：主公，你有你的国家，我把诚信当成我的国家，如今你要我破坏我的国家去保全你的国家，我做不到。展禽断然拒绝。鲁僖公说：你那是小国，我这是大国。展禽说：我的国虽小，是我的；你的国虽大，是你的。

鲁僖公劝不动展禽，只好把真鼎拿去给了齐国。

孔子评价：降志辱身矣，言中伦、行中虑，其斯而已矣。

孟子评价：不羞污君，不辞小官，进不隐贤，必以其道。遗佚而不怨，阨穷而不悯，与乡人处，由由然不忍去也。尔为尔，我为我。虽袒裼裸裎于我侧，尔焉能浼我哉！故闻柳下惠之风者，鄙夫宽，薄夫敦。

你是你，我是我。就算你赤身裸体在我身边，又能让我如何呢？听说过柳下惠作为的，吝啬的人变得大方，刻薄的人变得厚道。

孟子将柳下惠列为四圣之一。圣人，百世之师也，伯夷、柳下惠是也。伯夷，圣之清者也；伊尹，圣之任者也；柳下惠，圣之和者也；孔子，圣之时者也。鲁文公六年十二月三日，展禽死在了柳下，享年100岁。

现在都喜欢说中国人没有宗教信仰。但中国人并不缺少信仰，圣人崇拜就是中国人的信仰。

何为圣人？与贤人放到一起看就能清楚些。繁体字的圣写法为"聖"，《说文解字》：聖，通也，从耳。繁体字的贤写法为"賢"。《说文解字》：賢，从贝，多财也。简单点说，圣人，就是知识渊博却没有政治地位的人。贤人就是有钱又听话的人（臣、又、贝）。贤人活在当世，显赫当时；圣人当世坎坷，后世尊崇。

管仲、范蠡是贤人。展禽、孔子、老子、墨子是圣人。

有权力（或金钱）的人用权力（或金钱）说话，没权力的人用品德（思想）说话。圣人是思想，贤人是品德，是与权力、金钱一样的权力。贤人好做，有权或有钱，又有品德，就可以做个贤人，贤人并不要求有太多的思想创造。

圣人则不同，权力、金钱、品德都与圣人没有直接因果关系。圣人必须有超凡脱俗的独特见解，并且终身信服践行，独立不改。圣人是中国知识分子的一种潜在诱惑。当代新儒家人物，如冯友兰、熊十力、梁漱溟等，就很有这种圣人情怀。

柳下惠的一生是完美的，展禽是个完人、圣人，可是圣人不能做朋友。

展禽从小就不说假话，不会拍马屁，不会送礼，二十六岁了，还谋不到一官半职，她妈妈说：孩子你就学着说几句假话吧！展禽说：我学不会。展禽坐怀不乱的事发生后，名声在各种议论中大了起来，他开始做官，但始终做做停停，停的时间多，展禽每次被罢官都安静地回家种地，时间长了，名声越好也越大。于是发生了一次著名对话。

齐桓公早就听说过展禽坐怀不乱的故事，想把他请到齐国，立为国家的道德模范。齐桓公问管仲：我听说展禽这人品德高尚，从来不说假话，你在鲁国的时候跟他有过交往，你觉得这人怎么样？可以交往吗？管仲答：当然可以，跟他交往很放心。

齐桓公问：那么可以成为朋友吗？管仲答：不可以。他从来不会骗朋友，但是他也不会为朋友去骗别人。朋友是用来帮忙的，展禽对所有人都一样，交这个朋友干什么呢？

齐桓公问：那么展禽可以成为国家的楷模吗？管仲答：不可以。如果我们号召人们学习展禽，那么相信我们的人就会吃亏，不相信我们的人就会占便宜，于是我们就会辜负相信我们的人，从而让他们再也不相信我们。

齐桓公问：那么这样说，天下永远做不到诚信了？管仲答：不然，要做到诚信，不是靠号召大家学习谁就能够做到的。首先要有制度，告诉人们什么是不能做的；其次，仓廪实则知礼节，要让大家都温饱，人们就不会为了小利而损毁名誉；再次，君主要做出表率，什么表率？要带头节俭，不要奢侈，这样的风气形成之后，老百姓就不会去追求无止境的享受。有了这三条，老百姓怎么会不诚信呢？

管子从三个角度否定了他的为人方式，即不适合做朋友，不应该号召学习，不可以做国家诚信的楷模。

管仲的说法是深谙世情的，也不是世故圆滑，而是治国者的清醒。朋友是要在关键时候帮忙的，也就是关键时候，不能先辨真假，而要先讲感情，这就是恩与义。

号召不讲假话也不能让社会诚信度提高，制度、生活条件、领导以身作则是社会诚信的驱动力。也就是说，让群众有觉悟，不如让掌权者知所止——多么伟大的管子思想！

圣人应该敬仰。

柳下惠死后葬在柳下（今泗庄乡高庙村东）。战国末年，秦国大将王贲讨伐齐国，路经柳下惠墓地，王贲下令：有去柳下惠墓地采樵者，死无赦。

此后，历朝历代都对柳下惠墓善加保护。清光绪年间，泰安知县毛蜀云曾三次整修其墓，在四周立有界石，以防汶水冲蚀，在墓南、西、北各筑土堤，东南垒石坝三十丈加以保护，并植杨柳千株，使柳下"碧玉千树，青丝万条"的古风重现。

第三十章
大盗有门道
盗圣展雄

　　春秋时期奇葩的家族多，一门两圣只有一家，和圣柳下惠与盗圣盗跖是同胞亲兄弟。坐怀不乱的柳下惠叫展禽，后世称为和圣。他的弟弟比他还有名，是盗圣展雄。一门两圣，一正一邪，这个展氏不简单，难怪后世出了个大名鼎鼎的江湖大侠——"御猫"展昭。

　　《庄子》有一篇"关公战秦琼"式的对话，借盗跖之口把孔丘的儒家理论教训了一顿。真实的盗跖比庄子里的盗跖还厉害，不仅发明了"盗亦有道"这套强盗理论，而且有很深的道行：盗跖实际是管仲的编外雇佣军。盗跖及其强盗伙伴不仅可以合法抢掠，还寿终正寝，得享天年。这让儒家纠结了 2000 多年。

　　展禽六岁那一年，也就是鲁隐公九年（前 712 年），史书再次记载：三月，大雨，雹，电。按《左传》的说法，那就是冰雨外加冰雹，且连续三天以上，是个极坏的天气。就在这样倒霉的天气里，展禽的娘又生了，是个儿子，生下来九斤九两，还没落地就开始暴哭、抓人，连接生婆都被他抓伤。因为这孩子太暴力，取名叫展雄。

　　就在展雄呱呱落地的时候，孩子们的爹（展无骇）死了。展雄真是够倒霉，自己的生日跟父亲的忌日是一天，全家人都认定展雄是个灾星，克死了自己的父亲。

长大后，展雄从鲁国来到齐国，与管仲、鲍叔牙合伙做起了生意，管鲍之交前传并不是管鲍二人转，其实是管鲍展三家村。展雄与管仲运货经过泰山，被一伙强盗打劫，管仲逃跑，展雄与强盗死拼，竟然把这伙强盗打服了，恳请展雄带领他们，展雄由此成了泰山强盗的首领。

不怕秀才造反，就怕流氓有文化。展雄在鲁国是接受过六艺（礼、乐、射、御、书、数）基础教育的，展雄领导下的泰山强盗，除了没有国君之名、不守春秋时代的礼仪规矩外，发展得相当于一个小王国，从盗跖发展的规模就能看到盗跖的水平：盗跖从卒九千人，横行天下，侵暴诸侯。简单说，展雄的泰山帮比一个春秋小国还厉害，有九千人，就是齐鲁这样的大国也拿他没办法。

说完展禽，齐桓公又提起展雄来：仲父，我听说展雄从前跟你合伙做生意啊，现在当了强盗，这人怎么样？管仲说：展雄这人，比他哥哥强。管仲毫不掩饰这个不光彩的尾巴。

什么？齐桓公有点不相信自己的耳朵，一个横行山野的强盗头子，管仲竟然说他比圣人展禽还强。管仲说：当年叔牙、展雄和我合伙做生意，为了保护我们，展雄成了强盗。后来那一笔生意赚了钱，该给他的那一份给他送去，他说他当强盗发了财，他的那份就给我了。这个人是不是个好朋友？

齐桓公想解除泰山帮对贸易交通的影响，大臣们主张派兵剿灭，管仲却认为不需要如此，管仲说：强盗这个活，看上去风光，实际上很危险，大凡有活路的，谁愿意去做强盗？还不都是逼的？只要分给土地，原本是士的，还做士；原本是奴隶的，除掉奴籍。大家都有活路，谁还当强盗？这样，一来咱们人口增加，二来除掉一患。

管仲去与盗跖谈判，给出两条路：要么接受管仲的意见，要么齐国派兵剿灭。盗跖虽然不愿意，也没有办法，接受了管仲的招安方案。泰山强盗原本有上万人，八千多人愿意招安，去了齐国作良民，只有不到两千人不愿意被招安，留下来跟着展雄在泰山脚下垦荒种地。这样一来，齐国人口增加，同时，把泰山帮这伙强盗纳入了自己的势力范围。

齐国人不费吹灰之力搞定了泰山帮，展雄成了管仲的"夜壶"。有时候齐国想教训小国又不方便出面的，泰山帮就替齐国出面，骚扰一下纪国、莒国，抢劫一下陈国，等等，又过了强盗瘾，又得了实惠，还完成了齐国的政治使命。

庄子所说的盗亦有道，都是山林强盗的内部规矩，真正厉害的是展雄这种，"上面有人"，充当权力的夜壶、国家军队的编外武装，江洋大盗就有了道行。

乱世里的强盗，尤其不是统一政权下的强盗，都不是简单的打家劫舍之徒，而是与政权有隐蔽的关系，才能横行一时。否则，再大的匪，经得起剿吗？座山雕在威虎山当了几十年土匪，还不是被杨子荣带着解放军给灭了？麻匪任何时候都是要剿的，但麻匪与县太爷要是穿了一条裤子，也就剿不了了。

展雄也是高寿（具体年纪不详），自然死亡（寿终正寝），死后被称为盗跖。之所以叫盗跖，是因为黄帝时期有个大盗叫跖，意思是展雄与跖一样。

《韩非子》说：儒以文乱法，而侠以武犯禁。从专制秩序的角度看，韩非所言都对。可历史的现实却是，游侠往往充当了刺客，强盗往往做了夜壶，都是某些掌权者干"黑暗之事"的帮手。

一门两圣，奇怪吗？我觉得不奇怪。

这两个人有一个共同特点，那就是当时的社会体制不给他们施展才华的机会。

展雄虽是强盗，之所以能得寿终，是因为他幸运，与管仲这种千年未必一见的人生活在同一个时代，还一起做过生意，是对管仲有恩的朋友。

所以展雄不仅可以带着一帮喜欢快意人生、自由无束、不愿做顺民的兄弟安全自得地做"泰山帮"，还成了隐蔽的齐国编外武装。这伙强盗上面有人，有老大罩着。

做强盗，打家劫舍自是不可免的，《庄子》记述盗跖的行迹：侵暴诸侯，穴室枢户，驱人牛马，取人妇女，贪得忘亲，不顾父母兄弟，不祭先祖。所过之邑，大国守城，小国入保，万民苦之。

春秋时代，有人聚居的地方叫"邑"，较大的邑，有城墙、宗庙的叫"都"，诸侯所居的都叫"国"，周天子所居的都叫"京师"。小邑百户（一户平均5人），大邑一两万户，大量的中邑在几百户到一两千户之间。所以，盗跖有九千人的壮年强盗，如果按照三十人一乘的军制计算，是个三百乘的中等国家。强盗不会使用正规军的车乘规矩编制，但盗跖做到这个规模确实可以"横行天下"了。

《吕氏春秋·当务》记载了展雄论述的五条啸聚之道。跖之徒问于跖曰："盗有道乎？"跖曰："奚啻其有道也？夫妄意关内中藏，圣也；入先，勇也；出后，义也；知时，智也；分均，仁也。不通此五者，而能成大盗者，天下无有。"

盗跖说何止是有道，而且要具备圣、勇、义、智、仁五种智慧，即能够知道财物藏在哪里，这是超凡入圣的功夫；知道财物第一个去抢，叫勇敢；让同伴先撤，自己最后一个撤退，叫义气；知道什么时间可以动手、什么时间不能动手，叫智谋；抢回来的财物分配公正均匀，叫仁义。这五个智慧不能拥有贯通，是做不成大盗的。

当下流行一门叫《向黑社会学管理》的鸡汤培训课程，核心都是义气、分利，因为这两个品德是最稀缺的。义气就是爱人助人，甚至舍己救人，分利就是不自私。具备了这两个品德，除非是被内奸出卖，否则这样的老大肯定是受到认可的。

儒家给对手扣帽子时，盗跖之行是经常被引用的毁人大棒，与男人污蔑美女是淫妇、破鞋一样。《庄子·盗跖》篇是伪作，却可以当作两种价值观的一次交锋，不妨简单回放一下：

孔子与柳下惠是朋友，认为盗跖为害天下，做哥哥的却不能教诲，丘窃为先生羞之，丘请为先生往说之。

柳下惠说：父亲不能教好儿子，兄长不能教好弟弟，即使如先生这般能言善辩，又能如何？我弟弟这个人，心如涌泉，意如飘风，强足以拒敌，辩足以饰非，顺其心则喜，逆其心则怒，易辱人以言。先生必无往。

孔子不听，颜回驾车，子贡为车右，去见盗跖。盗跖正在泰山脚下休整，炒人的心肝吃。门卫报孔丘求见，盗跖愤怒地说道：就是那个鲁国的伪君子孔丘吗？不见，你告诉他我的话——玩弄语言，迷惑天下君主，还让天下读书人以为靠孝悌之名就能得到荣华富贵，你罪孽重大。快回去，不然拿你的心肝做午餐。

孔子说我认识柳下惠，才来求见的。盗跖见孔子抬出哥哥，就让孔子进来。孔子进来后说天下有三种美德：生来美好，少长贵贱都喜欢，这是上德；能分辨万物，这是中德；勇敢果断，聚众帅兵，这是下德。具备任何一种美德，都能南面称王。现在将军你具备三种美德，却叫盗跖，我为你感到羞耻。如果将军听从我的意见，我愿意出使齐、鲁、晋、楚、宋、卫等国，让诸侯为将军建一个几十万户的都邑，这样天下太平，才是圣人义士的行为，也是天下人的愿望。

这段话是战国纵横家的惯用说辞，包含以下部分：先抬出一个"共名"即共同认可的原理；然后将说服对象夸赞一番；接着说出现状与目标的差距；第四步是提出解决方案；最后描述解决之后的美好结果，或者提前指出说服对象可能获得的赞誉。

这套"五步说服术"（观念催眠法）对盗跖有没有用呢？且看盗跖如何说：孔丘你过来，我告诉你，能够用利禄劝诱，听信花言巧语的，都是愚陋顺民。你说我有这些高大美好品德，这都是我父母遗传给我的，我即使不自我夸耀，难道不知道吗，还用你说？

先劈头盖脸挑破本质，表明对这种美言利诱的态度。

盗跖说：我听说，当面赞美你的，也喜欢背后说你坏话。你想让我当顺民，能长久吗？尧有了天下，子孙却没有立锥之地；汤武做了天子，后代却被灭绝。这些不都是因为他们拥有你说的那个"利禄"过大的原因吗？

擒贼先擒王，辩论最厉害的就是先把对方立论的第一个"共名"，也就是以为都能接受的前提给否定，后面的立论自然不驳而溃。

然后进入反方立论：道家思想的语境，利大为害。

古代人克服自然的危害，经历有巢氏、神农氏到黄帝，然后就开始战争。到尧舜设立群臣，汤流放了他的君主，周武王杀了商纣王。从此之后，以强凌弱，以众暴寡。汤武以来，皆乱人之徒也。

古代叙事的特点，好的坏的都要历数各朝代善恶，现在也依然是国人话语逻辑的基本模式。

现在你孔丘，号称掌握了天下的道理，教导后世，矫言伪行，迷惑天下之主，求取荣华富贵，你才是最大的盗贼！天下竟然不说你是"盗丘"，却来说我是"盗跖"，岂不怪哉！你让子路学你那一套，结果子路被剁成肉酱；你在鲁国、卫国、齐国、陈国、蔡国到处流浪如丧家犬，你的道理有什么可宝贵的呢？

举世推崇的黄帝、尧、舜、禹、汤、武六个君王，仔细看来，都是迷失了本真，违反性情，他们的行为都是可耻的。再看所谓的贤士，莫过伯夷、叔齐，饿死在阳首山；申徒狄劝谏不被接受，抱着石头沉入江里喂了鱼鳖；介子推忠心，抱着枯树干被烧死；尾生约会女人，为了守约，被涨起来的水淹死。这六个人都是把名声看得重于生命才死的。

此处开始进入道家立论：生命大于虚名。

你要是说神鬼的事，我是不知道的。要来跟我说人间的事，也不过就这些了，没有我不知道的。现在我来告诉你什么叫人之常情：

目欲视色，耳欲听声，口欲察味，志气欲盈。人上寿百岁，中寿八十，下寿六十，除病瘦死丧忧患，其中开口而笑者，一月之中不过四五日而已矣。天与地无穷，人死者有时，操有时之具而托于无穷之间，忽然无异骐骥之驰过隙也。不能说（悦）其志意，养其寿命者，皆非通道者也。

上面这段话，就是说人生苦短，生死难测，快乐的时间很少，如果不能让自己意志舒畅，保养自己的寿命，都算不上通达道理。

你跟我所说的，都是我要抛弃的，你的这套利禄诱惑的说辞，都是些巧诈虚伪的小伎俩，不是保全真性，哪里值得讨论呢？你赶快回去吧（子之道，狂狂汲汲，诈巧虚伪事也，非可以全真也，奚足论哉）！

孔子回到鲁国，见到柳下惠，柳下惠见孔子"目芒然无见，色若死灰"，问：你是不是去见了我弟弟，他违逆了你的心意呢？

孔子说：是啊，我真是没病找病！鲁莽地去摸虎头、撩虎须，差一点变成虎口之食（然。丘所谓无病而自灸也。疾走料虎头，编虎须，几不免虎口哉）！

第三十一章

季子挂剑

中国式友情的高贵符号

今天的徐州市，有个季子挂剑台和季子挂剑塑像，反映了国人的价值观：以心交心，不惭己心，不欺暗室，君子之德。古人对于君子之德是有严格标准的，那些言行不一、前后不一、口心不应的人，不会被后代推崇。今天还能留存的，被民间塑像纪念的君子，都是用他们的一生诠释了君子之品、君子之德。

季札是在中原诸侯的"旧世界"、礼崩乐坏的年代里，突然从蛮夷之地、"新世界"吴国冒出的一位礼学大家，震惊中原诸侯，包括以礼著称的鲁国。泰山上，有一处孔子望吴台，旅游解释是站在那里可以看到吴国，显示泰山之高，真是不懂孔子的精神追求，那是纪念孔子对延陵季子的尊敬与憧憬。

季子即季札，又称延陵季子，是吴王寿梦最小的儿子，前544年，出使鲁、齐、郑、卫、晋等国，论礼乐、国政、人才、治国，名动诸国，广受赞誉。

季子挂剑，说的是季札经过徐国时，徐君对他的佩剑很喜爱，季札以出使不能无佩剑为由，没有与徐君谈到赠剑。待季札返回再过徐国，徐君已去世，季札来到徐君墓前，解佩剑挂树上。

左右说：徐君已去世，留下剑有什么意思呢？

季札说：当时徐君钟爱我的剑，心里就已经答应相赠。因为出使任务在身，宝剑是使臣的道具，才不能相赠。现在出使任务完成，我是要履行当年心愿，将宝剑赠与徐君。不能因为朋友去世，就违背我的心意（始吾心已许之，岂以死而悖吾心哉）！

后人推崇季子挂剑，建雕塑纪念，是对信用、友谊、真诚的赞颂，与管鲍之交可并列春秋时代相交以心的典范。

五让君位。

前 560 年，寿梦临死前要把王位传给季札，季札说按照嫡长子继承礼制，应该大哥继位，不能坏了规矩（周礼），一让。办完寿梦丧事，诸樊要季札继位，季札不肯，还跑去种地，二让。前 547 年，诸樊战死，余祭又把季札叫来，让他继位，季札还是推辞，三让。前 530 年，余祭死去，余昧也让季札继位，季札第四次拒绝，四让。

前 526 年，余昧死，余昧的儿子公子僚继位，即王僚，诸樊的长子公子光统领军队。前 515 年，公子光在伍子胥的帮助下，让专诸刺杀了王僚。季札从晋国出使回来，阖闾假意请季札做吴君，季札第五次拒绝君位，先祭拜先君复命，再拜阖闾。

吴国一门两代人，出了季札四兄弟这样高风亮节的君子仁人，第二代却有王僚、公子光（阖闾）等挖空心思、手足相残（专诸刺王僚、离刺庆忌）的堂兄弟。真是不可思议的家族。

季札观乐。

季札来到鲁国后，提出要观赏完整的"周乐"（《诗经》之诗、乐、舞）。叔孙豹请示鲁襄公后，破例为季札演示了一遍完整的周乐，据史料记载，这也是鲁国唯一一次完整演奏周礼。

首先响起的是《周南》《召南》，也就是《诗经》"关雎"等二十五篇，季札欣赏完后说道：美哉！始基之矣，犹未也。然勤而不怨矣。美好啊！一切都是新开始，打下了基础，还没有开花结果，但是所有的人都勤劳做事没有怨言啊！

第二部分，国风里的邶风、鄘风、卫风，也就是描写卫国风情的三十九首乐曲。季札听完后，长长出了口气说道：美哉！渊乎！忧而不困者也。吾闻卫康叔、武公之德如是，是其《卫风》乎？美妙啊！如此深邃！有了忧愁，却并不困窘。我听说过卫康叔、卫武公的品德，刚才演奏的应该就是卫国的音乐吧？

叔孙豹开始佩服季札，接着演奏第三部分《王风》（十篇）。季札听完说：美哉！思而不惧，其周之东乎？美妙啊！有了沉思，却并不畏惧，这是从成周迁往东周时的乐曲吧？

第四部分演奏《郑风》（二十一篇），季札听完后说：美哉！其细已甚，民弗堪也，是其先亡乎！美好啊！可惜过于沉溺细节，人民恐怕不堪用矣，这样下去是要衰亡的呀！

第五部分演奏《齐风》（十一篇），季札说：美哉！泱泱乎，大风也哉！表东海者，其大公乎！国未可量也。美妙啊，如同波浪之澎湃，如大风之飘荡。这是大海的声音，是姜太公他老人家的功德吧！这样的国家不可限量啊！

第六部分演奏《豳风》七首，季札说：美哉！荡乎。乐而不淫，其周公之东乎？美妙啊，自由奔放，欢乐却不淫邪。这是周公向东迁移时的作品吧！

第七部分《秦风》（十篇），季札听完说：此之谓夏声。夫能夏则大，大之至也，其周之旧乎？这次季札没有说美妙，而是说这是夏天的声音。到了夏天就意味着能壮大，大到丰盛的程度，只有周的旧邦才有这种场景吧？秦国正是西周周王室的旧地。

第八部分《魏风》（七篇），季札说：美哉！渢渢乎！大而婉，险而易行，以德辅此，则明主也。美妙啊！雄浑顿挫，既有宏大的格局，又有婉约的旋律；虽然险峻，却很流畅。如果以品德辅佐，这就是一位明主了！

第九部分《唐风》（十二篇），季札叹息着说：思深哉！其有陶唐氏之遗民乎？不然，何忧之远也？非令德之后，谁能若是？唐是晋的前身，唐风表现的是晋国先祖姬叔虞时代的风貌，季札说，思虑深深啊！这是陶唐氏的后裔吧？如果不是，怎么会有如此幽远的忧虑？如果不是高尚品德的先祖熏陶的后代，谁能做得到呢？

第十部分《陈风》（十篇），季札叹息道：国无主，岂能久乎？这些国家没有主心骨，能长久吗？意思是陈风的音乐很乱，没有"主旋律"或风格。

第十一部分演奏《桧风》《曹风》，桧即今河南密县，前769年就被郑国所灭，曹就是那个偷窥重耳洗澡的曹国，这两国音乐季札没有做点评，就请叔孙豹直接演奏《小雅》（七十四篇）。

季札听完《小雅》后说：美哉！思而不贰，怨而不言，其周德之衰乎？犹有先王之遗民焉。美妙啊！有思想却没有贰心，有埋怨却不说出来，这是周德衰败的时候吧？依然保留对先王的怀念啊！

第十二部分《大雅》（三十一篇），季札听完肃然起敬，说道：广哉！熙熙乎。曲而有直体，其文之德乎？哎呀，广博浩大啊！一派熙熙繁华的景象。虽然曲折，却保持正直的主干，这是歌颂文王的品德吧？

最后演奏的是《颂》（四十篇），季札说：至矣哉！直而不倨，曲而不屈，迩而不逼，远而不淫，复而不厌，哀而不愁，乐而不荒，用而不匮，广而不宣，施而不费，取而不贪，处而不底，行而不流。五声和，八风平，节有度，守有序，盛德之所同也。

到君子之德顶峰了呀！正直而不倨傲，能曲却不屈服，抵近却不逼迫，离开却不离心，反复却不厌烦，哀伤而不忧愁，快乐而不慌乱，常用却不匮乏，广远而不炫耀，给予却不奢靡，收取而不贪婪，静穆而不静止，行动却不随意。五声调和，八方平衡，节奏有度，收声有序。这些都是品德修为盛大才能达到的境界啊！

能从音乐里听到如此境界，季札对音乐的品鉴足以惊艳当世！

随后表演舞蹈《象箾》《南龠》《大武》《韶濩》《大夏》，季札都做了点评，最后表演《韶箾》，季札站起身，神情恭敬地说道：功德达到顶峰了！如上天无有不覆盖的，如大地没有不承载的。功德达到顶点，再也不能增加了。我就聆听到这里，再有其他音乐，也不敢继续欣赏了。

季札在鲁观乐论礼的事情，迅速传遍诸侯国，各国无不惊叹：原来最懂周礼的竟然是一个吴国的蛮子！

高手成名，只在一夕。人若无名，专心学习。学到极致，成名何难？

挂剑这件事过了三十年后，为了躲避侄子们的内斗，季札去了江苏常州，古时称延陵，由此得了"延陵季子"的称呼，并终身不再回吴都姑苏。

徐国人赞赏季札的行为，歌唱道：延陵季子兮不忘故，脱千金之剑兮带丘墓。今在徐州云龙山西坡杏花村内，有徐君墓、挂剑台，横额上镌刻着"季子挂剑台"五个大字。徐君墓冢旁筑有碑亭，铭刻着挂剑故事的原委，景墙两侧镶嵌着题刻：挂剑酬心，践信泉台。

季子挂剑作为中华文化的精神符号，很能反映古人对于"君子"的期许：不在意千金宝剑，而看重对自己的承诺。不是外在约定的兑现，而是内心意愿的实现。

杜甫在《哭李尚书》一诗中有：欲留挂徐剑，犹回忆戴船。黄庭坚《李濠州挽词》也有两句：挂剑自知吾已许，脱骖不为涕无从。季子挂剑已成为中国文化的符号。这是中国人期许的君子之品的"自由意志"，寄托着对包括管鲍之交、百里奚蹇叔之交等在内的"中国式友情"的美好信念。

世间存此高贵品格符号，就是让高尚者振奋，让卑劣卑鄙自惭形秽。

第三十二章

美味血案

宴会请客要讲政治

春秋里，有两块代价昂贵的肉，很有点"一个馒头引发的血案"（当年恶搞电影《无极》的网络神剪辑片）的离奇色彩。

一块羊肉，让宋国总理被敌军活捉；一块王八肉，让一个国君被弑。两块代价昂贵的肉，比一个馒头的血案后果更严重，前因后果发人深省。

先说一块昂贵的羊肉。

楚庄王六年（前608年），为了试探晋国，庄王让郑国讨伐宋国，宋国派元帅华元等带领五百乘战车出击。在大棘（今河南睢县南）与郑军对垒。

华元决定做一次战前动员，并给每人发了一块羊肉。第二天两军对阵，华元下令擂鼓，鼓声之中，只见华元的战车率先冲向郑军。结果当然是，还没开仗，宋军主帅被活捉了。郑军发起冲锋，宋军溃败，五百辆战车有四百六十多辆被缴获——宋国还是有实力，四百六十辆战车就这样成为郑国的，得多大损失啊！

华元是宋国总理、宋戴公的五世孙子、宋戴公之子华父督（杀孔子先祖、宋国司马孔父嘉，夺其妻子）的曾孙，今安徽濉溪人，担任宋国宰相和右师帅，是戴桓之族的首领。

宋国提出用一百乘战车和四百匹马换回华元，宋国刚交到一半战车和马匹，华元自己就逃回了国。回到宋国，华元才知道自己为什么被活捉。因为谁呢？华元的御者（司机）羊斟。

华元问羊斟：那天是不是马惊了？羊斟气鼓鼓地说：什么马惊了？你分羊肉别人都有，就我没有。分羊肉，你做主；打仗，我做主（畴昔之羊，子为政，今日之事，我为政）！原来是因为没有吃到一块羊肉，司机把总理大人送给了敌人做俘虏。

这是多么昂贵的一块羊肉！多么深刻的一个教训！别看你贵为总理，统帅三军，到了战场，你的小命在驾驶员的手里。把这次的御者事件与先轸不让狼瞫当晋襄公车右放在一起看，就可以明白，国君的驾驶员的确不是什么人都能当的。

大棘之战后，宋国加强了战备，重新加固首都商丘的城墙。华元身为司马，每天都亲自巡视筑城的工地。筑城的国人编了首歌来挖苦他：睅其目，皤其腹，弃甲而复。于思于思，弃甲复来。华元让司机说：牛则有皮，犀兕尚多，弃甲则那？国人：从其有皮，丹漆若何？华元说：去之，夫其口众我寡。

大眼儿突突，大肚皮挺挺，丢盔卸甲逃回家，好在漂亮的胡须还在脸上，丢盔卸甲又来做监工。华元又羞又恼，叫自己的随从回唱道：有牛就有皮，仓库里多得是，丢盗弃甲又有什么了不起！古代制造盔甲盾牌均需要用到牛皮。华元的意思是：盔甲丢了还可以重置，原料很充足。

没想到民工的脑子转得很快，又挖苦地唱道：就算有牛皮，上哪去弄那么多漆材？华元一听，连忙对随从说：快，快离开这里，他们人多势众，咱们不是对手。

《左传》里的君子说：羊斟非人也！以其私憾，败国殄民，于是刑孰大焉？《诗》所谓人之无良，其羊斟之谓乎！残民以逞！确实，与狼瞫相比，羊斟是罪人、小人。

用五十辆战车、两百匹马救华元，值不值？

公元前595年，楚庄王派申舟出使齐国，却不向过道的宋国借道；派公子冯去晋国，也不向路过的郑国借道。申舟曾经责打过宋昭公的御者（实际是代宋昭公受罚），与宋国结下怨恨，对楚庄王说：郑国明白、宋国愚昧（郑昭宋聋），去晋国的没事，我必死。楚庄王说：如果宋人杀你，我就讨伐宋国。申舟让儿子申犀来见庄王。申舟经过宋国时，华元说：从宋国经过却不来借道，这是鄙视我国。鄙视，就等于亡国。杀了使者，必然会来攻打我，也是亡国。反正都是亡国，于是杀了申舟。

楚庄王闻讯，卷起袖子就起身，随从追到寝宫门外才穿上鞋子，追到殿门外才送上配剑，车驾追到街市才赶上，发兵大举攻宋。从这年的九月起，一直到第二年五月，围困宋都城。庄王见久围不克，也想退兵，申犀就拦住庄王马车，叩头哭诉：我父亲明知会死也不违抗王命，大王怎能食言呢？庄王无言以对，申叔时说：我们盖起房子，召百姓来耕地，宋国一定会投降。

此时城里的宋人已到了"易子而食，析骸以炊"的地步。宋人见等不来晋国救兵，派华元夜里摸到楚军主帅子反的床前，拿出匕首，请求楚军要么退兵三十里结盟，要么俩人一起死。子反没辙，答应楚军退兵三十里，自此宋国臣服楚国。这场仗是楚庄王设计的，因华元而起，也因华元而得以和解，华元可以算得上是救国英雄，保留了宋国的最后一点荣誉。

华元作为宋国的人质被派往楚国，在楚国期间，华元通过楚国司马公子侧（子反）结交了令尹子重（公子婴齐）。听说楚庄王喜欢音乐，就将古名琴"绕梁"献给庄王（古有四大名琴，分别是齐桓公的"号钟"、楚庄王的"绕梁"、司马相如的"绿绮"、蔡邕的"焦尾"）。楚庄王得琴之后，如痴如醉，七天不上朝，楚王妃樊姬用夏桀、商纣沉溺音乐亡国的故事劝谏，楚庄王狠狠心，命人将琴砸毁，"绕梁"从此名存而琴无。

华元与晋国的中军元帅栾书也有良好的私交，听到晋国派籴伐出使楚国并获得成功的消息之后，华元感到晋楚关系有改善，是一个让中原诸国摆脱夹缝中求生存局面的好机会。

公元前579年,华元利用私交得到宋共公的支持,撮合楚与晋在宋国召开了"华元弥兵"盟会。这一年五月,晋国派士燮为代表,与楚国的公子罢、许偃在宋国首都商丘的西门之外举行了会盟,史称"宋之盟"。

宋之盟对当时诸侯国造成的影响是巨大的。郑成公立刻前往晋国,低姿态地听晋厉公讲述盟约的内容,表示要在晋楚两国的领导之下,为国际和平作出应有的贡献。

楚宋两国的盟约主要是八个字:我无尔诈,尔无我虞。意思是我不欺骗你,你也不用担心我。尔虞我诈这句成语,最早出于这个典故。可是,在当时诸侯国的形势下,尔虞我诈是正常的,不尔虞我诈才是不正常。

华元弥兵之盟才三年,子反要攻打偏向晋国的郑、卫两国。令尹子襄说:刚签了盟约就出兵,不好吧?子反说:只要对我有利就打,管它什么盟约。子反的进攻,引发了晋楚鄢陵之战,楚军再败于晋国。

再看另一块后果更严重的王八肉。

郑灵公二年(前605年),楚人捉了一个大老鳖(鼋),送给灵公。灵公让御厨炖了大鳖,让卿大夫来共同品尝美味,大补一下。灵公嘱咐不要告诉卿大夫来干什么,打算玩个惊喜。

公子宋和公子归生结伴同来,路上猜测灵公叫他们干什么。公子宋的右手食指自己跳了一下,公子宋说:看,我每次右手食指跳,跳动那天一定会吃到奇异的美味。前一次,出使晋国吃到了石花鱼,后一次到楚国吃到了天鹅,又尝到了合欢橘,食指都提前跳动,每次没有不灵验的。

两人进宫,看到大鳖,都笑了。灵公奇怪,就问为何发笑,公子归生就说了公子宋的食指先兆。郑灵公是公子宋的侄子,可能是玩性大发,突发奇想,分鳖肉羹时故意没分给公子宋(其实是留了一碗,想开个玩笑)。公子宋面子挂不住,就问自己为什么没分到鳖肉。灵公说:你问你食指啊?

顿时哄堂大笑，公子宋非常气愤，站起来走到炖鳖的鼎前，把右手食指伸进汤里，蘸了点汤放嘴里尝了尝说：现在我知道什么味道了。然后扬长而去。染指于鼎的典故出自于此。

灵公也火了，大骂公子宋放肆，说要杀了他。大臣们劝了劝，灵公也就没太往心里记着，接着吃美味鳖肉。然而，事情哪会这么结束呢？可以一句道歉解决的事情没有解决，不想可不会是真的和解。既然发生了冲突，一方不记仇，另一方记仇，这是大危险。

公子宋火气没消，听归生回来说灵公要杀自己，更火了，脱口而出：老子先杀了他。公子宋是灵公的叔叔，长一辈。公子归生劝他不要这么干。公子宋怕归生把自己要杀灵公的话传出去，索性设了个局，逼迫归生与他联手，最后杀了郑灵公。

一块王八肉和一个不合时宜的玩笑，一个不正确的处置方式，让郑灵公即位一年被杀，这一块王八肉，确实很昂贵。

代价昂贵的两块肉说明了什么教训？

首先，革命不是请客吃饭。要说啊，请客吃饭有时比革命还严肃！饭桌就是战场，饭桌也是考场，真不可等闲视之。

其次，领导不能当众开下属玩笑，更不能拿司机不当干部。这两个疏忽后果都很严重，不可不谨慎。

最后，更有现实意义的是：有好吃的，要么独食，要么吃不掉扔了，不要轻易呼朋唤友地炫耀，这样很容易分配不均。谁分到好肉，谁没分到好肉，要是见出你亲疏有别，反而暗结祸胎。

吃这件事是社交必不可少的形态。社交从本质上说就是政治，所以，吃作为社交行为，是有规矩的，包括潜规则。忽视这些规则，必然反映到社交关系里。对于请客的人来说，不注意这些规矩等于花钱买罪受，甚至会吃出灾祸。

与吃饭相比，茶道仪式相对较好地解决了社交过程里的政治问题。所有的茶道仪，都把敬客放在首位，侍茶的人只要遵照茶道仪轨，就不会出现大的社交问题。

规矩，有明规矩、潜规矩，有了规矩却不去遵守，就是社交大病。

宋、郑等国的基本政治状况是：国小而逼，族大宠多。这八个字适合中原卫、蔡、陈、鲁、息等中小诸侯国。

春秋时代，实际上是君权（公室）与族权（公族）的斗争，也就是国君嫡系家族与国君庶子家族或国君兄弟家族争夺国家权力的时代。鲁之三桓、晋之六卿、齐之国高二卿、楚之若敖斗成蒍大族、宋之戴桓之族，这些家族左右春秋时代诸侯国的大政。

宋国保持商朝的旧传统，宗族组织与政权结合很严密，几个大族如华、乐、皇是宋戴公之后，向、鱼是宋桓公之后，势力都大，合称为"戴桓之族"，与鲁国的三桓一样。

华元有两个儿子，即华阅和华臣，华阅袭父职为右师，在前556年（鲁襄公十七年）去世，司徒华臣想吞并兄弟的家室，把华阅的儿子皋比的家臣华吴杀了，身为左师的向戌不敢处理。

宋平公说：华臣的行为，不只是在他家族里作乱，而且触犯了宋国的刑律，一定要驱逐他。向戌却说：华臣有卿官的职位，大臣之间不和顺是国家的耻辱，不如把这事件掩盖着算了吧！就这样不了了之。向戌还特制一根马鞭，每逢乘车经过华臣家门口，就帮助驾车的人鞭马，让它疾驰而过，不敢同华臣打照面。可见华臣的跋扈。

有一天，都城里人们追赶疯狗，疯狗跑进华臣的家里，华臣以为"国人暴动"，急忙逃到陈国。一个权臣就这样被一个偶然的事件解决了，很是滑稽。

向戌继承了华元的思路，后来发起了第二次弭兵大会，是宋国在春秋时代的最后辉煌。

第三十三章

谁火谁先死

晋三代的权力诅咒

爱我就祝我早死——一个人叮嘱家臣祷告自己快死，如此想法可谓天下奇闻。君骄侈而克敌，是天益其疾也，难将作矣！爱我者惟祝我，使我速死，无及于难，范氏之福也。

前575年，鄢之战25年后，齐楚再次因为郑国爆发鄢陵之战，结果楚共王败退，晋国获胜。获胜回国后，士燮却让家族里的祝宗祈祷自己早点死去。打了一场胜仗，晋国沉浸在庆功的喜悦里，作为中军佐（中军帅的副手）的士燮为什么会诅咒自己早死呢？

士燮这样说：国君骄傲无节制却战胜了敌人，这是上天让他的坏毛病更加严重，灾难就要降临了！爱我的人就向祖先祷告，让我快点死，不要等到灾难到来，这样才能让范氏一族躲过灾难。士燮的忧患之心真重，都变成了千里眼。

半年后，士燮果然死去。又过了半年，当年年底，晋国的"三郤"被杀死、灭族；没几天，栾书、荀偃（中行偃）囚禁晋厉公；次年一月晋厉公被杀。一场胜仗后一年多内，如同士燮预感的那样，晋国再次爆发公室与公族内斗、弑君的事件。前573年，晋国进入晋悼公时代。

士燮为何会有如此的预感与决绝的勇气？

士燮是士会的儿子，士会是士蒍的孙子，被封于随地、范地，又称随会、范会，是范姓、随姓的先祖。士蒍帮助晋献公策划与实施了"尽逐群公子"的计划，是晋国经过百年的内斗，最终实现公室权力独裁的功臣。

太子申生自杀后，晋献公让士蒍为夷吾、重耳加固蒲城与屈城，士蒍将稻草放进城墙里，夷吾发现，报告给晋献公，献公派人前来问责。士蒍说：没有兵患而加固城墙，反而成为内部敌人的堡垒。为内部敌人构建堡垒，为什么要认真呢？君上如果修养德行使众公子稳固，哪里需求修城墙？如果三年后要来攻城，何必修得太牢固（无戎而城，仇必保焉。寇仇之保，又何慎焉？君修其德而固宗子，何城如之？三年将寻师焉，焉用慎）？

士蒍这段话对晋献公心思的把握堪称一绝，也或许士蒍故意不认真修城墙，是为了提醒或劝谏晋献公，儿子才是最坚固的城墙，对儿子要用德固之，而不是用武力（怀德为宁，宗子惟城）。自然，士蒍成了中国历史上第一个"豆腐渣工程"的始作俑者。

士会在晋文公初年跑去秦国，河曲之战时，帮助秦军击败晋军，赵盾等晋国六卿开会，决定招士会回国。让魏寿余表演一场苦肉计，寿余假装抗命，赵盾囚禁了寿余妻小，寿余连夜跑到秦国，表面上是诈降献城，实际是为了把士会带回晋国。

两人在秦国朝堂上唱了一出双簧。朝堂上，寿余给士会使眼色，且踩他的脚，士会会意。寿余就说要把魏氏的封邑献给秦国，让秦国派一人与自己一同去接收。秦康公不知有诈，同意让士会与寿余一起去接收。

士会知道一去不复返，担心在秦国的妻小，假意推辞：晋人虎狼之性，暴不可测，倘臣往谕而从之则可，万一不从，拘执臣身，君复以臣不堪任使，加罪于臣之妻孥，非徒无益于君，而臣之身家枉被其殃，九泉之下，可追悔乎？秦康公说：卿宜尽心前往，若得魏地，重加封赏；倘被拘留，寡人当送还卿之家口，以表相与之情。

秦公送士会到黄河边。秦大夫绕朝来到寿余身边，对他说：你接收城池是假，带士会回到晋国是真，我知之矣。主公宽厚，你莫欺秦国无人也！后康公果然将士会的妻子、财产送到晋国。士会感康公之义，致书称谢，建议两国息兵养民，各保四境，康公赞同。从此，秦、晋间近二十年没有发生战争。

公元前601年，赵盾死，士会升任上军将，成为晋六卿。前597年，邲之战时，士会劝中军帅荀林父撤退，先縠、赵括、赵同等不听号令，荀林父指挥混乱，导致晋国不战自溃，只有士会的上军提前做了防备，有序撤退。

公元前592年，晋君让郤克出使齐国。郤克是个跛足，齐顷公的母亲萧叔同子在接见时发出笑声，郤克受辱，怒不可遏，回国后向景公要求带兵讨伐齐国，被晋景公拒绝；要求带领自己的家兵讨伐齐国，也被拒绝。

士会对此深有忧虑，对士燮说曰：如果被别人的怒气牵连，自己肯定要遭受毒害。现在郤克怒火很大，如果不能对齐国报复，一定会发泄到国内。郤克一定以执政为手段，以实现他对齐国开战的目的，我这个位子不能做了，让给郤克，希望他不要以内乱代替外战。你们对郤克要小心侍奉，恭恭敬敬。

吾闻之，千人之怒，必获毒焉。夫郤子之怒甚矣，不快心以逞于齐，必发怒于晋国内。不得政，何以逞怒；余将致仕焉，以成其怒，冀其无以内易外也。尔勉从二三子以承君命，唯敬。乃告老，让之以政。

郤克执政后，前589年，齐顷公出兵鲁、卫，这两个国家都是晋的同盟国，郤克趁机请兵八百乘，爆发鞌之战，击败齐军，齐国请求媾和，晋国联军大获全胜。晋国部队战败齐军凯旋时，上军佐士燮最后进入国都，士会见到他问：你不知道我盼望你吗？为什么不能早点回来？士燮说：军队胜利归来，国内的人们必然高兴的欢迎。如果先回来，一定会特别引人注意，这岂不是要代替主帅领受殊荣吗？因此，我不敢先回来。士会对他的做法很赞赏。

论功行赏时，晋景公对统帅郤克说：这次我军大胜是你的功劳啊！郤克回答：这完全是君王的指导和几位将帅的功劳，我有什么功劳呢？晋景公称赞士燮的功劳与郤克同样大，士燮说是听从荀庚命令、接受郤克统帅的结果。晋景公称赞栾书，栾书说：这次胜利有赖于士燮的指挥和士兵的努力。此时的晋国，可谓公族和睦，公室强大，对外战胜齐国，战胜北狄，对内士会上任，盗贼闻风而逃，真是一派中兴之象。

为何从鞌之战到鄢陵之战，短短十四年里，同样是两场胜利，却让士燮如此悲观呢？

前587年，郤克去世，栾书任中军帅。前583年，发生下宫之难即赵氏孤儿事件。前575年，鄢陵之战。士燮预见到三郤将引发晋国新内乱，才有了那一段祷告自己速死的言论，希望以退为进，让士家躲开又一场血腥的洗牌。

三郤是指晋国四军里的三个郤氏统帅，郤锜、郤犨、郤至。

郤克死后，他的儿子郤锜继承家业，成为郤氏家族的族长，因为被封驹地，所以又号称驹伯；郤犨是郤氏家族分支，号苦成氏，其祖父郤义和郤锜的祖父郤芮是亲兄弟，又称苦成叔子；另外还有一个郤至，是郤犨的侄子，因为被封温地，又被称为温季，是温姓始祖。

鄢陵之战时，晋军的统帅结构是：国君晋厉公亲统四军；中军将栾书，中军佐士燮；上军将郤锜，上军佐荀偃；下军将韩厥，下军佐荀罃留守国内；新军将郤犨，新军佐郤至；齐、鲁、卫派军参与。

三郤是郤芮的重孙，郤芮是公子夷吾的老师、重耳的死对头，在晋文公回国时想谋反，被勃鞮告发，被晋文公联合秦穆公诱杀。后胥臣推荐郤芮的儿子郤缺，赵盾死前提拔郤缺继任中军帅，郤氏又重新掌权晋国。郤克是郤缺的儿子，也担任过中军帅。郤克死后，他的儿子郤锜担任族长。

郤芮、郤缺、郤克连续三代都是执政，仅历四世，共出八卿（郤芮、郤縠、郤臻、郤缺、郤克、郤锜、郤至、郤犨），四军之中，八卿有其三，真正达到了"其富半公室，其家半三军"的程度，到三郤时代（前583－577年），郤氏是晋国自赵氏之后最大的军政势力集团。

郤芮虽是个冷血的厚黑派，却不失智慧；郤缺因为有品德而被举荐，著名的举案齐眉就来自郤缺；郤克有残疾，但是个意志坚定的战将。可是郤克之后的三郤却没有继承先祖的智慧、品德、勇毅，反而是骄横、狂妄、荒唐。这三个人权大气粗，作风霸道，抢过人家老婆，杀过人家老公，和天子争过土地，跟领导抢过风头，在国内外得罪了不少人，出使国外也没人喜欢，说三郤天怒人怨也不过分，在国内外都被多人预言灾祸不免。

前 578 年，晋厉公决定伐秦，派郤锜出使鲁国，请求鲁国派兵协助，但郤锜处理事情很不恭敬。事后，鲁国的孟献子说道：郤氏要灭亡了吧！礼节是立身的根本，恭敬是立身的基础，这个郤锜却没有恭敬，而且贵为一国正卿，受命去请求出兵，是为了保卫晋国社稷，他却对此很怠惰，漫不经心，这是不顾国君的使命，怎么会不灭亡（郤氏其亡乎！礼，身之干也。敬，身之基也。郤子无基。且先君之嗣卿，受命以求师，将社稷是卫，而惰，弃君命也。不亡何为）？

前 577 年，晋厉公调停卫定公与大臣孙文子、孙林父之间的争斗，卫定公设宴招待来访的郤犨，宁惠子（宁植）作陪，郤犨态度傲慢。宁惠子事后说：郤犨的家族要灭亡吧！正式的宴请是显示威仪，减少祸害的。《诗》有云，碰杯喝酒，酒甜思亲。没有傲慢之色，万福来到身边。如今郤犨如此倨傲，是在自寻灾祸呢（苦成家其亡乎！古之为享食也，以观威仪，省祸福也。故《诗》曰：兕觥其觩，旨酒思柔，彼交匪傲，万福来求。今夫子傲，取祸之道也）！

前 576 年，三郤陷害伯宗，晋厉公将伯宗关起来。三郤命伯州犁离开晋国，伯州犁逃到楚国，被任命为太宰，三郤诬陷伯宗通楚之罪。晋厉公带三郤来到关押伯宗的地方，让伯宗申辩。伯宗愤怒地咬断舌头，吐到三郤面前。晋厉公捡起那截舌头，放到郤锜袍中，叹息地说了一声：有种！便转身走了。郤锜将伯宗的舌头扔到地上，用脚碾碎，对伯宗说：这舌头怎么吐出来的，你就要怎么吞下去。伯宗狂笑，一头撞在墙上，气尽身亡。

韩厥叹曰：郤氏的灾难不能避免了吧！善人是天地的榜样，却突然被无辜杀害，不是等待自己的灭亡吗（郤氏其不免乎！善人，天地之纪，而骤绝之，不亡何待）？

前575年，鄢陵之战后，晋厉公派郤至去周王室献俘。郤至在与单襄公谈话中多次提到自己的功劳。单襄公事后说道：缺至要灭亡吧！地位排在七位卿士之后，却想掩盖上司的功绩。聚集怨恨，祸乱之本。怨恨他的人多，还比他官大，他怎么能保住地位呢？《夏书》说：怨恨岂会公开表现出来，要在看不见的时候预防啊！这是要对细节谨慎处置。如今缺至让怨恨公开，怎么能行呢（温季其亡乎！位七人之下，而求掩其上。怨之所聚，乱之本也。多怨而阶乱，何以在位？《夏书》曰：怨岂在明？不见是图。将慎其细也。今而明之，其可乎）？

《国语·周语》记载了郤至在访问周王室期间与邵桓公的对话。郤至说：这次鄢陵大捷，没有我，晋国就不会打这一仗。是我看到楚国有五种失败的征兆，其他人却不知道把握机会，栾书、士燮（范文子）都不想打，我强行要求作战。这个胜仗，完全是靠我的力量取得的（战而胜，是吾力也）。

邵桓公说：将军确实贤明。不过贵国用人，有一定次序，恐怕执政大权还落不到你手里呀！郤至说：哪里有什么固定的次序？荀林父从下军佐直接升为正卿，赵盾连军职都没有就被任命为正卿，如今的栾书也是从下军将升任正卿，我的功劳并不比这三个人差，且可以说有过之而无不及。我从新军佐升任正卿有何不可？我一定要求得到这个位子。

邵桓公把郤至的话说给单襄公听，问有何看法，单襄公说：古人言刀架在脖子上（"兵在其颈"），说的就是郤至这种人吧！君子不必自吹自擂，不是因为谦让，而是害怕掩盖了别人的功劳。凡人之性，都喜欢凌驾他人之上，不愿被别人压制。想超过别人，压制别人就会越严重，所以圣人贵在礼让。郤至得罪了在他之上的七个上级，就是有了七个怨恨。小人的怨恨都受不了，何况是骄横上级的怨恨？他将如何自处呢（人有言曰"兵在其颈"，其郤至之谓乎！君子不自称也，非以让也，恶其盖人也。夫人性，陵上者也，不可盖也。求盖人，其抑下滋甚，故圣人贵让。今郤至在七人之下而欲上之,是求盖七人也,其亦有七怨。怨在小丑,犹不可堪,而况在侈卿乎?其何以待之)?

单襄公接着说:晋之克也,天有恶于楚也,故儆之以晋。而郤至佻天之功以为己力,不亦难乎?佻天不祥,乘人不义,不祥则天弃之,不义则民叛之。有三奸以求替其上,远于得政矣。以吾观之,兵在其颈,不可久也。

鄢陵之战,确实是郤至坚决主战,且提出了楚军必败的理由,但郤至有功却夸耀,这无疑是要得罪其他帅将,确实是"集怨于明、兵在其颈"了。

前574年,晋、鲁等国举行柯陵会盟,周王室卿士单襄公(就是那个预言陈国要乱的人)对晋厉公、三郤再次做了点评:晋厉公眼睛看着远方,走路抬轿很高(视远步高);郤锜言语轻佻(语犯),郤犨说话拐弯抹角(语迁),郤至说话傲慢、口气很大(语伐)。

单襄公对鲁成公说:晋国就要发生祸乱了,晋厉公和三郤都逃不了!鲁成公说:这是为什么呢?单襄公说:眼睛反映正邪,脚步反映品德,言谈庇护信用,耳朵分辨是非,所以言谈举止是不能不谨慎的。四个丧失一个就会有过错,全部丧失国家就要祸乱。现在晋侯丧失了两样,所以我说他会有灾难(夫目以处义,足以践德,口以庇信,耳以听名者也,故不可不慎也。偏丧有咎,既丧则国从之。晋侯爽二,吾以是云)。

郤氏是晋国的宠臣、家族里的三卿五大夫,权力这么大,应该有戒惧之心了。地位越高垮台越快,味道越鲜美毒性就越大。如今三郤,一犯一迁一伐,傲慢就欺负别人,拐弯抹角就诬陷别人,自吹自擂就掩盖了别人的功劳。这是把恩宠变成三种怨恨,谁能忍受他们呢(高位实疾颠,厚味实腊毒)?

果然,忍受不了三郤的人出现了,那就是中军帅、首席执政栾书。

栾书是栾枝的孙子,栾枝是晋文公时代的干将之一,城濮之战时担任左路军主将,以迷敌之计引诱楚军追击,将楚军击溃。从前601年起,栾书在下军佐位置上做了十多年，后升为下军将。前587年，郤克死前为了避免权力落到荀氏手里，破格提拔栾书担任中军帅，栾书连跳五级，一步登天。对于郤至到处说鄢陵之战自己比主帅如何高明，栾书心中怎么也不会是滋味。栾书明白，郤氏现在的家族势力够大，明斗不行。栾书比赵盾更阴毒，索性伪造证据，栽赃陷害。

为了除掉郤氏，栾书设计了一个政治陷阱。他找到在鄢陵之战中被俘的楚国公子茷，以放他回国为交换，让他在晋厉公面前诬陷郤至通敌。公子茷在晋厉公面前诬告郤至，说：这次战役之前，郤至派人给我父王送信，说齐、鲁等国的援军还没赶到，晋军将领之间又有很大分歧，只要我们在这时开战就能打败晋军。晋军一败，郤至就会乘机废掉国君您，然后去成周迎回孙周（即后来的晋悼公）即位。

晋厉公对一个俘虏的话将信将疑，马上召见了栾书，与他讨论这件事。栾书假装很吃惊，却又举出鄢陵之战中郤至接受楚王使节礼物的事。其实打仗时，郤至只是出于傲慢炫耀，对楚王行礼，楚王就派使者慰问郤至。这个本来可以当作美谈的事情，现在变成了里通外国的疑点。栾书说：为了证明郤至是否与孙周有勾结，您可以派郤至出使成周（洛阳），看看郤至会干些什么？

晋厉公就让郤至前往成周献捷，并暗中派人监视，看他会不会跟孙周有勾结。事实上，真正与孙周有勾结的不是郤至，恰恰是栾书自己。郤至还没到成周，栾书的信先一步送到了孙周的手里。栾书特意通知孙周，让他接见郤至，郤至出于正常礼节，会与孙周会面。可以想见，栾书与孙周的这一条通信管道是非同寻常且隐秘的，凶险可想而知。

晋厉公和郤至都落入栾书的算计。郤至会见孙周，秘密监视者添油加醋地汇报两人出门时如何互相拜别、似在互相嘱托，晋厉公认定郤至确实与孙周勾结，动了杀心。

不巧的是，很快又发生一件事情，使晋厉公下定决心除掉"三郤"。一天，晋厉公外出狩猎，郤至射杀了一头野猪，准备拿它献给厉公。谁知厉公的嬖人孟张突然抢了野猪，跑去敬献猎物，郤至火冒三丈，一箭射死了孟张。晋厉公见状，愤怒的说：季子欺余！

郤至不仅"伐"了七怨，现在已经伐到国君头上。是可忍，孰不可忍。前574年，晋厉公任命胥童、长鱼娇等亲信带领甲兵八百人，进攻郤家。郤氏耳目遍布，听说国君要对自己不利，马上召开家庭会议，郤锜主张先下手，又说：虽死，君必危。

此时到处"伐"人的郤至却突然忠君起来，说：人之所立，信、知、勇也。信不叛君，知不害民，勇不作乱。如果我们有罪，现在死已经是晚了。如果我们无罪，国君滥杀无辜，他还能安宁吗？我们等待王命吧！受君之禄，是以聚党，有党而争命，罪孰大焉！

郤至这一段话令人匪夷所思，如果真是如此，只有两个可能：其一，郤氏是政治弱智，没有从赵氏孤儿的下宫之难里吸取任何教训；其二，郤至是有口无心的人格弱智，喜欢口出狂言却没有真实手腕。

郤氏决定等待，晋厉公没有等待。当年十二月二十六日，胥童、长鱼娇、夷羊五带领八百甲士准备围攻郤氏。这三个人都是三郤的死对头，胥童因为胥克失去官职，恨郤氏，从贵族之后做了厉公的嬖人；郤锜夺夷羊五的田地，夷羊五是厉公的嬖人；郤犫与长鱼娇争田，执而梏之，与其父母妻子同一辕。既，娇亦嬖于厉公。三郤得罪的人都成了晋厉公的内宠，如此三郤还没有危机感，真如单襄公所说的"兵在其颈"而不觉。

长鱼娇请求不要兴师动众，说自己一个人就能把三郤搞定，晋厉公怕他一个人不行，派大内高手清沸魋去帮助他。两人手持长戈，衣袖卷在一起，假装打架，伪装成去公堂论理，三郤在公堂上处理他们的争执（一点警惕性也没有）。来到公堂，两人快速分开，长鱼娇当场把郤锜、郤犫杀死在座位上，郤至说：这是刺杀，我快逃吧！长鱼娇追到郤至的车驾旁，拿长矛刺死了他。三郤尸体被抬到朝堂上，权倾朝野的三郤，竟如此简单地就被杀死，真不知道他们的蛮横究竟靠什么？

这时胥童把栾书、荀偃也劫持到了朝堂上。长鱼娇对晋厉公说：不杀二子，忧必及君。晋厉公说：一天之内三个卿士横尸朝堂，我不忍心再增加了。长鱼矫说：你不忍心杀人，别人会忍心杀你。长鱼矫见厉公不杀二人，跑到翟国去了。晋厉公说：我只是想杀郤氏，你们官复原职。栾书、荀偃说：君上讨伐有罪的郤氏，赦免我们的，是君上的仁慈。我们就是死了也不敢忘记君上的恩德。晋厉公提拔胥童做了卿士。

刀架在脖子上的承诺怎么能相信呢？五天后，也就是当年十二月的最后一天，栾书、荀偃杀了胥童，趁晋厉公到匠丽氏家里游玩，把厉公抓了起来。次月十八日，栾书派一个叫程滑的家臣把晋厉公杀死，然后仅以一辆车装上尸体，拉倒翼城的东门外草草埋葬。

单襄公预言的晋厉公之死、三郤之死，全部应验。郤氏，一个百年望族就这样灰飞烟灭。

胥童是屠杀郤氏的执行者，他是胥臣的曾孙。当年是胥臣向晋文公推荐落魄的郤缺，让郤氏家族再度进入政坛。郤缺被赵盾提拔成继任的中军帅，为了感恩赵氏，对胥氏恩将仇报，打压胥克（胥童之父），说胥克肚子里有蛊虫，神经不正常，强行让胥克回家养病，提拔赵盾的嫡子赵朔进入六卿，代替了胥克，自此胥氏消失在晋国政坛。望族出身的胥童做了晋厉公嬖人，成了剿灭三郤的执行者。不知这是不是一种因果报应？

郤犫虽然"语迂"，却搞出一场跨国夺妻绯闻。前580年，郤犫奉命出使鲁国，看上了施孝叔的老婆，竟然提出要娶这位施夫人。施夫人是鲁国子叔声伯（公孙婴齐）的异父妹妹（外妹），声伯把外妹嫁给施孝叔，故称施夫人。

三郤在晋国势力正大，鲁成公都对郤犫唯唯诺诺，公孙婴齐哪敢得罪他，于是跑去和妹夫施孝叔商量，要他将妻子让给郤犫。施孝叔听了公孙婴齐的话，茫然不知所措，回来与夫人商量此事。施夫人说：鸟兽犹且不抛弃伴侣，你怎么可以这样做！施孝叔无奈地说：我不能因为你去死吧！

话说到这个份上，施夫人也就无话可说，嫁给了郤犫，生了两个儿子。六年之后，三郤被杀，施夫人被晋国人送回鲁国，施孝叔亲自跑到黄河边迎接她，但是当着她的面，将郤犨的两个儿子扔到黄河中淹死。施夫人肝肠寸断，对施孝叔说：己不能庇其伉俪而亡之，又不能字人之孤而杀之，将何以终？遂誓施氏。

郤犨荒唐，施孝叔离谱，施夫人多舛。可谁又能说这不是一种因果报应？

第三十四章

打不垮的赵家人

赵氏开国

前548年，赵氏孤儿的赵家独苗赵武（又称赵文子）被晋平公任命为中军元帅，重新执掌晋国权力中枢，赵家势力再次复辟。

前497年，赵武的孙子、赵成的儿子赵鞅（又称赵简子）被范氏、中行氏围困在晋阳（今山西太原），得到智氏、韩氏、魏氏的支持，赶走范氏、中行氏，赵简子重新回到新绛。前492年，赵鞅执政，在朝歌再次击溃范氏、中行氏，两家势力彻底退出晋国。

前453年，赵无恤（赵襄子）被智氏带领韩、魏两家围困在晋阳。关键时刻，赵襄子说服前来围攻的韩、魏两家，惊天大逆转，三家反过来联手消灭了智氏。

打不垮的赵家人究竟有何独特之处？

先从赵氏孤儿的赵武说起。前576年，晋厉公为赵武举行冠礼（周礼规定冠礼为男子二十岁，一说赵武此时十五岁），即成人礼，这是扶持赵家以平衡晋国权力过大的各家侈卿的一次试探。

冠礼后，赵武分别拜访八卿长辈，聆听勉勖指教。《国语》详细记载了这一事件，反映出晋国八卿对赵武的不同态度。

赵武先拜见栾书，栾武子说：真是一表人才！过去我曾是你父亲的助手，他外表华贵，却华而不实。你一定要务实啊（美哉！昔吾逮事庄主，华则荣矣，实之不知，请务实乎）！

拜见荀庚，中行宣子说：一表人才啊！可惜我老了（美哉！惜也，吾老矣）。意思是未必帮得上你。

拜见士燮，范文子说：从今而后，要时刻警惕啊！贤明的人得到宠爱就会戒惧，不贤明的人得到宠爱就骄傲。骄傲是危险的，戒惧才能施行德政（而今可以戒矣，夫贤者宠至而益戒，不足者为宠骄。故兴王赏谏臣，逸王罚之。吾闻古之王者，政德既成，又听于民，于是乎使工诵谏于朝，在列者献诗使勿兜，风听胪言于市，辨祅祥于谣，考百事于朝，问谤誉于路，有邪而正之，尽戒之术也。先王疾是骄也）。

拜见郤锜，郤驹伯说：一表人才啊！但是，年轻人不如年长者的地方还是很多的（美哉！然而壮不若老者多矣）！

拜见韩厥，韩献子说：懂得戒惧才叫成人。成人后，一开始就要亲近善人，善人推荐善人，就不会交结不善的人；一开始就交结不善之人，不善之人会带来不善之人，善人就不会接受你。就像草木，香臭以类聚。冠礼是个形式，不要太在意形式（戒之，此谓成人。成人在始与善。始与善，善进善，不善蔑由至矣；始与不善，不善进不善，善亦蔑由至矣。如草木之产也，各以其物。人之有冠，犹宫室之有墙屋也，粪除而已，又何加焉）。

拜见智罃（即曾经做过楚国俘虏的荀罃），智武子说：你要努力呢！作为赵衰（赵成子）、赵盾（赵宣子）的后代，做个大夫（相当于厅长）是耻辱。你要学习两位先祖，用赵盾的忠心、赵衰的文才，以这样的方式辅助君上，是可以有所成就的（吾子勉之，成、宣之后而老为大夫，非耻乎！成子之文，宣子之忠，其可忘乎！夫成子导前志以佐先君，导法而卒以政，可不谓文乎！夫宣子尽谏于襄、灵，以谏取恶，不惮死进，可不谓忠乎！吾子勉之，有宣子之忠，而纳之以成子之文，事君必济）。

拜见郤犨，苦成叔子说：现在年少却做官的人很多，我怎么安排你呢

（抑年少而执官者众，吾安容子）？

拜见郤至，温季子说：你不如谁，就可以向谁学习（谁之不如，可以求之）。

最后拜见张孟，把八位长辈的话说给他听，张老说：好啊！按栾书说的做，可以成长；按士燮说的做，可以做出大事；按韩厥说的做，可以把事做成。条件都具备了，就看你自己的志向了。至于三郤说的话，是让人混乱的，没有可取之处。荀䓨说的多好，是你先祖在给你施雨洒露啊！

善矣，从栾伯之言，可以滋；范叔之教，可以大；韩子之戒，可以成。物备矣，志在子。若夫三郤，亡人之言也，何称述焉！智子之道善矣，是先主覆露子也。

赵武冠礼拜见长辈，等于是一次政治关系的火力侦察，谁是朋友，谁是敌人，谁是好心，谁无善意，在对晚辈的指教之言里昭然若揭。赵武一生惟谨慎，甚至到了未老先衰的程度。

前560年，在韩起的举荐下，晋悼公让赵武连升五级，从新军佐升任上军将（相当于副总理）；前548年，晋平公让赵武担任中军帅，成为晋国执政。至此，经过下宫之难的赵家，奇迹般地二次崛起。

前546年，赵武接受宋国向戌的提议，同意召开第二次弭兵大会。这次弭兵，楚国还显出躁动不轨之象，赵武以大局为重，主动做了礼节上和实质上的让步，使会盟弭兵协议得以达成。中原各国以双向进贡的方式，实现了"纳贡换和平"。这次弭兵比第一次华元弭兵幸运，因为赶上了一个特别的时代，即晋、楚都忙于内部动荡，中原地区维持了近半个世纪的和平，没有发生大的战争。

弭兵之会五年后，前541年，鲁国的叔孙豹在这一年的第三次弭兵会议虢之盟时，说赵武：赵孟将死矣！其语偷，不似民主，且年未盈五十而谆谆如八九十者，弗能久矣。

赵武或许对生命也有了某种感觉，在郑国参加同盟国大夫的宴会后，推辞不受五享之食，坚持一献（即不搞大吃大喝，当然也是故意谦让以示尊礼），并与鲁、曹、郑国大夫互相赋诗。由于赵武的谦让，三国大夫都对赵武深表敬佩与感谢。赵武在宴会结束时说：吾不复此矣！当年冬天，赵武回到温地举行冬日祭祖，六天后，赵武去世，时年五十岁。

赵武的一生是戒慎戒惧的一生，讲道理，守礼法，不贪婪，多反省，与中原各国关系良好，最终实现地区和平。与三郤相比，赵武不仅是晋国人民的好总理，也是当时诸侯国的好朋友，还真有一点赵衰"冬日之日"的风采。

如果家族基因有遗传，赵武隔代遗传了赵衰，那么赵武的孙子赵鞅就隔代遗传了赵盾，是又一个"夏日之日"。

前 525 年，赵武之子赵成早死，赵成的儿子赵鞅提前担任下军佐。赵鞅虽然年轻，却得到中军帅韩起（赵武死前推荐韩起担任中军帅）、上军将魏舒的支持。有关赵鞅最有名的事迹是明代话本故事《中山狼》里的故事：

赵简子大猎于中山，有狼当道，人立而啼。简子垂手登车，援乌号之弓，一发饮羽，狼失声而道。简子怒，驱丰逐之，惊尘蔽天，足音鸣雷，十步之外，不辨人马。这个赵简子就是赵鞅，是个很有威势的猛将。

赵鞅的幸运，是中军帅先由韩起，后由魏舒担任，这两家都是赵氏的盟友。对赵家虎视眈眈的士家（范氏）、中行氏联盟，对赵鞅采取了挖墙脚、掺沙子等手段。

士鞅鼓动中行寅将他的姐姐嫁给余子大夫赵胜，赵胜因其祖赵旃封于邯郸，已经别为邯郸氏，也叫邯郸赵。赵旃在邲之战时不听荀林父的号令，是导致邲之战失败的主要责任人之一。但赵旃后来在对狄人的战斗和鞌之战中，都立有战功。赵氏下宫之难后，赵旃担任新军将，辅助年幼的赵武，对赵武的成人很有帮助。作为赵氏旁支，赵旃的后代为赵氏世代镇守晋国的东方战略重镇——邯郸。

赵胜死后，赵胜与邯郸姬（本为姬姓，嫁于邯郸氏，姑且这么称呼）的儿子继承其父之位，担任邯郸大夫。士鞅通过一次婚姻，使邯郸赵氏疏远了赵鞅，这个掺沙子手法堪称老辣，成功地挖了赵氏一族的墙角。邯郸赵氏因为这层裙带关系被中行氏、范氏进一步拉近。

前500年，赵鞅决定修建晋阳城（即太原），可是缺少居民，赵鞅就攻打卫国，最后达成协议，卫国出居民500户，向晋国移民。卫灵公虽然答应，却提出不能离卫国太远，赵鞅就将五百户先迁往邯郸。三年后，也就是前497年，赵鞅决定把这五百户居民迁往晋阳，就通知邯郸午（赵午）执行。邯郸午同意照办，但邯郸赵氏的其他人却起了贪心，不愿将五百户卫人交给赵鞅。

邯郸午的弟弟邯郸稷出了个主意：去招惹齐国人，让齐国来攻打邯郸，这样就可以有借口不移民。邯郸午去晋阳向赵鞅解释，赵鞅何许人也？一眼就看穿是邯郸午在找托辞，直接把邯郸午杀了，还让邯郸午的随从回去传话，说邯郸午是赵鞅以私人名义杀的，你们随便再找个人做邯郸大夫。

果然，邯郸稷宣布独立，这是赵鞅需要的局面，就出兵包围了邯郸。可是邯郸城墙坚固，邯郸赵人已经不认赵鞅，攻城受阻，僵持了下来。

此时，中行氏与范氏打算出手，消息传到赵鞅的家臣董安于那里。董安于报告给赵鞅，提出先下手为强。赵鞅说：晋国法律，先发动祸乱的是首罪，我还是等他们先发难，再后发制人。

赵鞅是晋国铸刑鼎的执行者，熟悉刑鼎的条文，做出让对手先失去道义正当性的决定。晋国铸刑鼎是继郑国子产铸刑鼎之后的又一次大事件，被孔子认为是"晋其亡乎！失其度矣"的坏事。但实际上，晋国人民对于公开刑罚条文普遍持欢迎态度。

中行氏和范氏联军果然出动，攻击赵鞅，赵鞅退守晋阳，两家又带兵包围了晋阳。晋阳经过董安于的营造，比邯郸还坚固，三家在晋阳城下又僵持了起来。

晋国六卿有三卿已经开始内战，另外三卿也不能闲着。韩家、魏家是赵鞅一伙，智氏与中行氏按说是同宗，可是这两家已没有了血缘之情，反而变成了对头。于是，智、韩、魏三家商量去找晋定公，说三家内战，都没有经过君上的批准，都有罪。晋国法律是首发者首罪，中行氏与范氏应该被问责驱逐。

晋定公早已是个摆设，对三家的话自然同意，应该说是乐于同意，巴不得他们互相消灭。智、韩、魏三家围攻在新绛的中行氏、范氏，竟然不能攻克，但包围晋阳的两家部队只能回撤救援。好家伙，晋国六卿自己跟自己打起来，上演一出全武行的"北洋混战"。

中行氏回撤新绛，智、韩、魏转攻为守，赵鞅在晋阳坐山观虎斗，六卿又形成一个僵持局面。中行寅和范吉射的思维也是奇葩，认为晋定公多管闲事，决定攻打晋定公。

自作孽不可活，中行氏、范氏自己往刀口上凑，四家及国人快速联合起来，救援晋定公。这一下，两家失了道义，很快被击败，两大家族仓皇出逃，带着族人、部队跑到朝歌，就是商纣王的首都，也是中行氏的地盘。

次月，智、韩、魏三家同意让赵鞅回到新绛。赵鞅回来后，智跞眼看赵、韩、魏三家会联合在一起，于是梁婴父给智跞出主意，说赵鞅的家臣董安于是真正的谋臣，要除掉这个人。不杀安于，使终为政于赵氏，赵氏必得晋国。就给董安于编排一个发难的罪名，要求赵鞅把董安于处死，赵鞅不忍。董安于是董狐之后，听说后对赵鞅说：我死而晋国宁，赵氏定，将焉用生？人谁不死，吾死暮（暮，晚之意）矣。就自缢而死，赵鞅将董安于的尸体放到街市上，告诉智跞已经遵照指令处死董安于，智跞这才与赵鞅订立了同盟。

其后四年，赵鞅对盘踞在朝歌的中行氏、范氏发动了多次战争，甚至齐、鲁、卫也加入支持中行氏的援军（这是诸侯国家参与晋国内部的公族争权，可见春秋时代的"国家间政治"形势是复杂的），与赵鞅的晋军开战。前492年，赵鞅攻克朝歌，中行寅和范吉射带残兵逃往邯郸。前491年，赵鞅攻克邯郸，两人又逃往鲜虞；赵鞅再次出兵追击，两人逃往齐国。从此，中行氏、范氏从晋国被抹去。

赵鞅迁邯郸五百户卫人至晋阳，这场为五百户移民的混战，以赵鞅的胜利告终，董安于的灵位被供奉在赵氏宗庙里。自此，赵氏祖庙里有两个外姓人的牌位，即程婴、董安于。

前493年起，赵鞅开始对晋国长达十七年的专政，《史记·赵世家》写道：赵名晋卿，实专晋权！赵鞅的确是赵盾的隔代转世，是个比赵盾更威猛的"夏日之日"。

赵简子最后一次出现在重大国际场合是前482年，他作为晋国执政与吴王阖闾在黄池会盟，争执由谁先歃血，即由谁做盟主。阖闾说吴国是姬姓太伯后代，应该先歃血。赵简子说晋国历来是姬姓国里的老大。双方争执不下，赵简子扔下一句狠话：既然谁也不服谁，就明天中午决战，就知道谁是老大了。

当天夜里，阖闾得到报信，勾践已经攻陷姑苏外城，阖闾为封锁消息将报信的七个信使全部杀了。第二天上午，阖闾整理三军，列阵以待，气势威武，赵简子让司马寅去吴营问话。司马寅回来报告说，吴王脸色晦暗，要么是国家有难，要么是太子死了才会如此，建议赵鞅耐心等待。最终双方各让一步，赵简子同意由阖闾先歃血，阖闾做了一回名义上的盟主。

赵无恤是赵简子的次子，大儿子叫伯鲁。赵鞅生前不知立谁为继承人，就写了训诫之词在竹简上，分别交给两人。三年后，问两人训诫的内容，伯鲁已经忘记，竹简也不知搞到哪里去了；无恤则流利背诵，竹简就揣在衣袖里。赵鞅认为无恤贤能，就立为继承人。

前476年，赵鞅将儿子赵无恤招到病床榻前，嘱咐：晋国有难，不要认为尹铎位置低，看不起他，也不要认为晋阳离新绛远就不去。有困难的时候，一定要回到晋阳！

晋阳是赵家的堡垒。搞政治，有一个地方堡垒往往是最后决战的关键因素。

赵鞅死后，智瑶继任中军帅。

智瑶是智申（智宣子）的次子，要立智瑶为继承人，同族的智氏族人智果表示反对：智瑶不如智宵！智申说：智宵面相凶狠。智果解释道：智宵狠在表面，智瑶狠在内心，不如立智宵比较好。智瑶有五大优点：须髯飘逸，身材高大；擅长弓箭，力能驾车；技能出众，多才多艺；能言善辩，文辞流畅；坚强果断，恒毅勇敢。此五种优秀的品格别人无法能比，惟独缺乏仁德之心。如果不用仁德去施政，谁能拥护他？如果立智瑶为继承人，智氏宗族必然有灭门之祸！

智申不理，仍然立智瑶为嗣卿。智果就带领自己的一小部分族人到晋国太史那注册，改智氏为辅氏，表示脱离智氏，另立宗庙，因此建立辅氏家族。

一日，智瑶宴请韩康子、魏桓子，智伯拿韩康子开玩笑，还侮辱韩康子的家臣段规，智国听说此事，前来劝谏：主不备，难必至矣。智伯轻蔑地说：难将由我。我不为难，谁敢兴之？智国说：蚂蚁蚊虫都能咬人，何况是卿族的君相呢？

韩康子确实没有发难，而是智瑶发难。智瑶向韩康子索要田地，韩康子不想给，段规说：智伯贪婪自负，不给他，一定会来讨伐我们。不如给他，他会继续找其他家索要，别人不给，他就会攻打，那时我们就有机会了。韩康子派人送上万户之邑。

智瑶又向魏桓子索取，魏桓子也不想给，家臣任章说：智氏无故索地，给他必然骄狂，他会向其他人索要，智氏之命必不长矣。给他土地，等待机会，何必让我们成为他的敌人呢？

智瑶又向赵襄子索要蔡、皋狼这两块土地，赵无恤不给，智伯就发兵攻打赵氏。赵襄子出逃新绛，问：我去哪里好呢？有人说：去长子城，那里城墙厚实。无恤说：那里人民刚修完城墙，又让他们舍命为我守城，谁能与我同心呢？随从又说：那就去邯郸，那里仓库丰满。无恤说：仓库丰满说明搜刮过度，人民怎么能和我同心御敌呢？还是前往晋阳吧，那是先父营造的城池，尹铎对百姓宽厚，百姓会拥护我的。

无恤是明智的，明白在困难时不仅要有坚城存粮，更要有民心！平时宽厚待民的种因积德，到真正危难时候方见回报。

前455年，智瑶带领韩、魏军队围住晋阳，围困两年都没有攻下。于是引水灌城，城墙只差三堵没有被淹没，城里的锅灶都被泡在水里，青蛙滋生到处乱跑，但晋阳百姓没有背叛之意。

智瑶巡视水势，魏桓子驾车，韩康子担任车右，眼看胜券在握，只剩最后一击，智瑶说：我今天才知道水是可以灭亡国家的。魏桓子用手肘碰了韩康子一下，康子用脚踩了踩桓子的脚背。

智氏的谋士郄疵说：魏、韩两家恐怕要背叛主公呢！智瑶问：何以见得？郄疵说：刚才主公在说很快就能攻下晋阳的时候，韩康子与魏桓子的脸上没有喜色，反而有忧虑的样子，这不是要谋反是什么？第二天，智瑶把郄疵的话告诉桓子、康子，两人对天发誓绝无此心，请智伯不要怀疑他们，因而放缓了进攻。

两人出去，郄疵进来，问智瑶：主公是不是把我昨天说的话告诉他们俩了？智瑶说：你怎么知道？郄疵说：他们俩见到我就神色慌张地跑了，说明他们心里有鬼。智瑶还是不听郄疵说的。郄疵于是找个机会，提出出使齐国，跑了。

赵襄子派谋士张孟谈晚上偷偷出城，来见桓子、康子。张孟谈说：唇亡齿寒的故事不用我说，智氏要是灭了赵家，下一个就是你们两家。于是与两家约好共同起事时间。

赵襄子按照计划，在起事当天夜里派人杀死智瑶守卫堤坝的军官，引大水倒灌智瑶军营，韩、魏两军从左右、赵军从中间，三路大军杀向智瑶军队，大败智氏，智瑶被杀死，智氏被灭族，只有改了姓的辅果家族幸免于难。

这就是前453年晋国的最后一次内乱，结果是三家灭智，为赵氏立国扫除了最后的障碍。

美男子、能文能武、多才多艺、勇敢果断的智瑶，由于缺乏仁德之心，让智氏戏剧性地被灭门，是颜值高、出身高、智商高，却情商低的一个血淋淋的案例。

至此，晋文公流亡团队开创的江山在不停内斗的185年后，先后消灭狐家、先家、胥家、栾家、郤家、荀家、屠岸家、士家（范家）、智家、中行家等权力家族。赵家经历至少三次重大灭顶之灾，最后站稳脚跟，与赵衰在任时受过赵家恩惠的两家后人（韩厥是赵氏家臣，赵衰救过魏犨一命）共同瓜分了晋国。因此，三家分晋实际上是赵氏分晋，赵家是主，韩、魏两家是辅。

赵衰、赵盾、赵朔、赵武、赵成、赵鞅、赵无恤，赵家历经七代人，终于自立门户，由卿大夫变成东周诸侯国。春秋时代晋国的作用是南拒楚国，北定狄人，西阻秦国。战国时代，赵国依然是秦国西出的障碍，长平之战是秦统一六国的真正起点。

晋国灭而春秋终，赵国灭而战国终。从下宫之难到三家灭智的150年间，赵家三次面临灭顶之灾，三次成功翻盘，赵家人的命运竟然与东周命运隐隐呼应。这个家族的命运令人感慨、唏嘘不已！

据《左传》的最后一段文字记载，前463年，智瑶攻打郑国，到了城门口，智瑶对赵无恤说：你冲进去。无恤说：主帅在这儿，哪轮得着我先冲？智瑶说：你长相丑陋又胆小萎缩，怎么会立你做继承人呢？无恤反唇相讥：因为我能忍受耻辱，或许不会让赵氏受到伤害吧（以能忍耻，庶无害赵宗乎）？智瑶不以为然，无恤由此与智瑶结怨，智瑶就想灭掉赵无恤，却因为智瑶的贪婪自负，十年后被赵、韩、魏联手，反而倒过来灭掉了智氏。

赵无恤长相不美，却能忍受耻辱；智瑶是个美男子，却刚愎自用，这难道是赵氏与智氏最后一战的胜败原因吗？赵无恤的忍辱，显然不是任人宰割的老好人，而是好汉不吃眼前亏，不受乱命、激将法左右的清醒判断力。

从赵无恤不惜开战也要拒绝智瑶索地看，赵无恤不仅能忍，更敢打。甚至可以合理推测，赵无恤之所以在韩、魏两家之后拒绝智瑶，是算准了可以策反韩、魏站到自己一边。若如此，三家灭智就不是智瑶索地造成的偶然事件，而是赵无恤经过冷静考量设计的一次战略决战。改朝换代的事，哪里会有偶然？摁下发射按钮的是智瑶，可是导弹的打击目标是赵简子设定的。

我不是历史决定论者，并不认为历史有什么必然结果，但历史确实有必然的事件、必然的战斗。参与事件、战斗的每一方各有算盘，都认为自己能赢，实际结果却充满偶然性，看起来强大的一方未必是最后的胜利者。

必然的是战斗，偶然的是结果。智瑶本来要三家灭赵，结果变成三家灭智，历史的轨迹往往如此。人在算，成在天。

又或者应该说，是此算计没斗过彼算计。

第三十五章
人生不怕有敌人
复仇者伍子胥

复仇是个扭曲痛苦的过程，人性里却不能缺少这味钙质，否则就会滑向怯懦卑屈，苟活不成即会如死猪般被宰杀。日军在旅顺、南京屠杀时，十几个日本兵押解上万俘虏去屠杀，竟没人反抗。怯懦之极，宛如鱼肉！伍子胥的故事被京剧演绎，其实有明清换代之际哀叹汉人缺乏血性的隐喻。

春秋晚期，吴越先后崛起，各诞生两个惊世骇俗的复仇者：伍子胥与勾践。伍子胥过昭关一夜白头，是同情他的冤屈；鞭尸泄愤，未免怨毒过深，最后头悬姑苏。

京剧《文昭关》第二幕：伍子胥过昭关。

一轮明月照窗前，愁人心中似箭穿，本指望到吴国借兵回转，谁知昭关有阻拦。幸遇那东皋公行方便，他将我隐藏在后花园，一连几天我的眉不展，夜夜何曾得安眠。

俺伍员好似丧家犬，满腹的冤恨我向谁言。我好比哀哀长空雁，我好比龙游在浅滩，我好比鱼儿吞了钩线，我好比波浪中失舵的舟船，思来想去我的肝肠断，今夜晚怎能够盼到明天。

戏剧往往比现实更真实，这段唱词把伍子胥过昭关为何一夜白头演绎得宛如再现。伍子胥混过了昭关，却过不了河。来到江边，看到一个老渔夫，不料伍员还没开口，老渔夫唱到：

日月昭昭乎侵已驰，与子期乎芦之漪。

意思是太阳落山后，你到江边的芦苇荡等我。

渔夫来到芦苇荡，不见伍员，老渔夫又唱：

日已夕兮，予心忧悲；月已驰兮，何不渡为？

事寖急兮，当奈何？芦中人，芦中人，岂非穷士乎？

渔夫说：太阳落山了，我心忧愁。月亮都升起来了，怎么还不来渡河？事情这么急迫，你到底想怎么样？躲在芦苇荡里的那个人，你不就是那个被通缉的穷士吗？

伍员正是担心渔夫带来官兵，才躲在芦苇荡中观察，见渔夫把自己的身份挑破，这才出来，上了渔夫的船。过河后，伍员担心渔夫透露他行踪，嘱咐渔夫把自己在船上的行迹消除，渔夫愤而跳水自尽。

伍员唱到：老丈丧江河、丧江河，不由人珠泪落！得展凌云志，一定报恩德、报恩德。

渡人的渔夫是跳水死了，还是泅水而去？以常理推测，渔夫冒死搭救，伍员却不信其好意，渔夫就自杀，未免没来由，跳水表明态度，可能更符合渔夫的心理。当时是夜晚，黑灯瞎火，跳入水中看不见，伍员以为渔夫死了，也符合伍员惊弓之鸟的心理。

《史记·伍子胥列传》记载，伍子胥为感谢渔夫，解下佩剑，说此剑值百金。渔夫说：楚国的悬赏令，得伍胥者赐粟五万担，爵执珪，岂徒百金剑耶！这是表扬渔夫的同情无辜、不被悬赏所惑的高洁精神，与京剧里悲愤跳江的渔夫略有不同。

上岸后，又惊又饿又累的伍员带着公孙胜来到河边，看见一个洗衣女（《吴越春秋》曰剩女，即大龄未嫁女），篮子里有吃的，还有盎浆（米酒）。伍员就走上前去，一番花言巧语讨了吃的喝的，谁知道这位剩女说吃了她的饭就要娶她，伍员没答应，剩女认为"越亏礼仪，妾不忍也"，竟投河自尽了。

京剧《伍子胥》唱到：娘行身投河，两眼泪如梭。你死皆因我，可怜女娇娥。日后若得仇报过，建碑立旌报恩德。

这段故事的虚构演绎，是为了衬托伍子胥的逃难之奇。奇人多遇异事，伍子胥过昭关的惊险被演绎成一夜白头、渔夫沉水、剩女投河，悲剧性效果渲染充分，即悲剧主角对死亡、苦难和外界压力的抗争本性，凸显悲剧主体强烈的自我保护意识和维护独立人格的欲望。

戏剧演绎的是情感的真实，现实演绎的是残酷的真实。

伍子胥（前559年至前484年）的曾祖父是楚庄王时代的嬖人伍参，就是与楚庄王对话三年不鸣、一鸣惊人的那个人，在邲之战中，令尹孙叔敖要撤兵回国，伍参主张与晋国一战。由于身份的悬殊，孙叔敖对伍参作为一个嬖人参与军国大事讨论很不满，说要是打败了，你伍参的肉够吃吗？伍参毫不示弱：如果作战失败，就是令尹大人没有谋略。就算战败，我伍参早被敌人吃了，哪还轮得到你呢？

伍参认为荀林父刚继任中军帅，权威不够，号令不顺。副手先縠傲慢自大，三军将帅各怀心思，军令不能统一，军队必无法调度。况且楚军是国君为帅，晋军主帅是个臣子，国君逃避臣下，是耻辱。

邲之战是一场奇怪的战役，楚庄王确实在战与退之间犹豫，伍参与孙叔敖只是庄王内心的两面而已。事后证明，晋军的混乱超过伍参的预计，付帅先縠、下军将帅赵括、赵同、赵旃、魏锜，都不听荀林父命令自行其是，先縠甚至连战役防备都不动员，全军除士会、荀首的上军做了动员准备，中军、下军乱作一团。

赵旃、魏锜前往楚营致师（即开战前的挑战），庄王一怒之下亲自出击，荀林父派荀罃前往接应赵旃，楚军以为晋军开始进攻，怕庄王出事，孙叔敖紧急下令调转车头，全线出击。

晋军派出的本来就是小股部队，突然遭到楚军全军进攻，立即崩溃，楚军冲入晋军阵营。荀林父下令撤退，还颁布先渡河者有赏的命令，晋军不战自溃，争相渡河，互相砍杀，掬指盈舱，荀罃被楚军俘虏，荀罃的父亲荀首为了擒得换回儿子的楚军将领，冲入楚军，射杀连尹襄老（一说是被巫臣冷箭射死），并俘虏楚庄王之子公子榖臣。

《左传》记载，伍参娶了王子牟的女儿，王子牟做申公时获罪逃跑，楚人说是伍举护送王子牟逃走的。伍参的儿子伍举打算跑往晋国，在郑国郊外碰到出使的声子，两人在草地上一起吃饭，伍举说希望返回楚国，声子说你先去吧，我一定让你回到楚国（子行也。吾必复子）。

回国后，声子向令尹子木大谈一番"楚才晋用"（虽楚有材，晋实用之）的历史，洋洋洒洒，从析公、雍子、子灵（巫臣）到苗贲皇，用事实证明，从楚国逃到晋国的人才历次帮助晋国打败楚国，并指出楚才晋用的原因是楚多淫刑（刑罚过多），其大夫逃死于四方。其他国家对楚国逃亡的人才视如珍宝，封地加爵，用这些楚国人对付楚国，已经到了无法挽救的地步。声子提出，逃亡的伍举现在正被他国所用，为害楚国。子木悚然惊惧，向楚共王进谏，招伍举回国，官复原职。这是前547年的事情。

伍举的儿子伍奢是太子建的太傅（大师傅），费无极是太子少傅（二师父），太子建尊重伍奢而嫌恶费无极，费无极暗自衔恨，伺机报复。楚平王派费无极去秦国帮太子建迎亲，费无极回来后，告诉楚平王：秦女绝美，君不如自取，而重为太子娶妇。楚平王闻色心动，又怕太子建在身边不方便，费无极就说让太子建与伍奢一起镇守城父，楚平王娶了孟嬴，走了卫宣公与晋献公的老路。

坏事开了头，就不会自动停下来。楚平王将晋国、卫国两次沉重的历史教训忘到脑后，楚国的悲剧也就只能是历史故事的第三次上演。

前522年，费无极继续向楚平王吹风，谋反的帽子很快就戴到了太子建的头上。楚平王招伍奢回郢都询问，伍奢劝平王不要听信谗言，平王将伍奢下狱。费无极说伍奢有两个儿子，如果不杀，后患无穷。

费无极让伍奢写信给两个儿子，要以伍奢为人质，让他俩回来。伍奢大笑说：这种小儿科，骗不了我儿子。大儿子伍尚生性忠厚，见我信件，必然会来。小儿子伍员桀骜不驯，能成大事，肯定不会回来（刚戾忍訽，能成大事）。

果然，信送到家里，伍员看了就说有诈，去了就是送死。伍尚说：今父召吾如不往，他日若不能报仇雪耻，终为天下笑，吾决死往之。伍员说：昏王以吾父为质诱杀吾全家，前往，父子俱死，不如逃他国，日后借力报杀父之仇。伍尚回京后，与伍奢一起被费无极杀死，伍员听说太子建逃到宋国，于是前往宋国寻找太子建。

伍奢听说伍员跑了，说了句：楚君和大夫恐怕吃饭也不得安宁了（楚君大夫其旰食乎）！伍子胥的复仇之路由此开始。这一年，伍子胥三十八岁。

楚平王和费无极都不知道伍奢所说的伍员能成的大事大到什么程度。

司马迁说：怨毒之於人甚矣哉！王者尚不能行之於臣下，况同列乎？向令伍子胥从奢俱死，何异蝼蚁。弃小义，雪大耻，名垂於後世，悲夫！方子胥窘於江上，道乞食，志岂尝须臾忘郢邪？故隐忍就功名，非烈丈夫孰能致此哉！

怨毒之大，大到什么程度？

伍子胥跑到宋国后，与公子建去了郑国，后来又去了晋国。晋军让公子建回到郑国做晋国内应，伍子胥让公子建不要做这事，公子建不听，结果事情败露，公子建被杀，伍子胥带着公子建的儿子公孙胜逃往吴国，这才有过昭关一幕。

过了昭关进入吴国国都姑苏城，伍子胥将公孙胜藏在郊外，自己披头散发，佯装疯癫，赤着脚，把面部涂黑（怕人认出来），手执斑竹箫，在街市游荡，往来乞食。

久而久之，吴国无不在传街市上出现的这个怪人。吴国大夫被离路过街市，见伍子胥大惊，说我相人多矣，未见有如此之貌也！于是下车行礼：我听说楚国杀了忠臣伍奢，他的儿子逃亡外国，恐怕就是你吧？伍子胥见被离无恶意，就承认了。被离带伍子胥参见吴王僚，一谈之下，知道是个人才，立即拜伍子胥为大夫。

吴王僚愿意支持伍子胥攻打楚国，太子光却说：伍子胥是因为父亲和兄长被楚王所杀，要去报私仇，现在我们吴国还胜不了楚国。伍子胥知道公子光想篡位，不想发动战争，于是退朝后把勇士专诸推荐给公子光，自己与公孙胜到乡下种地。这一年伍子胥四十岁。

五年后，即前516年，楚平王去世，伍子胥捶胸顿足，恨不能手刃仇人。伍子胥建议趁平王去世攻打楚国，吴王僚派公子光带兵，公子光故意生病，就改派吴王僚的同母弟弟掩余、烛庸带兵，最后被楚军断了后路，不能退回来。实际这次出兵是伍子胥、公子光的合谋，意在趁国都空虚刺杀王僚。

前515年4月，知道吴王僚酷爱吃太湖烧鱼，专诸去太湖学习打鱼、烧鱼已经有了几个月，公子光说自己新得到一个烧太湖鱼的绝世厨子，请吴王僚去家里品尝。王僚见鱼心痒，虽然担心意外，但还是没忍住，就穿着内甲，派士兵从公子光家的大门、台阶、内室、酒席一路戴剑守卫，前往吃鱼。

上菜的人要在门外脱光衣服，另换一套衣服，端菜的人必须跪在地上将菜呈上，两边是甲士夹着他，剑尖几乎抵在身上。专诸将短剑藏在鱼腹之中，太湖鱼端上来时，香味弥漫，闻着就是人间美味，专诸以必须亲自让王僚按次序吃鱼为借口，在甲士的看护下，夹了一块鱼侧腹肉给王僚，王僚一尝，美味无比，就在王僚沉浸美味、甲士也放松的一瞬间，专诸从鱼腹里抄出匕首，一剑刺入王僚胸口，自己也随即被旁边甲士的两柄长剑交叉刺入身体。王僚死了，专诸也死了。公子光号令埋伏在地窖里的甲士冲出来，把王僚的卫兵全部杀死。

公子光即位，是为吴王阖闾，拜伍子胥为行人（巫臣的儿子狐庸当初也被任命为行人，主管对外事务）。阖闾说：现在你说说怎么攻打楚国吧！伍子胥说：楚国执政的人多，却没有人愿意承担责任。我们学荀罃三军疲楚的做法，也分成三股部队，轮番袭扰楚国边境，让楚国频繁出兵。他们出兵，我们就退，他们退兵，我们就出击，楚军必然累死在道路上。多次袭扰，让楚军判断不出哪一次是真攻击。等他们习以为常了，我们集合三军一起攻击，一定可以大获全胜（一师至，彼必皆出。彼出则归，彼归则出，楚必道敝。亟肆以疲之，多方以误之。既疲而后，以三军继之，必大克之）。

前512年，伍子胥向阖闾推荐齐人孙武，此时孙武只有二十五岁，著有《孙子》十三篇，阖闾听孙武讲解孙子十三篇，"每陈一篇，王不错口之称善，其意大悦"（《吴越春秋》）。吴王问孙武能不能攻击楚国，孙武说：民劳，未可。且待之。

阖闾九年，即前506年，吴王又问能不能攻打郢都，伍子胥、孙武说：大王要大战，必须让唐、蔡两国来帮助，从唐、蔡进攻郢都。这是一条大迂回，但是却比直接由东往西打更通畅的进攻路线。唐、蔡刚与楚令尹囊瓦闹出不快，答应与吴国联手进攻楚国，囊瓦带兵应战，双方在柏举陈兵对峙。

阖闾的弟弟夫概请求出兵，阖闾不准许。夫概说：臣下看到应该做的事，不要等待命令，说的就是现在的情况。今天我拼死一战，就可以攻入楚国了（臣义而行，不待命者，其此之谓也。今日我死，楚可入也）。夫概带着他的5000兵马向囊瓦发起冲锋，结果楚军被击溃。囊瓦自己无脸回郢都，逃往郑国。如此吴军仅三万人，在楚国如入无人之境，五战皆胜，攻入了郢都，楚昭王带着妹妹逃亡。

吴军进入郢都后，被郢都的繁华震惊，各将帅按照等级分别霸占楚国官员的住宅，军纪一时荡然无存。伍子胥的两个仇人之一费无极已经在前515年就被囊瓦杀死灭族，伍子胥就到楚平王的墓地，掘墓鞭尸三百下，以示报仇。

从前522年伍奢被杀，到前506年伍子胥鞭尸，历时十七年，怨毒乃泄。自楚昭王即位（前515年）以来，每年都被吴军袭扰，没有一年和平。楚国算是真正见识到何为能成大事、楚君大夫其旰食、怨毒之於人甚矣哉了！

是谁让伍子胥如此强大？不是伍奢，不是阖闾，而是他的敌人。敌人越强大，你就有可能越伟大，前提是你不被敌人吓倒。战胜、战败、战死都未必是输。

伍子胥复仇，为什么被后世反复演绎表现？没有人喜欢仇恨，但更多人憎恨冤杀无辜。伍子胥的仇恨是一种具有普世精神的情绪表达：申冤在我，我必报应。

郢都被攻陷，伍子胥大仇已报，可是吴军进入郢都的放纵也预示着这场胜利只是一次意外。

伍子胥有个朋友叫申包胥，伍子胥逃亡的时候对他说：我一定要让楚国覆灭。申包胥说：我必存之。伍子胥鞭尸后，申包胥托人对伍子胥说：你报仇也太过分了。你也是平王的臣子，现在连他的尸体也不放过，不是太违背天理了吗？伍子胥告诉传话的人：请为我回复申包胥，我已经被逼到穷途末路，只能倒行逆施了（吾日莫途远，吾故倒行而逆施之）。

申包胥紧急赶往秦国乞求出兵，秦王不同意。申包胥就站在秦国宫廷的柱子下，七天七夜不吃不喝，昼夜啼哭，最后声音都嘶哑，秦哀公被打动，感叹着说：楚虽无道，有臣若是，可无存乎？秦哀公还为申包胥吟唱了那首著名的《无衣》：

岂曰无衣，与子同袍；王于兴师，修我戈矛。与子同仇。

岂曰无衣，与子同泽；王于兴师，修我戈戟。与子偕作。

岂曰无衣，与子同裳；王于兴师，修我甲兵。与子偕行。

申包胥叩了九次头才昏然坐下，秦军以五百乘兵车入楚。此时，夫概回到姑苏，自立为王，阖闾回兵平叛，夫概战败，逃往楚国。秦军与吴军又打了几仗，吴军都失败，于是退出楚境，楚国复国。

楚昭王回来后，要杀逃亡时没有把船给他的蓝尹亹，楚昭王的异母哥哥子西说：子常（囊瓦）就是老想着别人的不好才失败，你为什么要学他呢（子常唯思旧怨以败，君何效焉）？昭王说：对啊，大德灭小怨，道也。楚昭王倒是一个能拎得清的人。

伍子胥却拎不清了。回国后，阖闾拜伍子胥为相国，孙武请辞离去，并对伍子胥说：功成不退，将有后患。伍子胥不听。

其后楚国扶植越国攻打吴国，阖闾受伤而死，夫差即位，伍子胥为太傅相国，权倾一时。同为楚国逃难来的伯嚭（伯州犁之子）与伍子胥关系不好，就在夫差面前说坏话，还接受越国的贿赂，劝吴王不杀越王勾践。

伍子胥知道勾践是心腹大患，夫差不听，两人关系越来越僵。伍子胥最后送儿子去齐国，引起夫差猜忌，被赐死。死前伍子胥悲愤莫名，要求把自己的眼睛挖出来放到姑苏城门口，看着越军灭亡吴国（乃告其舍人曰：必树吾墓上以梓，令可以为器；而抉吾眼县吴东门之上，以观越寇之入灭吴也）。

夫差闻言大怒，将伍子胥头割下来悬挂在城墙上，让风吹雨淋，尸体用皮革包裹，扔到长江里漂浮，让鱼鳖蚕食。吴国人哀怜伍子胥的命运，为他立祠于江边，将山命名为胥山（吴人怜之，为立祠於江上，因命曰胥山）。吴王闻之大怒，乃取子胥尸盛以鸱夷革，浮之江中。为了让鱼鳖不吃伍子胥的尸体，吴国人向江里洒粽叶包裹的大米，据说这是粽子的来源。

一代枭雄伍子胥，虽然晚景悲惨，一生也是快意恩仇。做事那么决绝，不听孙武劝告适时收山，还在名利场里固执己见，想善终当然是困难的。每个人都有自己的命，伍子胥也许注定是悲剧的命吧？

伍子胥终年七十六岁，是个真性情、真汉子、真英雄。只是结局悲惨，令人唏嘘。还是那句话，本事再大，功劳再多，也不能任性。国君都不能任性，何况是为人臣子呢？

第三十六章

复仇之国

吴越历史教训

    对吴越两国春秋历史的研究，对人物、事件的关注，超过对地域、文化的关注，这是个很奇怪的事情。我感兴趣的并不是吴越恩仇，而是为什么吴越两国是春秋时期最短命的国家，却形成了最悠久，甚至可以说是在中华文明里最具地域特点的文化？吴越两国百年之内先后消失，地域并入楚国，但吴越文化却各自独立发展，一直延续至今，这是个很值得深思的课题。

    可惜的是，吴越两国的历史从头至尾是个反复仇杀、冤冤相报，最后离奇猝死的历史，这两个国家因复仇而起，因复仇而灭。

    吴国有显赫的祖先：太伯、仲雍，二人是周太王的两个长子，周文王姬昌的父亲季历是周太王（古公亶父）的第三子。姬昌聪明早慧，周太王想把王位交给季历，以便季历的儿子姬昌能够继承王位。

    周太王的逻辑有点问题，既然周太王可以废长立幼，怎么就相信季历不会干同样的事情呢？要知道，中外历史的第一个教训是：在时间的长河里，任何事都可能发生。周太王何以就如此相信事情会按照他预想的那样实现呢？

    好在周太王的儿子各各贤德，太伯看出太公的意思，为了不让父亲为难，就带着二弟仲雍跑到吴国，过起"断发文身、裸以为饰"的野蛮人生活，让季历顺利继位。回想一下狐突劝申生学吴太伯离开晋国的是非之地，还是有道理的。

太伯兄弟在梅里（今无锡境内）定居，带领当地土著居民兴修水利，受到土著居民的拥戴，几千户前来聚居，命其国（部落）为句吴，故称吴太伯。吴太伯三次辞让君位，孔子说：太伯其可谓至德也已矣：三以让天下，民无得而称焉。

吴太伯无子，死后由仲雍继位。传到寿梦，已经是前585年。寿梦有四子：诸樊、余祭、余昧、季札。与先祖周太王一样，寿梦最喜欢小儿子季札，季札却五次辞让君位。吴国从两代人的谦让开始，到王僚、公子光这一代，却进入暗杀与复仇的血腥夺权之中。

第一个带着复仇来到吴国的是巫臣，巫臣在吴国播下复仇的种子。

前583年，晋国派巫臣出使吴国。巫臣出使吴国的目的只有一个，那就是扶植吴国，攻击楚国。寿梦见巫臣带来三十辆战车，训练吴国士兵，组建水陆军队，还把儿子狐庸留在吴国，于是关于抢钱抢粮抢人的事，哪里在乎是被巫臣和晋国利用，反正有利于吴国就干。从此，吴国的军队战斗力快速提升，一年之内就攻击楚国的庸国、巢国、徐国、州来，让楚国子重、子反一年七次起兵，疲于奔命。

前570年，吴楚两军在衡山（今安徽当涂横山）首次有规模地开战，结果楚军战败，一百乘战车和三千名步卒只逃回三十辆战车、三百名步卒。寿梦任命巫臣的儿子狐庸为相，任以国政。巫臣的复仇计划基本实现，吴楚成了宿敌。

第二个带着复仇来到吴国的是伍子胥。

为了报仇，伍子胥靠向公子光，刺杀了王僚。公子光即位，是为阖闾。为了斩草除根，又寻找刺客要离，刺杀了王僚逃亡卫国的儿子庆忌。

庆忌有万夫不当之勇，《吴越春秋》描写他：筋骨果劲，万人莫当。

走追奔兽，手接飞鸟，骨腾肉飞，拊膝数百里。吴王阖闾尝追之于江，驷马驰，不及，射之暗接，矢不可中。按这个描述，庆忌是金庸小说里类似乔峰那样的武林高手。这样的人在冷兵器时代，是足以让国君也睡不着觉的。

谁能杀了这样的高手呢？伍子胥找到一个刺客，叫要离。要离是什么形象呢？矮小干瘦，风大一点就能被吹走的感觉。要离决定去刺杀庆忌后，先玩了一个苦肉计，假装不接受阖闾安排他去刺杀庆忌，阖闾杀了要离的老婆孩子，为了逼真，还砍下了要离的右手。

要离逃到卫国找到庆忌，庆忌相信了要离的话，从此带在身边。一个万夫不当的勇士，还能怕一个弱不禁风、右手被砍断的残废？一般人是废了，要离身体也废了，可是要离的刺杀意志没有废。

庆忌带着要离坐船回吴国，找阖闾报仇。在船上时，要离趁风浪波动，左手夹住一只短茅，借助船身摇晃的势能，将短茅刺进庆忌的心脏，万夫不当的庆忌竟这样被刺死了，与郭靖刺死铁尸陈玄风的情景类似，要离随后自杀身亡。一天之间，两个天下第一勇士横尸船头，阖闾可以放心睡觉了。

第三个带着仇恨来到吴国的是伯嚭。

伯嚭是伯郤宛的儿子，伯郤宛是楚国左尹，被费无极设计诬陷，令尹囊瓦下令灭门，伯嚭跑来了吴国。伯郤宛是伯州犁的儿子，伯州犁是晋国伯宗的儿子。也就是说，伯嚭是晋国血统的楚国人，如今也因为家族被灭门，怀着复仇的目的来到了吴国。

前506年，吴军以三万之众击溃楚军，攻入郢都。伍子胥掘墓鞭尸，发泄仇恨，司马迁感叹：怨毒之於人甚矣哉！

短短八十年的时间，吴楚结仇让楚国失去了北上中原的空间，晋国的扶吴制楚之策成效显著。

晋国扶植了吴国，楚国逐渐回过神来，照方抓药，玩起扶越制吴。

越国宣称是大禹的后代，夏少康时，封庶子于越，成为无余，这就是越国的来历。前 496 年，阖闾决定出兵教训一下越国，报复九年前越王趁吴军在郢都时偷袭吴国之仇。此时越王允常刚死，儿子勾践即位。吴越都是荆蛮，不理睬周礼规定的国君丧不用兵的军礼。很意外的是，吴军战败了，阖闾还被越将灵姑浮砍伤了脚踝，在回国的路上就疼痛而死。

阖闾的儿子夫差继位，立誓要报杀父之仇。夫差安排一个寺人在后宫门口，每当夫差进出宫门的时候，寺人就会高喊：夫差，你忘了越国人杀了你的父亲吗？夫差马上回答：我不敢忘记。

前 494 年，吴国举兵讨伐越国，一路杀到夫椒（今浙江绍兴境内），在这里进行了最后一次决战，越王战败，带着五千士卒被包围在会稽山上。越国生死存亡之际，与当年卫国被狄人攻陷后仅剩七百三十户一样，面临亡国灭种的危险。

越国大夫文种和范蠡都主张投降，越王派文种前往吴军乞求投降。伍子胥坚决反对：树德莫如滋，去疾莫如尽。从前过国灭了夏朝，但夏国君后相的夫人生下少康，少康长大之后灭亡了过国，史称少康中兴。伍子胥用这个夏朝的传说提醒夫差，同样源于夏的越国很难缠，如果放过勾践，就会重演少康中兴的故事，向吴国复仇。

文种赶紧去贿赂伯嚭，伯嚭带着文种再次求见吴王请降。伍子胥说：越吴两国必有一亡，决不能接受越国的投降。夫差已经被伯嚭那套以德服人的说辞说动，也不想再损失将士赶尽杀绝，决定接受越王的投降，让越王夫妇俩到吴国为奴。越王让文种主持国政，发展人口，恢复生产，积累国力，同时向吴国进贡，带着范蠡前往吴国为奴，让夫差相信越国已经完全臣服。

越王夫妇及范蠡在吴国被安排去养马，住在石头房子里，过着最低贱的生活，受尽屈辱与苦难。勾践为了感动夫差，趁夫差生病，尝夫差粪便后说夫差没有大病，很快就会痊愈。痊愈后的夫差决定放勾践等回国，为奴三年，勾践夫妇终于回到了越国。

勾践回国后，睡在宫殿里茅草垫底的床上，悬挂一只苦胆，坐卧时都能看到苦胆，吃饭前先尝苦胆，说：你忘记会稽投降的耻辱了吗？这就是卧薪尝胆的故事。勾践亲自下地干活，夫人亲自织布，不是自己种的粮食不吃，不是夫人织出布做的衣裳不穿，免除国内所有赋税，奖励男女生育，增加人口。勾践的仇恨与复仇欲望，比之夫差的杀父之恨，特别的是勾践心更狠，口味更重，怨毒更深。

从此，越国变成了一台复仇的机器。

越国在三年前被打得只剩下五千多人，夫差虽然放勾践回国，但给越国的土地只有区区百里（南到诸暨，北到嘉兴，东到宁波，西到瞿县），无论从人口上，还是军队数量与质量、国家实力上，越国如何快速提高呢？

伍子胥三年前就预言：越十年生聚，十年教训，二十年之外，吴为其沼乎！也就是十年修养生息，十年训练士卒，二十年以后，就能把吴国变成废墟（沼泽）。

夫差看不到那么远，也不相信越国在严密监管下有这个可能与机会。事实证明，过于自信的人总是会犯战略性错误。夫差犯的就是战略性错误，而且对真正的危险缺乏敏感性。此时夫差身边没有伍子胥、孙武这样的谋臣战将，只有伯嚭这个拍马屁的宠臣，越国勾践身边却有三个顶尖智囊辅佐。

第一个智囊是范蠡。

范蠡当时还没有后世有名，但也是个名士，源自晋国范氏的旁支，从南阳来到越国。南阳是申国，被楚国吞并，春秋时南阳及申姓出了很多名人，如申叔时、申包胥，巫臣也叫申公，南阳人。南阳自古就是个诞生智者的地方，后世最著名的是诸葛亮。

夫差见范蠡陪勾践夫妇前来为奴，有意延揽，就对范蠡说：我听说好女人不嫁到破败的家庭，好男人不去破灭的国家为官。现在越国已经亡国，勾践是奴隶，我想赦免你，到吴国来为官吧。

范蠡说：臣听说，亡国之臣，不敢语政；败军之将，不敢语勇。我现在是有罪之人，多谢大王恩典，我还是跟我的主公服侍大王吧！

什么叫患难之际见忠心？范蠡就是。

勾践回国后，范蠡给勾践出了以下主意：

迁都：将越国都城从诸暨搬到会稽，并营建新都城，改变过去越国没有坚固城墙的历史。

鼓励生育：姑娘十七岁不嫁人，小伙子二十岁不娶妻，父母都要论罪，这是增加人口数量。壮年男子不准娶老妇，老年男子不准娶壮妻，这是改善人口质量。

国家主义：女子怀孕必须上报登记，凡生孩子的，由公家派医士守护。生男孩的赏两壶酒、一条狗；生女孩赏两壶酒、一头小猪；生双胞胎，国家供给食物；生三胞胎，公家提供奶妈。嫡子死了，免除三年徭役；庶子死了，免除三个月徭役，勾践都亲自参加葬礼，像自己儿子一样丧葬。

养老政策：鳏（失去女人的男人）、寡（丧夫的女人）、病、贫的家庭，由公家负担其子女的生活费，并提供住房。对于外地来的士人，在庙堂里恭敬招待。勾践还经常出行，碰到流浪汉，就将随身带的粮食、肉食给他们，并记下姓名，由当地官员给予安置。

范蠡的举措还谈不上计谋，只是一种休养生息、安民惠民的朴素民本政策。

两年过去，越国上下一心的精神是有了，但越国的变化不大。勾践着急了，说：这样下去恐怕要五十年才能报仇，我还不知道能不能活到那一天呢！范蠡于是向勾践推荐了自己当年来越国路上碰到的一个人，也就是勾践的第二个智囊计然。

计然是宋国人，姓辛，叫文子，博学多才，但相貌平平，不善言辞，看上去有点木讷。勾践问：我为了复仇，卧薪尝胆，亲自耕田织布，为什么不见成效呢？

计然说：大王亲自耕种未必比老农收获多，夫人亲自织布，未必比农妇效率高。你们这些做法不过是一时的榜样，遇到天灾，就什么用也没有。所以大王要做大王该干的事，了解天道运行的规律，应时而动，才能让国家强大，百姓富足。

勾践问：什么是天道规律，我怎么用呢？计然提出了七项经商技巧，史称计然七策，历来被奉为"货殖"圣经（中国人的财富之道）。

第一策是需求与经济周期匹配论：知斗则修备，时用则知物，二者形则万货之情可得而观已。故岁在金，穰；水，毁；木，饥；火，旱。旱则资舟，水则资车，物之理也。六岁穰，六岁旱，十二岁一大饥。

这是典型的农业与气象的关系，即把握不同年份天气变化的规律，预测丰年与饥年，提前做好准备。

第二策是税收调控论：夫粜，二十病农，九十病末。末病则财不出，农病则草不辟矣。上不过八十，下不减三十，则农末俱利，平粜齐物，关市不乏，治国之道也。

计然否定了勾践免征赋税的做法，认为这对增产粮食没有意义。征20%的税，农民容易富足，耕田反而没有积极性；征90%的税，商人赚不到利润，也没有积极性。商人没有积极性，钱财流动就慢，农民没有积极性，田地就会抛荒。因此，征收比例要在30%到80%之间调整，这样就能调动农民与商人的积极性，货物不贵，物品丰富，贸易活跃，这才是增产富国之道。

第三策是财富增值论：积著之理，务完物，无息币。

这是强调对实物要善加储存保管，使其完好无损，对于金钱不要藏到府库里，而是要投入生产或贸易之中。

无息币：金钱永不眠。只有现代金融业才真正做到全球范围、各种货币、全部资金的"无息币"，现代全球金融系统就是每时每刻都在"钱生钱"。

第四策是贸易时机论：以物相贸易，腐败而食之货勿留，无敢居贵。

对于容易腐败的物品，不要坚持高价，而要及时卖出。这是要在各种物品之间进行资金的转移，以实现物品的价值最大化。

第五策是价值判断论：论其有余不足，则知贵贱。

价格高低由供需关系决定。供应多于需求，物品就便宜；供应少于需求，物品就昂贵。

第六策是物极必反论：贵上极则反贱，贱下极则反贵。

计然对物品价值的观点抛弃了传统的静态价值论，即物有等差的观念，而是以供求关系，乃至心理的动态关系来看待物品的价值。一个物品贵到顶点，就反而会便宜；便宜到极点，又会价格回升。

农产品的价格决定农民种植数量，就是符合这条规律。比如，粮食价格高，种田的人就多，等粮食供应到最高点，即供过于求的时候，粮食价格就会下跌。反之，物品价格低，生产者就越来越少，少到低于需求量，物品价格就会因供不应求暴涨。其他类产品原理与此类似。

第七策是现金为王论：贵出如粪土，贱取如珠玉。财币欲其行如流水。

这大概是农业社会物品交易的最高总结。价格高，再好的物品要像粪土一样快速出手；价格低，再不值钱的物品要像珠宝一样大量购进。这是让金钱利用价格涨跌赚钱、增值的唯一途径。

计然说：人之生无几，必先忧积蓄，以备妖祥。凡人生或老、或弱、或强、或怯。不早备生，不能相葬。兴师者必先蓄积食、钱、布帛。不先蓄积，士卒数饥，饥则易伤。

计然这一番顺天应时、趋时而变的财富生成术，将农业社会生产与流通的运行规律和财富增值规则阐述的淋漓尽致。范蠡后来经商，用的就是计然的思想。计然是当之无愧的中华商祖，范蠡即陶朱公，是第一个将计然的思想发扬光大的人，称之为商圣是准确的。

勾践听了计然的话，说：吾以谋士效实、人尽其智，而士有未尽进辞有益寡人也。计然说：范蠡明而知内，文种远以见外，愿王请大夫种与深议，则霸王之术在矣。勾践认为群臣不给力，计然点评了范蠡、文种的长项，特别推荐勾践向文种咨询霸术。著名的文种九计于是出炉。

勾践的第三个智囊文种，是楚国人，到越国后担任大夫。

夫差打败越国时，文种向伯嚭行贿才让夫差接受了投降。从某种角度看，吴越争霸，是以"两个半"楚国人为核心，以晋、宋、楚、齐四国外脑为辅助的战争。两个楚国人是伍子胥对文种，加半个楚国人伯嚭。巫臣和狐庸是楚国人，范蠡是晋国人，计然是宋国人，孙武是齐国人。

晋、宋、楚、齐是春秋时代四个有个性的地区文明代表，吴越八十年的此起彼伏，竟然是先进文明的高手借蛮夷之国的一次交锋。吴越争斗，简直就是一场典型的代理人战争，与两伊战争何其相似乃尔！

文种是文臣，范蠡曾说：治理国家，亲附百姓，教育太子，我不如文种。这才让文种留守，范蠡随勾践夫妇去吴国。从留下的历史资料看，勾践对于文种并不太感冒，直到计然隆重推荐了文种。勾践这才去请教文种，问道：当年我听你的意见才得以不被消灭，现在我想雪耻报仇，怎样做才能成功呢？文种说：臣听说，高飞之鸟，死于美食；深川之鱼，死于芳饵。要想打败吴国，必前求其所好，参其所愿，然后能得其实。勾践说：怎样才能用人之所好，致他于死地呢？文种说：欲报怨复雠、破吴灭敌者，有九术。

勾践说：寡人被辱怀忧，内惭朝臣，外愧诸侯，中心迷惑，精神空虚。虽有九术，安能知之？文种说：这九条战术，汤、文得之以王，桓（齐桓公）、穆（秦穆公）得之以霸。用这九计攻城取国，就像脱鞋子一样容易。

第一计：尊天事鬼以求其福。用一种庄重的祈祷仪式，以求上下一心、同心恭敬。

第二计：重财币以遗其君，多货贿以喜其臣。向敌国的国君进献厚重财物，多给贿赂让对方的大臣为我们说话。

第三计：贵籴、粟槁以虚其国，利所欲以疲其民。哄抬他们的物价，消耗他们库存的粮食，使其国内空虚，让他们舒服地赚钱，让百姓追逐享受。

第四计：遗美女以惑其心，而乱其谋。选送美女，迷惑他的心神，扰乱他的判断与谋划。

第五计：遗之巧工良材，使之起宫室，以尽其财。给他们高明的工匠、美好的材料，使他修建宫室，消耗他的财物。

第六计：遗之谀臣，使之易伐。送他善于阿谀奉承的人，使他头脑容易被左右。

第七计：强其谏臣，使之自杀。让劝谏之臣受辱自杀。

第八计：君王国富而备利器。我们让国家富强，偷偷准备先进的武器。

第九计：利甲兵以承其弊。训练甲兵，等待他虚弱的时候出击。

凡此九术，君王闭口无传，守之以神，取天下不难，而况于吴乎？勾践说：太好了。

越国开始按方抓药，落实文种九计：

在东郊建祭祀太阳神庙，叫东皇公；在西郊建祭祀月亮神庙，叫西王母；在会稽山建祭祀山神庙，在江州建祭祀水神庙。日月山水，四神齐备。

越王以下臣之礼前往吴国谢恩，满足了夫差的成就感，实现战略欺骗的效果。

向吴国进贡两颗参天巨木，吴王一高兴，决定为这两根稀世木头建一座姑苏台，可以看到最美的风景。姑苏台，三年聚材，五年乃成，高见二百里，民疲士苦，人不聊生。

给每位吴国大夫都送好礼，明为感谢照顾，实为收买感情。吴国大臣都很高兴，只有伍子胥忧心忡忡：越在我，心腹之疾也。

了解到夫差想北上称霸，范蠡提议开挖一条运粮运河，连通长江与淮河，即邗沟。四百里邗沟，耗时三年完成。

进献西施、郑旦，夫差宠爱沉溺，为西施建春宵宫、响屐廊，木屐轻响，裙系小铃，曼妙起舞，美轮美奂，跳累就共沐汤池，洗鸳鸯浴，这样的日子过得很风雅。

伯嚭等群臣一味逢迎，都支持夫差北上称霸，大量军队、物力用于"北伐"的吴军。

越国来报歉收，恳请拨给粮食。次年吴国歉收，越国给吴国煮过的稻米，吴国不知，当作种米，结果第三年吴国真的闹起饥荒。

范蠡找来两个武术高手，一个叫越女，擅长剑术，一个叫陈音，是神射手。让他们操练越军，战斗力大增。

转眼距勾践回国已八年，勾践觉得可以对吴国开战。范蠡说：等明年夏天。为什么呢？范蠡得到情报，明年夏天夫差要举办黄池会盟，这是吴国国内空虚的时候，可以一战而胜。

前482年，黄池会盟当口，越军出动四万七千人偷袭吴国。太子友镇守阖闾城，王孙弥擅自出击，中了越军诱敌之计，部队被击溃，太子友和王孙弥战死。越军攻占阖闾外城，焚烧了姑苏台。

前475年，越军再围姑苏，坚持围而不攻、不战、不和的方针。围城三年，姑苏城粮食吃空，死人都给吃光，终于崩溃，开城投降，夫差被困在姑苏山。

勾践最后答应给夫差一块地，迁到定海终老，夫差自缢身亡。死前大哭没脸见伍子胥，与齐桓公何其相似乃尔！吴国灭亡。

灭了吴国的勾践也开始飘飘然，动起北伐称霸的念头。

前472年，举行彭城（今江苏徐州）会盟，晋、楚、齐、宋、郑等大国都参加，推举勾践做盟主，周元王任命勾践为伯，越王改称越伯，意味着越国正式被接纳进周王室诸侯国，并且是得到周王室册封的第五位霸主（前四位得到册封的是齐桓公、晋文公、楚庄王、晋悼公）。

此时，勾践的三位智囊分别退出。计然出了七策却没有担任官职，有一日忽然做中风痴呆状，家人带着计然到乡下居住，从此杳然无踪。计然离开时提醒范蠡：勾践此人，可与共患难，不可与共荣乐。

范蠡先将西施从宫中接出来，然后向勾践提出辞职，勾践说：我要分给你越国一半的赋税，你要是不留下来，我杀你全家。几天后，范蠡带着珠宝财物，乘舟浮海以行。

范蠡走前，给文种写了一封信：飞鸟尽，良弓藏，狡兔死，走狗烹。文种舍不得走，又放不下范蠡的话，称病不朝，被人进谗言说可能谋反。勾践正因为计然、范蠡离去懊恼，就赐给文种属镂之剑（夫差赐给伍子胥自杀的那柄剑）：子有阴谋兵法，顷敌取国。九术之策，今用三已破强吴，其六尚在子所，愿幸以余术为孤前王于地下谋吴之前人。

计谋变成毒药，文种悲叹没有当机立断，悔之晚矣，自杀而死。今绍兴城内卧龙山望海亭是文种之墓。三位智囊两跑一死，文种这个楚国人也走上了另一个楚国人伍子胥的老路。

可是，另一位重要人物，即被《史记》记载"越王灭吴，诛太宰嚭"的伯嚭，却并没有死。《左传》哀公二十四年记载：季孙惧，使因太宰嚭而纳赂焉，乃止。即前471年，季孙还在向越国太宰伯嚭行贿。而越灭吴，是哀公二十二年（前473年）。司马迁笔下的死了两年的伯嚭，在左丘明的笔下，还在接受鲁国季孙的贿赂。

信《左传》还是信《史记》，似乎不应该是个问题。司马迁痛恨伯嚭这样朝秦暮楚的奸臣，篡改了历史，可是伯嚭这种善于拍马屁的大臣，吸取了家族三代人的教训。伯嚭的太爷爷伯宗是晋国著名的大夫，因提醒晋厉公限制郤氏势力，前576年被三郤诬陷害死，伯嚭的爷爷伯州犁逃往楚国。前541年，伯州犁被楚灵王杀死。前513年，伯州犁的儿子伯宛遭费无极陷害，被囊瓦（子常）杀死、灭族，伯嚭才跑到吴国。

伯宗聪明贤能，却喜欢跟人辩论，上朝前，伯宗的妻子经常提醒他：你说话太直接，被你指出错误的人会恨你，灾祸就要来了（伯宗贤而好以直辩凌人。每朝，其妻常戒之曰：盗憎主人，民爱其上。有爱好人者，必有憎妒人者。夫子好直言，枉者恶之，祸必及身矣）。

伯嚭看到家族三代人血淋淋的教训，要是继续做伍子胥那样的人，反而不正常吧？伯嚭学会说君主喜欢的话，灭吴后被勾践接受是很自然的事情。所有的君主，尤其是本事大的君主，害怕的不是贪官、庸臣、嬖人、佞臣，而是能臣。

越王称霸后，突发奇想，迁都到琅琊（一说今山东临沂，一说江苏连云港附近）。前431年，楚灭越，越国从春秋战国史中消失。

从前585年巫臣出使吴国，到前431年楚灭越，经历一百五十五年的仇杀、复仇，吴越两国如流星般划过春秋史的天空，又落入历史的沉沉黑洞里。

这两个短命的国家似乎在昭示天地之理：一个建立在仇杀之上的暴力组织，不能建立一个稳定的国家。对于历史中的仇恨，冤冤相报、血债血偿并不能解决问题，只能令双方同归于尽。

吴越两国虽然灭绝，吴越文化却源远流长，至今依然是中华地域文明的两朵绚烂独特的花朵，这是超越权力的文明之光。

春秋时代留给中国的最大财富，不是那些欲望、贪婪、无耻引发的你争我夺、连环复仇，而是所有超越了权力的"时代盈余"：地域文明。吴越之国虽灭，吴越文化长存。春秋时代的诸多小国，如今正是以地域文化、姓氏（家族）文化等形式，传承演变至今。这是属于中国人，也属于全人类的文明之花。

春秋的脉络与中国
历史走向

过去看春秋历史，以帝王将相的兴衰为时间节点，依次是郑庄公小霸、齐桓公、宋襄公、晋文公、楚庄王、秦穆公、吴王阖闾、越王勾践、三家分晋、田氏代齐，穿插鲁、卫、陈、蔡等国故事，给出一个礼崩乐坏、奴隶制向封建制转变、分散走向大一统的结论，就是一部春秋史。

这个脉络的历史逻辑有什么问题呢？我始终觉得，这样看历史等于什么也没有看，更不能从历史里得到真正的收益。

这本书按照以下原则取舍：对通常的大事件，着墨不多，对事件中的人，包括演变过程、思想观点，即行为动机，会尽可能详细阐述，也尽可能保留原文，以便读者体验到古文之美。

历史应该怎么写呢？

历史不应该被"风干"。本来历史的记录就已经是对真实生活的风干，活鱼变成了腌咸鱼，历史著作再把鱼肉去掉，只保留鱼刺骨，这样的历史还有什么趣味与意思呢？仅仅满足考试或谈资的浅薄？这样知道与不知道又有什么区别呢？教科书历史的问题、专业历史著作的问题，都出在这里：无味、无趣。

历史不应该被"注水"。顾颉刚提出了历史的层累假说，也就是越是离事件远的历史记录越是详细，这显然在将历史记录变成文学创作。《东周列国志》就是这样一本伪史书，很多虚构的情节已经成为认知春秋的干扰。这都是注水式历史写作方式带来的麻烦，自然，戏说式历史叙述、借题发挥式历史叙述、借古讽今的影射式历史更不足为论。

历史应该如何认知呢？

历史应该被"还原"。也就是通过历史记录，尽可能回到历史现场。比如，本书对郑伯克段于鄢五个阴谋的还原，让我们似乎听到多方博弈暗战的脉动。黑暗里没有人闲着。还原历史的难处在于对历史的理解、史料的梳理，以及细心地寻找最早记录里的蛛丝马迹。历史的叙述有时过于简单化，让后人感觉历史是在阅读一样的短时间里发生的。对郑庄公克段史的还原，可以看到这是一个十三岁少年国君，历经二十二年的漫长设网、暗战，才出现的一个结果。

历史应该呈现"美感"。美感不是去美化、溢美，而是将历史里真实发生的美德、美文、美人、美事，原汁原味地呈现出来，让后人感知先辈的创造之美、品德之美。本书对晋献公太子申生之死的还原，摆脱了过去春秋史以骊姬为核心的叙事模式，呈现了在骊姬之乱过程里申生的心路历程，特别是导致申生不跑、不反、不怨的观念特点。观念是枷锁，也是品格之源。再如季子挂剑、二子同舟、许穆夫人等，都是人美、事美、文美的难得历史事件。我认为，历史阅读的美育功能是民族史叙述的最核心价值。

这样再来看春秋时代这段 368 年的历史，寻找这 368 年间的历史脉络，我有一个初步的结论：历史的脉络不是王朝更迭，也不是权力交替，而是人性，即处在特定时空里的人及其独特性格。在一个共时态发生的历史时空，如春秋时代，这个定律尤其显著。

我把春秋的时间脉络分为四个阶段：

第一阶段，平王东迁（前770年）到郑庄公去世（前701），春秋的序章。这 70 年是春秋"周德衰微、诸侯自大"的阶段。这一段历史的主角就是隐公元年的主角郑庄公。郑伯克段于鄢，这是中国历史第一个记入成文史书的政治阴谋，到后面的繻葛之战、东门之役等。这一时间段里，还有春秋第一美女宣姜带来的卫国五世之乱。

第二阶段，从前 701 年至前 573 年晋悼公即位，这 128 年是春秋霸主轮流登场的时代，是"尊王攘夷、大国兴衰"的阶段。重要历史人物齐桓公、宋襄公、晋文公、楚庄王、赵盾专政、巫臣助吴等先后登场，春秋规模最大的几次战争长勺之战、泓水之战、城濮之战、邲之战、鄢陵之战、鄌之战都发生在这个时期。

第三阶段，前 573 年至 473 年越灭吴。这 100 年里，中原诸侯大国进入势力均衡，或者说因内耗而衰落的阶段，两次弭兵，迈出了寻求"恐怖平衡"的无奈和平。春秋史的主角转移到东南方的吴越楚三国杀：伍子胥鞭尸，季子游历，吴越恩仇，孙子、老子、孔子、墨子思想先后闪亮出现，春秋进入"铁血复仇、思想闪耀"的阶段。

第四阶段，前 473 年至前 403 年，最后的 70 年是恐怖均衡的历史余声。以三家灭智、田氏代齐、吴起变法为主干，成为春秋进入战国的序幕。

就这段 368 年历史本身而言，有两个特点：第一、第二阶段是混战、内乱，是大欺小，大国吞并小族（小国）毫不手软。秦霸西戎、晋灭北狄，楚合百濮。搞兼并的都壮大，不搞兼并的都衰弱，如郑、齐、鲁、宋等。第三阶段是思想的涌现阶段，第四阶段进入春秋尾声。到了第三、第四阶段，也就是我们通常所说的春秋十二国（齐、鲁、楚、秦、晋、郑、卫、宋、陈、蔡、吴、越）成形的时候，春秋历史再次陷入停顿，甚至再次分裂：三家灭智，田氏代齐。大国并没有显示出持续壮大的动力。

标志性事件三家灭智、三家分晋的历史风向标意义在于：王侯将相已不再是贵族血统是主宰，而是靠实力主宰，春秋时代的适可而止、不俘虏国君、不轻易斩杀对方大将的"军礼"，正在被赤裸裸的血腥暴力取代。

这一点值得注意：春秋时代的战争，尤其是第一、第二阶段的战争，严格地说，是仪式性的战争，与贵族决斗类似。从吴越崛起、吴越恩怨开始，战争性质发生变化。伍子胥复仇，也在这一角度看才有特别意思。即克劳塞维茨所说的"暴力的最大限度利用"开始成为战争规则。

直到第一个草根皇帝（刘邦）一统中国，中国历史彻底从贵族血统社会进入大融合的世俗社会。当大泽乡的陈胜、吴广喊出"王侯将相宁有种乎"的时候，宣告中国历史的血统贵族社会走到了尽头。

贵族及其血统（正统延续规则）是一种社会价值观。春秋的很多小国，如陈、六等国，是周王朝出于政治合法性（即血统论）的考虑，将三皇五帝的后裔封国立祠，作为一个政治"法统"的标签。周朝的封建制是基于血统论，兄弟封建、亲亲御外、正统继承、庶出封建，建立起一个基于血统关系的权力结构体系。

儒家认为血缘亲疏关系是自然的人性关系，两千多年来无人对此质疑，甚至新儒家都依然认同血缘关系的合理性。但是春秋时代的历史已经揭示了宗法制度的内在困境：按照嫡庶、长幼、大宗小宗的分化逻辑，血缘近的要更亲近，血缘远的就疏远。实际这就是一个幻象，血缘关系与好恶情感之间不是这种严格对应的关系。

那么，主宰人际关系的是血缘还是好恶？答案不言自明。在好恶面前，血缘不值一提。也就是说，社会性情感大于血缘性情感。儒家（包括周公）设计的政治理想国是个不符合现实的空想主义。

春秋（周王朝）时代的礼，就是规范不同等级之间交往的礼节。违反礼节，包括饮食、礼品、音乐等，就是礼崩，也就是乐坏。秦汉之际封建制与郡县制的几次历史实验反复，直到隋唐，才让封建制彻底退出历史舞台。一个真正的皇权专制制度逐步笼罩中国。

所以，不要说春秋战国时期中国社会已经成熟，中国思想已经早熟，此后的历代就是停滞重复，不是这么一回事。春秋、战国乃至汉代，中国社会的制度体系远没有成熟，中国思想各流派依然在激烈地交锋。

春秋时代谈不上早熟，更不是停滞，而是初生文明的躁动与焦虑。孔子将礼、乐、射、御、书、数"六艺"由官学变成私学，培养了一批弟子整理、传承历史典籍，这是一次历史性的事件。事实证明，孔门私学比春秋时代的任何一次国家兴灭、王朝更迭、争霸战争的历史影响都要大。

没有孔子，也会有另外一个"洞子"来完成这个历史性事件：伴随权力从天子下移到诸侯，诸侯下移到大夫，大夫下移到草根，知识也从周王室下移到诸侯，最后下移到士（无血统、无食邑、无官职的三无知识分子），下移到老百姓。

这是春秋时期开始的中国历史走向，是一个延续 1388 年（以 618 年隋朝灭亡为界）的文明演变历程，不存在所谓的超稳定结构、早熟的文明、停滞的帝国等错误历史判断。

《春秋基因》不是简单的历史叙述，而是探寻水流背后的地势：决定流向的人性基因，在春秋里都有哪些呈现？

出于篇幅考虑，《春秋基因》以历史事件中的人物命运与动机为主要内容，并没有按照春秋史书的时间顺序法叙述。每一章或许是一个人、一个家族、一个国家的命运轨迹，尤其是记录导致命运结果的缘由及动因，那些过去被无数次详细描述的大事件、大场面，并不是本书重点。

《春秋基因》系列还将探索春秋时代的观念史或精神生活史，追寻及思考春秋时代思想家、政治家对国家、社会、生活、生意、人格的观点，以及不同观点的交锋。我想探寻的是：是否春秋时代的思想缺乏自由基因，导致自由没有降临中国这片土地？这将是下一部著作的内容。

河水奔流到海，看起来决定流向的是河渠、水坝、支流，其实真正决定流向的是地势。海水不会倒灌，不是因为海水的体量不大、力量不够，而是没有势差的能量。

只有在经历、看到足够多的苦难、美好，坎坷、幸运，痛苦、快乐，不幸、幸福之后，个体才可能对历史有一点理解。这一点理解，足以成为一笔珍贵的生命财富。

这本《春秋基因》不是全部的结论，是提供的一个视角与思考，能开启读者对春秋这段历史，进而对中国历史的所谓"宏观进程"的再感知，我愿已足。我们继续探索每个中国人身上的春秋基因。

2016 年 6 月 6 日于上海

《荣枯鉴》译评

　　《荣枯鉴》的作者冯道（882 年－954 年），字可道，号长乐老，瀛州景城（今河北沧州）人。生逢乱世，冯道经历了四朝十个皇帝，三次做宰相，在相位上就有二十多年，享年七十三岁，与孔子同岁而死。

　　冯道复杂的经历给他带来毁誉参半的争议。一方面，冯道是历史上侍奉皇帝最多的不倒翁，"朝为仇敌，暮为君臣"，如此圆滑的处世之道自然非同一般；另一方面，儒家对他没有节操地随时改换门庭，认为是缺乏气节，说他"视丧君亡国未尝以屑意"，"不知人间有羞耻事者也"，是"奸臣之尤"。

　　冯道写了篇《长乐老自叙》表达自己的人生态度：所愿者，下不欺于地，中不欺于人，上不欺于天，以三不欺为素。贱如是，贵如是，长如是，老如是，事亲、事君、事长。临人之道，旷蒙天恕。累经难而获多福，曾陷蕃而归中华。非人之谋，是天之祐。

　　有庄、有宅、有群书，有二子可以袭其业。于此日五盥，日三省，尚犹日知其所亡，月无忘其所能。为子、为弟、为人臣、为师长、为夫、为父，有子、有犹子、有孙。时开一卷，时饮一杯，食味、别声、被色，老安于当代耶！老而自乐，何乐如之！

《荣枯鉴》（又叫《小人经》）《权经》，是冯道阐述其处世之道、应对权力的小品文，历代无论对冯道是毁是赞，都不能忽视这两篇文章。

现实经常是冷酷的，但因为冷酷就拒绝认知现实，就是愚昧了。对任何现实，首先需要做的事是：理解。

圆通卷一：小人的来源

【原文】

善恶有名，智者不拘也。天理有常，明者不弃也。道之靡通，易者无虞也。

惜名者伤其名，惜身者全其身。名利无咎，逐之非罪，过乃人也。

君子非贵，小人非贱，贵贱莫以名世。君子无得，小人无失，得失无由心也。

名者皆虚，利者惑人，人所难拒哉。荣或为君子，枯必为小人。

君子无及，小人乃众，众不可敌矣。

名可易事难易也，心可易命难易也，人不患君子，何患小人焉？

【译析】

善与恶虽然有名分，聪明人却不会受制于这些分别。天理是有规律的，明白人不会弃而不顾。道义行不通的时候，善于变化的人就没有忧虑。

爱惜名声的人会被名声所伤，爱惜身体的人可以保全其身体。名与利没有过错，追逐名利也不是罪过，有过错的是追逐名利的人。

君子并不意味着尊贵，小人也不一定卑贱，尊贵与卑贱对于人在世俗扬名立万并没有帮助。

君子不一定能得到什么，小人不一定会失去什么，得到或失去与内心里怎么想也没有必然的关系。

名声都是虚幻的，利益最能诱惑人，这是人们很难拒绝的啊！

荣华富贵或许可以成就君子，穷困潦倒必然成为小人。君子是很难做到的，小人却为数众多，凤毛麟角的君子如何能敌过乌合之众的小人呢？

说法可以改变，事情却难以改变；想法可以改变，命运却不容易改变。世人不忧虑做不成君子，何必担心成为小人呢？

开篇以"圆通"为题，意思很明显：对于善恶、天理、道通、名利、荣枯等必然有分的观念，冯道认为是不需要执着的，也就是儒家所谈的君子小人之分并没有多少意义。本篇总结的乱世为官与处世之道是：

活命哲学：保住性命是第一要务，善恶、天理、君子小人之分，应该不拘、无虞，伯夷叔齐、子路之类者，不是智者、明者、易者（聪明、明白、变通）。

势利第一：寒门出不了君子。君子与小人及内心思想无关，与荣枯穷通相联。

数量法则：多数决定少数，小人力量大，少数精英敌不过乌合之众。

现实法则：说法与想法在现实与命运面前毫无改变的力量，想什么不重要，有什么才重要。资源决定荣枯，荣枯决定是君子还是小人。

几个问题：

荣枯有常吗？可变吗？何以变之？

善恶之名不正是可用之资吗？伪君子不就是这么诞生的吗？

君子无得、小人无失，固然是现实，也未必就是小人必得，君子必失吧？君子的坑未必靠谱，小人的坑就一定管用？

从第一篇来看，这是老愤青的一段牢骚，并不能得出小人必然得势的结论。

扬君子，而君子命蹇；斥小人，而小人逍遥……何也？一部《小人经》，道尽小人之秘技、人生之荣枯。它使小人汗颜、君子惊悚，实乃千年不二之异书也。曾国藩此论，还是严守君子小人之分，把《小人经》当作反面教材去批判。

闻达卷二：毁三观的十五个字

【原文】

仕不计善恶，迁无论奸小。悦上者荣，悦下者蹇。

君子悦下，上不惑名。小人悦上，下不惩恶。下以直为美，上以媚为忠。

直而无媚，上疑也；媚而无直，下弃也。上疑，祸本，下弃，毁誉。

荣者皆有小人之谓，盖固本而舍末也。

【译析】

如果一个政府官员读了这一段，想必会惊叹拜服，清高而傲气未泯的或许会潸然泪下。屈原的天问离骚，庄周的游戏污浊以自快，陶渊明的不为五斗米折腰，杜甫的茅屋为秋风所破歌，这些名人的影像一下子模糊了。很多人会痛恨没有早点读到这一段文字。

最后的结论令人悚惧：荣者皆有小人之谓，盖固本而舍末也。这句话不仅揭示了残酷的社会现实，毁了世界观；而且定义了新的本末概念，毁了主流价值观（从儒家到诸子）；也毁了《大学》主张的儒家修齐治平那一套修养功夫的人生观。

区区十五个字，中国主流社会三观尽毁。享受荣华富贵的人都会被视为小人，因为他们都能巩固根本而放弃了末节。

冯道眼里的本末是什么？仕（做官）、迁（升迁）、荣（富贵）、福（恩宠），这些是本；善恶、奸小、直媚、毁誉，这些都是末。

既然如此，要做官就不要管是善是恶；想升官就不要怕被看做奸佞小人。

仕不计善恶，迁无论奸小。果真是赤裸裸。

为什么呢？悦上者荣，悦下者蹇。让上司高兴，就能获得荣华富贵；让下属高兴，只会前途坎坷。十几年前，我在一家商贸公司做总经理，老板明确对我说：你不敢得罪下属，就要得罪我。无数教导踏着下属往上爬的厚黑术，老祖宗都在这里。

君子悦下，上不惑名。小人悦上，下不惩恶。下以直为美，上以媚为忠。直而无媚，上疑也；媚而无直，下弃也。上疑，祸本，下弃，毁誉。

这一段必须放在一起，贯通起来意思才畅达。君子喜欢让下属赞赏，可是上司不会被这种名声迷惑。小人让上司高兴，下层的人（指小人的同事）不一定喜欢，但下层的人却没有力量去惩罚这种恶（悦上）。下层的人将耿直视为有德，上司却将谄媚当作忠诚。耿直而不懂得献媚，上司对这种人会猜疑；献媚而不耿直，会遭到下层人的唾弃。但是，上司的猜疑是祸害的源头；下属的唾弃不过是名誉的好坏！

冯道写这一段，想必充满无奈：下层的人喜欢你有什么用呢？上司决定你的祸福。

我经历了三十多年的哲学阅读，训练出大脑在现实面前保持斯宾诺莎式的态度：不要哭泣，不要嘲笑，不要诅咒，要理解。

可是读完这一章，我心里冒出的只有一句话：这世界会好吗？

解厄卷三：如何脱离困境

【原文】

无忧则患烈也。忧国者失身，忧己者安命。

祸之人拒，然亦人纳；祸之人怨，然亦人遇。

君子非恶，患事无休；小人不贤，余庆弗绝。

上不离心，非小人难为；下不结怨，非君子勿论。

祸于上，无辩自罪者全。祸于下，争而罪人者免。

君子不党，其祸无援也。小人利交，其利人助也。

道义失之无惩，祸无解处必困，君子莫能改之，小人或可谅矣。

【译析】

世有真君子，然害君子者非小人，实君子之名也。由君子之名，乃有伪君子，且伪君子比小人为数更多、为害更烈、为祸更深。小人之名已是底线之下的地狱，自不会有人冒领"伪小人"之名。君子是高堂之上的高帽，伪君子的利益往往比真君子更大、更多，故伪君子不绝于道。

君子小人之分，来源于大人、鄙人之别。

孔子自称少能鄙事，却被引为君子典范。鄙事者，身份卑微之人所做的谋生之事，大人（贵族）不需要干，庶族（没有背景、家道不振者）却不得不为。

小人与鄙人、鄙事有别。孔子以小人指称在德行上不合君子标准的人，并不是指一个特定阶层，贵族里有小人，鄙人里也会有君子。

颜回就是这种鄙人里的君子：回也屡空，不改其志。现代的宝马女肯定会问难孔夫子：一个男人自己都养不活，更不用说尽孝悌妻儿之分，还挑三拣四不干活不挣钱，怎么能称得上是君子呢？

子曰：回也其庶乎？屡空。赐不受命，而货殖焉，臆则屡中。孔子说：颜回的学问不错了吧？可他却受穷。子贡不相信命运，却能经商致富，对市场行情判断准确。

孔老夫子爱颜回，处处把颜回树为弟子标杆，不仅是心有所属，也是意有所图的。老人家是考虑到了为天下立楷模的身后事了。

果然，君子固穷很快成了君子的一个标配；为富不仁也很轻易就找到了小人范本。可是夫子有没有想过，这样的"观念"（君子必固穷、为富必不仁）就能让世界变好吗？

一个不能反映大多数人的生活现实，也不符合人性自然需求的观念体系，难道不是尼采所说的"现实的负累"吗？

尼采在《偶像的黄昏》里说苏格拉底的辩证法是"恶毒的一瞥"，是群氓本能对贵族本能的一次精神洗脑。先不去评论尼采指责苏格拉底的理由对不对，现实的确是人生糊涂识字始。有些观念、思想不是帮助世人和谐进步，而是添乱。

观念给社会添乱的本源，来自名实不符、名名相悖、逻辑不自洽（自名不周）——也就是观念与现实不符，不同观念之间互相抵触，一个观念内部也未必能自圆其说。

中国社会的伦理标准里君子小人之分，创始人的出发点都是好的，但结果却并不好，甚至可以说，君子小人的妄分与乖离，是古代中国社会最大、最深的观念毒瘤之一。

正统说：君子要忠君爱国，孝悌友爱，不恤其身，甚至舍身取义，如大禹，如墨翟。现实是：善谋国者，未必善谋其身，如商鞅、韩非、苏秦之属；善战者，甚至不能自全身家性命，如伍子胥、白起、韩信等。

冯道说：不肯多操心，迟早要出事。善谋国者，不善谋身。操心国家的人却保全不了自己的生命；为自己操心的才能安身立命。无忧则患烈也。忧国者失身，忧己者安命。

正统说：善有善报恶有恶报。现实是：君子非恶，患事无休；小人不贤，余庆弗绝。

正统说：君子不党。君子周而不比，小人比而不周。现实是：君子不党，其祸无援也。小人利交，其利人助也。

如果一个社会的主流价值观与主流教育内容是教导世人非真实的观念，这难道不是错误与真正的洗脑吗？

由此论之，君子小人之分，包括君子小人之名，都不应该轻易贴标签。包括冯道所论之小人君子，或许都是"拘于名相"（语言是思想的牢笼）。

让我们抛开君子小人，来认识一下真实、现实的世界：

祸之人拒，然亦人纳；祸之人怨，然亦人遇。

祸害都是人自己招来的，人们怕祸害，却难免碰到。如何规避官场（人际）中的祸害呢？

祸于上，无辩自罪者全。祸于下，争而罪人者免。

如果祸害来自上司，不要与上司争辩，要自己承担错误，这样才能获得谅解而保全自己（有小失而无大害）。如果祸害来自下属（或同僚），要争辩明白，及时找到顶缸的人承担罪责，这样自己才能免于处罚。这两句是职场和官场厚黑学的精髓。

君子不党，其祸无援也。小人利交，其利人助也。

以党（结成团伙）还是不党、谈利还是不谈利来区分君子小人，恐怕是对现实人情最大的观念扭曲。

人是群居、社交动物，社群有利于防止偏颇，社交有利于智慧通达；交往而能生利，彼此交往频繁，则可如胶似漆；生利（创造收益）让人获得财务自由，碰到困难时可以彼此援助——有何不好？

为何要教导君子不党？让不党的君子最后变成孤家寡人，有祸害也没有人来帮助，因为君子也没有帮助过别人。

君子之交淡如水，不是排斥利益、收益，只是让人不要刻意追求利益，或者以利益的有无决定是否亲疏而已。

人与人在一起，首先是彼此相融、互敬，到彼此欣赏、互相学习，最后是一起共事，共同成长。以欢喜心，求功利果，是自由组合，水到渠成；若以功利心，求欢喜果，是机关算尽，逆水行舟。

君子必寡然如水，小人反而利益互通，这等乖谬观念怎能奉为人生指南？

由此观之，上不离心，君子何必难为？曹孟德与荀彧是也；下不结怨，小人也是可以做到的，水浒之义是也。上不离心，非小人难为；下不结怨，非君子勿论——未必。

对于名义上的道义之争，不应该据以判断君子与小人；人生里的祸害是难免的，若不能解除必反受其害，有祸害时是需要朋友帮助的。如果拘于君子不党之论，平时只会谈玄论道，不务实际，不乐于分享分利，这种孤家寡人的君子是解决不了祸害的；那些平时经常帮助别人，乐于分享分利，甚至经常酒肉礼尚往来的，出祸害时接受过帮助的人就会想办法帮助他，这怎能是小人专属？

道义失之无惩，祸无解处必困，君子莫能改之，小人或可谅矣——需要改的，应该是君子小人之名！

我的外婆是革委会主任，她对所有人都很和善。三年灾害时，她会尽量节省六个子女的口粮来帮助邻居的孩子，在"文革"的各种斗争里，她偷偷帮助被批斗的人，无论派别。我小时候（上世纪80年代）跟外婆走在街上最风光了，一路都有人热情打招呼。30多年了，这个场景想起来都让我觉得温暖，甚至景仰。

什么叫君子？乐于助人，待人以善，就是君子。什么是小人？铿吝刻薄，巧言令色，就是小人。

怎样区别君子与小人？在三个问题上可以明心见性：人不知而不愠；有求不应而不愠；不以亲疏定是非。

补最后一条：思想不要给生活添乱，观念不要给社会添乱。

交结卷四：君子为何斗不过小人

【原文】

智不拒贤，明不远恶，善恶咸用也。顺则为友，逆则为敌，敌友常易也。

贵以识人者贵，贱以养奸者贱。贵不自贵，贱不自贱，贵贱易焉。

贵不贱人，贱不贵人，贵贱久焉。

人冀人愚而自明。示人以愚，其谋乃大。人忌人明而自愚。智无潜藏，其害无止。

明不接愚，愚者勿长其明。智不结怨，仇者无惧其智。

君子仁交，惟忧仁不尽善。小人阴结，惟患阴不制的。

君子弗胜小人，殆于此也。

【译析】

到第三篇，我想为冯道翻个案：这部作品不应该被叫作《小人经》，包括冯道笔下的小人，也不能以日常生活里的小人之名之义论之。

冯道囿于他生活时代的话语环境，不得不用君子与小人这对范畴论世情，因为儒家正统及教育下的君子，确实腐儒太多、不务实际太多、不切实用太多。儒家话语环境下的小人，有君子没有的智识与行动力。

究实而论，中国两千年儒家正统话语霸权下的观念体系、概念名词，已经严重偏离社会现实的生活与事理逻辑。除儒家的理想、儒家的修身之道等还有价值以外，涉及处世的方法，尤其是应对复杂险恶世界的方法，大多不切实用。儒家，包括古代中国主流社会对冯道这类异端思想的理解力、接受度、吸纳度的孱弱，正是中国社会缺乏创新力、缺乏刚健风骨、缺乏以道制恶能力的原因。

这一篇论"交结"，交者，关系；结者，关系的强弱。也就是人如何与他人交往、建立关系的规则。

当下流行的就是以明规则与潜规则的思维逻辑解析人际关系规则。规则还有明与潜，这本身就是当下中国社会依然没有进化、社会规则及其环境依然停留于冯道时代的鲜明证据。就算通晓所谓潜规则，也没有任何值得炫耀之处。这恰是中国社会，也是每个人最可悲之处。

中国需要一个只有一套规则的社会，就像企业只需要做一本帐，道理是一样的。

或许有人会说，我管不了社会是否变好，我只想让自己成功。那么，就从《荣枯鉴》的第四篇去领会一下随顺处世的棒喝：

善恶咸用：俗语有云"无友不如己者"，要寻找"志同道合"的伙伴合作。冯道的棒喝：聪明人不要看不起不聪明却有德行的人，明白事理的人不要认为恶人离自己很远，善人与恶人都有其用场。智不拒贤，明不远恶，善恶咸用也。

敌友无常：意见相同、情感相通的就是朋友，意见相左、情感不通的就是敌人，朋友与敌人会因为意见、情感经常变换。顺则为友，逆则为敌，敌友常易也。顺逆的表现是意见、情感，本质其实源于利益。冯道此论，与"没有永恒的朋友，只有永恒的利益"可谓一脉相通。

贵贱由己：以尊重、珍惜看待他人，那么自己也会被尊重、被珍惜，获得尊贵是必然的；轻视、不懂珍惜地与人交往，只会结交到奸猾之徒，自己最后也会被人轻视，不会改变低贱的处境。贵以识人者贵，贱以养奸者贱。

尊重他人：高富帅不自尊自重，屌丝不自轻自贱，两者的地位必然转换。富贵的人不轻视他人，屌丝却自以为是，不尊重他人，那就会尊贵者恒贵，屌丝永远是屌丝了。贵不自贵，贱不自贱，贵贱易焉。贵不贱人，贱不贵人，贵贱久焉。

当下的现实恰恰是很多草根、屌丝、三无（无背景、无关系、无钱财）的人目空一切，缺乏对他人的尊重，微博的愤青、微信里的奇葩，真是让人开了眼。

勿逞小智：人们希望别人愚蠢而自己聪明，所以那些在人前表现得很傻的人，其实有很大的谋划甚至谋略。人们担心别人聪明而自己愚蠢，其实那些把聪明写在脸上的，受到的祸害自己都想不到、止不住。

人冀人愚而自明。示人以愚，其谋乃大。人忌人明而自愚。智无潜藏，其害无止。

小老板都很精明，大老板都很傻。小老板经常为占了别人的便宜而沾沾自喜，大老板却对别人占了自己的便宜习以为常。

有人曾总结成功之道：第一是精明，傻子不可能成功；第二是厚道，总想占别人便宜、不对别人好的人，没人愿意跟他合作、帮助他；第三是勤奋，懒人不可能成功。

善于制的：明白人不要与愚者争辩或合作，愚蠢的人不会带来更多的明白。聪明人不要结怨结仇，仇恨的人不会忌惮你的智慧。世所谓君子都以仁厚待人，唯恐不能尽到善意。实干家重视隐蔽的关系，整天琢磨的事是如何用可靠的、隐蔽的关系与力量，以确保达到目的。只懂得仁厚，却不善于把握隐蔽关系的君子，是比不过实干家的，原因大概就在这里了。

明不接愚，愚者勿长其明。智不结怨，仇者无惧其智。君子仁交，惟忧仁不尽善。小人阴结，惟患阴不制的。君子弗胜小人，殆于此也。

你还认为冯道的《荣枯鉴》是教你做小人的"小人经"吗？

节义卷五：为什么小人多了起来

【原文】

外君子而内小人者，真小人也。外小人而内君子者，真君子也。

德高者不矜，义重者轻害。人慕君子，行则小人，君子难为也。

人怨小人，实则忘义，小人无羁也。

难为获寡，无羁利丰，是以人皆小人也。位高节低，人贱义薄。

君子不堪辱其志，小人不堪坏其身。君子避于乱也，小人达于朝堂。

节不抵金，人困难为君子。义不抵命，势危难拒小人。

不畏人言，惟计利害，此非节义之道，然生之道焉。

【译析】

有一次，我看到上初中的女儿的一篇作文题目：为什么要读书？我就问她为什么要读书，女儿说：我读书是为了赚大钱。我又问：那你们老师看到你写这个怎么说的？女儿哈哈一笑：我才不会真的这么写！我写了为国家、为社会、为阿婆、为妈妈……我又问：你们班里有人写为了钱吗？女儿说：谁敢写为了钱，我们老陈（班主任）还不骂死！

这就是当下中国的教育，从小就在用老师（权威）、考试（制度）培养孩子不说实话的能力。看着女儿不假思索的回答，我又问：那你不觉得写不真实的作文不好吗？女儿说：那我也没办法呀！

我明白了，问题不在女儿，在出这个题目的人或评分标准。自从有了为中华之崛起而读书的故事后，为什么读书变成一道政治正确性的测试题？出题的人（包括老师）根本不想听到真实想法，而是要得到正确性的表态。其实大家都给自己留了个后门：为贡献国家而读书，也不耽误赚钱。

中国人从小到大就是被这类无聊的考试逼着训练，养成了口不应心的说话本领（本能）。在日常生活里也有此类测验，如外婆与奶奶哪个更亲，老婆与妈妈同时落水先救谁，诸如此类。

金庸在《笑傲江湖》里塑造了伪君子、真小人的岳不群、六大门派掌门，即外君子而内小人者，真小人也。令狐冲算是真君子吗？令狐冲其实是内外皆君子的人，真小人是任我行，内外皆小人。外小人而内君子者，真君子也，谁呢？还真不好找！《天龙八部》里那位非也非也不离口的包不同有点像。

道德高尚的人不会自夸自耀，看重义气的人不会在乎给自己带来危害。人们嘴上尊重君子，真做事的时候却形同小人，因为君子很难当。人们嘴上都不喜欢小人，碰到利益的时候就忘了道义，因为争取自己利益的时候是无所羁绊的。

德高者不矜，义重者轻害。人慕君子，行则小人，君子难为也。人怨小人，实则忘义，小人无羁也。

难做的事情，收获的就少，无所羁绊却能获得很多实际利益，所以人人都会干出小人的事，就不奇怪了。难为获寡，无羁利丰，是以人皆小人也。

居于高位的掌权者、成功者，不要以为他们道德有多高尚，这些人的气节恰恰是很低的；社会底层的屌丝也不会真有义气，自身都难保，哪里会有心思给别人恩惠或帮助？

位高节低，人贱义薄。冯道这句血淋淋的话，把道貌岸然与民风淳朴之类的神话都击碎了。节义，真不是人们稀里糊涂中看到的表面现象：成功者的光环，屌丝们的淳朴。

君子不能接受的是侮辱他的志向，小人不能接受的是伤害他的身体。君子在乱世里选择逃避，小人会高居庙堂。君子不堪辱其志，小人不堪坏其身。君子避于乱也，小人达于朝堂。

明末洪承畴被皇太极俘虏，在监狱里嚷嚷着要自杀成仁。范文程去劝降，看到洪承畴将飘落到衣服上的灰尘拂去，范文程对皇太极说：这种时候，他连衣服尚且爱惜，何况生命呢？

与洪承畴同时代的钱谦益，与柳如是相约投河自尽，钱谦益愣了半天说"水太冷，不能下"，还拉住了决意投水自尽的柳如是，最后钱谦益率诸大臣在滂沱大雨中开城向多铎投降。

洪承畴在帮助满清灭明中的作用，比吴三桂有过之而无不及，才有皇太极不惜用大玉儿舍身招降的传闻。钱谦益何许人也？不仅有色艺双馨、男儿气概的绝世红颜柳如是，更是大才子、学问家。这些人位高才高，却将坏其身看得比辱其志更重，在关键的时候节义无存，做了叛徒。位高节低，洪承畴、钱谦益及跟着他们灭亡了明朝的众大臣，为这句话做了真实的注脚。

有人说明朝该亡，这话我赞成，但不足以为洪、钱之类叛徒开脱。洪承畴是将军，应该有舍身取义的勇气；钱谦益是大儒，至少可以选择不合作。史可法这样的才是局内人应有的做法。

真实的历史告诉我们真实的道理：学问与气节绝不是可以分离的两个事物。得当世才子之名、硕儒之位容易，成跨世大儒之果难。当代汪精卫、胡兰成之流，与洪承畴、钱谦益是一类人，今天以各种角度改编历史为这些大节有亏的败类洗白，不是糊涂就是奸贼。

一个金钱，一个性命，不要拿这两个东西去考验人性。节操抵不过金钱，学问再高，穷困潦倒时也难做君子。道义也不能用危害性命去试探，真碰到危急时刻，道义之士也会变成小人。

节不抵金，人困难为君子。义不抵命，势危难拒小人。

结论就是：不要在乎别人说什么，只需要权衡利害的有无、多寡。这不是有操守讲义气的做法，却是保全性命的道路。不畏人言，惟计利害，此非节义之道，然生之道焉。

"不畏人言，惟计利害"在今天已经不再是离经叛道的观点，这要归功于美国式功利主义思潮在改革开放30年以来对中国知识精英的观念洗脑。其实《孙子兵法》早就说过：智者之虑，必杂于利害。杂于利而务可信，杂于害而患可解。比惟计利害这种抽象的诉求更具有可操作性。

法国人的节义观很有意思，我们都记得都德在《最后一节课》里浓烈的民族气节，可是对于巴黎、葡萄园，法国人在打不过德国人的时候宁可选择投降，目的是保存文物不受战火摧毁。那么，惟计利害也要看所计的利害是什么？在尊严与文物之间，法国人选择了文物。同样的选择放在俄罗斯人面前，俄罗斯选择了尊严，两次将莫斯科烧成废土，也两次改变了世界历史。

内外不一，乃有君子小人真伪之辩。求生是本能，逐利是人性，但生命与利益依然可以从更高的维度去看待。维度不同，选择也就不同。一个人，包括一个民族的真正个性与特质，由其选择决定。

明鉴卷六：至亲也要提防

【原文】

福不察非福，祸不预必祸。福祸先知，事尽济耳。

施小信而大诈逞，窥小处而大谋定。

事不可绝，言不能尽，至亲亦戒也。

佯惧实忍，外恭内忌，奸人亦惑也。

知戒近福，惑人远祸，俟变则存矣。

私人惟用，其利致远。天恩难测，惟财可恃。

以奸治奸，奸灭自安。伏恶勿善，其患不生。

计非金者莫施，人非智者弗谋，愚者当戒哉。

【译析】

很多人都会在某一刻感到累觉不爱，甚至有被出卖、被抛弃、被孤立等感觉。人的困惑都不是事，而是来自涉入事里的人，尤其是自己圈子内的人的改变，俗称变脸。

变脸这个问题并不在变脸的人，而在自己。本质上，并不是别人变了脸，而是自己错误地估计了对方。现在流行的畅销书里，教人识人察人的书很多，中国人所谓的察言观色，包括星座性格、九型人格、性格色彩、笔迹性格、动作性格、八字命格等，两部中国式相人术《人物志》《冰鉴》

也很流行。

这类的相人术，都属于盲人摸象的谈资。一个盲人算命师对某人说：你今天有血光之灾。结果第二天此人找到算命师问：我怎么没事呢？算命先生说：你昨天都干了什么？此人说我与一个女人在一起。算命师说：那个女人胸大吗？此人说大。算命师说：原来如此，逢凶（丰胸）化吉嘛。如果说女人胸不大，算命师会说"平"安无事。所谓的预测、算命大部分是这类玩弄小智的骗钱玩意。

人际关系没有想象的那么复杂，之所以搞出这么多五花八门的相人术、算命术，都是蒙人骗钱的花招。解决识人的根本只有四个字：知己、解彼。

天下没有无缘无故的爱，也没有无缘无故的恨。人与人关系的性质，受利益、情感、情绪、感觉、交往、朋友等因素的影响。每一种强关系都是有规律性的，也就是说，人的行为在一定情境下的可能选择是可预测的，无非是几种选择的概率大小问题。

料事如神、察人如炬，是因为做了更多功课，没有什么神秘的。再说句更本质的：是人就会变化，如果你对人的变脸感到奇怪，只能说是你妄念、执念太多。

有人的地方就有江湖，有江湖的地方就有是非祸福、亲疏忠奸。儒家对古代社会关系的总结是五伦，即君臣、父子、兄弟、夫妇、朋友五种关系，并以忠、孝、悌、忍、善为"五伦"关系准则。这是一种理想化与简单化，实际上，有忠无仁、有慈无孝、有悌无恭、你善他奸是常有的事，儒家对这些违反五伦八德的现象只会谴责，却拿不出有效的解决办法。

儒家传统的所谓一字喻褒贬的春秋笔法，用写书来代替现实问题的解决，似乎做出定性判断后，这个事情就解决了。传统的君子都是这么解决现实问题的，如贾谊之类把写政论当成搞政治，屈原之类则把政治变成文学创作。

古代的君子对恶人是束手无策的，对奸小、对朋党等都束手无策，他们只会斗败了到书里骂，这就是后人能看到很多斗争失败者的咒骂，而看不到现实里斗争胜利者的组织手段的原因。君子们搞过几次有点规模的士人联盟，还变成了著名的历史悲剧：焚书坑儒、党锢之祸、戊戌喋血。这些政治斗争的记录里，没有胜利者为什么胜利的记录，因为失败者只会咒骂而不知为何失败。

看到郑伯克段于鄢，却未必看到姬寤生的五个连环阴谋，不去想为何共叔段、武姜的一举一动都在监控之中。戊戌政变里，骂袁世凯出卖维新派，其实，仅与袁世凯见过两面，就敢于让卫戍区司令发动政变，这等开玩笑式的狂妄做法，也只有康有为、谭嗣同这类书生敢去想。

看看所谓的小人是怎样远祸制奸的：

在享福却没当回事，这个福份你受不起；面临祸害却不去预先筹划准备，祸害必会降临。是福是祸，都能预知、预见、预备，那就什么事都好办了。福不察非福，祸不预必祸。福祸先知，事尽济耳。

如何做到福祸先知呢？有一个核心原则，那就是在细微处恭恭敬敬、一丝不苟。当你说一个弥天大谎的时候，就会被当作真的；要想让大的计谋顺利实施，就必须注意小的细节不能有纰漏。冯道对人情世故的揣摩确实到位，抓到了痛点：施小信而大诈逞，窥小处而大谋定。

具体怎么做？

首先不要认为事情是绝对的，所以话不能说死，一点余地都没有，就算对至亲（父子、夫妇）也要有所保留，不能什么都说。事不可绝，言不能尽，至亲亦戒也。

其次，可以装出很害怕的样子、很恭敬的样子，但内心里却保持忍耐与警惕，这样就算对方是奸诈的人，也会被迷惑。佯惧实忍，外恭内忌，奸人亦惑也。

最后要明白，不该要的别想，也就接近享福了；能让奸人都不以你为敌，祸害自然就远离自己，不要对各种变化大惊小怪，安身立命、安享富贵还是能做到的。知戒近福，惑人远祸，俟变则存矣。

冯道本人的故事：东晋被契丹灭国后，冯道去朝见新君主，耶律德光讽刺冯道对前主不忠，问冯道为什么要来臣服契丹，冯道说："无城无兵，安敢不来。"德光讽刺道：你是什么老家伙？冯道说："无才无德痴顽小老头。"这句话竟然让冯道当了太傅。

《新五代史》冯道本传：契丹灭晋，道又事契丹，朝耶律德光于京师。德光责道事晋无状，道不能对。又问曰：何以来朝？对曰：无城无兵，安敢不来？德光诮之曰：尔是何等老子？对曰：无才无德痴顽老子。德光喜，以道为太傅。

冯道这一段经历，是知戒近福、惑人远祸、俟变则存的真人秀。契丹与中原的几百年纠结，在《天龙八部》的主人公萧峰（乔帮主）身上，有一段荡气回肠的演绎：胡汉恩仇，须倾英雄泪。

人类社会的典型特征都是"私人关系圈"，熟人好办事并不是中国特产。想办事，与其了解办事机构的规则，不如与办事机构的头头搞好关系，规则就在他的嘴上、签字上。想发表文章，投稿的效果最差，得到主编的认可，你的文章都可以在首页。事办好，就是把能办事的人找到。

冯道在1000多年前这样写道：朝廷上，管用的只有私人关系，有了铁哥们，可以终生受用。皇帝的心思很难揣测，靠不住，靠得住的只有自己有钱。私人惟用，其利致远。天恩难测，惟财可恃。

老公是至亲，可是老公哪里靠得住，"谁的老公不是临时工"？安慰受伤女人的只有闺蜜；女人若是太陶醉，不懂得"天恩难测，惟财可恃"的道理，就会成了男人的消费品，交个富豪男朋友又能怎样呢？

孔子的"导之以德、齐之以礼"，绝对是高超的治理术（道之以政，齐之以刑，民免而无耻，道之以德，齐之以礼，有耻且格。《论语·为政》），可是真实的中国式治理，历来外儒内法，说明儒家治理之道不切实务，法家治理之道又过于刻薄阴毒。中国社会的"虚伪"（外儒内法）与中国人的"虚伪"（外君子而内小人）是双向同构的。

美国为何称霸全球？除了超级武力，美国的世界观也是正确的：对于邪恶国家、恐怖分子，就是毫不留情地剿灭，9·11那么大的损失，对总统的反恐政策多有批评，但主流价值观依然坚定地支持以武力解决问题。

对于恶人，只有两个办法：奸人狡诈，您就得比他更会使用计谋，才能将狡诈的人制服，获得安生；对于恶人，不要指望用善良可以感化，必须用更残酷的力量摧毁他，邪恶的祸患才不会滋长。以奸治奸，奸灭自安。伏恶勿善，其患不生。二战后以色列的建国史，就是这十六个字的真人秀。

人际关系里还有一个重要的内容就是出谋划策，朋友之间，出主意、想办法、借资源是经常的事情。可是困难的不是你是否愿意及有能力给人出谋划策，而是对方是否重视你的谋划。

《易经·蒙》曰：匪我求童蒙，童蒙求我。初筮告，再三渎，渎则不告，利贞。意思是，你自觉幼稚蒙昧，前来求筮占卜（咨询的最早形态），不是我求你，要摆正问道的态度。第一次求筮问道，就告诉你；如果反复询问，就是不尊重了，就不告诉你。

既然有心问道，就要相信对方（不是谦虚，你谦不谦虚与是不是找人咨询是两回事，那些自称谦虚来咨询的，其实多是我见很深、想占便宜的人，此即所谓的"渎"）。反过来说，对于被咨询的人，是不是也要"明鉴"一下来问道的人究竟是有童蒙之心，还是一个"渎"者？渎，冒犯、不尊重对方之意。这是很多人不自觉会犯的毛病。

复杂问题简单化：想求谋问计，如果询问者不投入真金白银，就不要白费口舌；来问道的如果不是个靠谱的聪明人，还是请他靠边站，别去为不靠谱的人出谋划策。整天给人免费咨询的蠢蛋，还是戒了好心不得好报的习惯吧！计非金者莫施，人非智者弗谋，愚者当戒哉。

正在写最后两段的时候，女儿来了电话，说九一八事变纪念日，电视台要到学校采访，班长要发言，问我怎么看？我说：九一八事变说明日本的狼子野心，当时国民政府及东北军的不抵抗是错误做法，是全面侵华的导火索。

其实我很想告诉她十六个字：以奸治奸，奸灭自安。伏恶勿善，其患不生。这是中国最需要补的观念短板。

谤言卷七：江湖有规矩

【原文】

人微不诤，才庸不荐。攻其人忌，人难容也。

陷其窘地人自污，谤之易也。善其仇者人莫识，谤之奇也。

究其末事人未察，谤之实也。设其恶言人弗辩，谤之成也。

谤而不辩，其事自明，人恶稍减也。

谤而强辩，其事反浊，人怨益增也。

失之上者，下必毁之；失之下者，上必疑之。

假天责人掩私，假民言事见信，人者尽惑焉。

【译析】

所谓的规则或潜规则，其实是江湖规矩。了解并理解这些看似不合理的现象，诅咒、疑惑的情绪化反应自然会少，也就能更轻松地面对与应对。

江湖规矩十一条：

一、人微不诤：诤者，劝其改过也。小人物，脾气大，忌讳多，还是不要因为好心去劝导他的好。

二、才庸不荐：不要推荐才能平庸的人，以免影响别人对你的看法。

三、攻其人忌：要攻击一个人，只要找到他被大伙嫉恨、不喜欢的一个毛病，其他人就自然也会对他进行攻击。攻其人忌，人难容也。记住，一个就够了。这可是高手的玩法。

四、令人自污：将对方陷入两难选择的窘境，无论他怎么选，都是自己给自己抹黑，这是容易做到的事。陷其窘地人自污，谤之易也。

五、借力打力：私下对对手的仇人好，对手的仇人迟早会攻击他，别人还不知道攻击的真正来源，这是发动诽谤的奇招。善其仇者人莫识，谤之奇也。

六、爆料抹黑：艳照门算是最厉害的武器了，当年张柏芝、钟欣桐一夜之间从玉女变欲女，这是把人们的生活私事暴露出来，被诽谤者还无法辩解。究其未事人未察，谤之实也。

七、翻舌捏造：古代社会的信息都靠人际传播，这种方法很厉害，自此有了微博。用捏造对方说法抹黑的方法已经不太好使，但是在朋友间造成误解与芥蒂，依然是很阴毒管用的一招。设其恶言人弗辩，谤之成也。

八、无为而消：遭遇诽谤的时候，能够忍住不去辩解，诽谤者反而少了新材料，继续捏造反而是难事，假以时日，毁谤之事是真是假，自然会逐渐明朗，旁观者的憎恶也会减少一点。谤而不辩，其事自明，人恶稍减也。

九、越辩越黑：因为被诽谤就强烈地为自己辩护，会让事情更难澄清，别人的埋怨也会躲起来。谤而强辩，其事反浊，人怨益增也。

韩寒代笔门的推波助澜，并不是方舟子最早对作文大赛造假的质疑，而是韩寒先高调悬赏，后是要起诉，不仅显得惊慌失措，而且语无伦次，完全不是他当年被质疑时的那种自信。结果越辩解疑点越多，从作文大赛造假质疑，到成名作《三重门》及后续长篇小说都有代笔。韩寒此后再也没有写过一本长篇小说。

十、职场暗坑：如果领导不喜欢你，对你的诽谤一定来自你的下级；如果你的下级不喜欢你，你的领导一定会怀疑你。失之上者，下必毁之；失之下者，上必疑之。这个奇怪的职场现象并不难理解，你的上司与你的下属之间有你控制不了的关系，所以要让领导信任，又让下属喜欢，不是件容易的事。

十一、顺天应人：海尔要裁员，它说这是顺应时代的转型变革；马云裁掉卫哲，说卫哲管理不力，损害了阿里巴巴的诚信价值观。皇帝杀人头，要谢主隆恩；打家劫舍的啸聚山林，叫替天行道；皇帝的三宫六院，是为了反映上天的伦理秩序，为天下百姓做榜样。自古以来，借助天意、天命为行为找合法化依据是一个习惯性思维，都是为了掩盖真实目的或私心，打着大公无私的旗号说事，就容易被相信。

又是天意，又是代表群众，还有人能不被搞糊涂吗？说到底，无非是把自己做的事情都戴上"顺天应人"的桂冠，不容置疑，必须相信。假天责人掩私，假民言事见信，人者尽惑焉。

江湖不险恶，人心险恶；人心险恶也不怕，怕的是你内心失去准衡，失去准衡，也就失去了判断。

示伪卷八：困难时不要骗人

【原文】

无伪则无真也。真不忌伪，伪不代真，忌其莫辩。

伪不足自祸，真无忌人恶。

顺其上者，伪非过焉。逆其上者，真亦罪焉。

求忌直也，曲之乃得。拒忌明也，婉之无失。

忠主仁也，君子仁不弃旧。仁主行也，小人行弗怀恩。

君子困不惑人，小人达则背主，伪之故，非困达也。

俗礼，不拘者非伪；事恶，守诺者非信。物异而情易矣。

【译析】

如果冯道生于今天，他就会明白，他所描绘的"示伪"是心理分析里一个很普遍的人格概念，即性格盔甲，与道德判断没有必然关系。

从弗洛伊德的自我、本我、超我人格三层结构说开始，虚伪这现象，除了莫里哀笔下的《伪君子》，普通人的掩饰、撒谎等"做伪"表现，不再是道德问题，是社会结构之下的人格现象（或心理机制），而且是个体之人的一种"合法合理的"自我保护本能。

心理分析学派从本质上承认"不成熟个体"是一个普遍现实，实际上是对人的一次解放，尤其是对个体人的尊重。承认人人都是伪君子的社会，绝大部分人反而有了君子之行，而且彼此理解包容；以君子的理想人格要求个体的社会，绝大部分人都变成了伪君子或者焦虑的真小人。

生于现代世界的人，对于真伪这对范畴要有基本的区分。真伪不仅是人格"类型特质"，有道德褒贬的含义；同时也是一个普遍的"人格特征"，是潜意识或者超我（道德人格）对本我的下意识或无意识掩盖。这种掩盖是人之所以会有虚伪言行的本能心理反应（机制），目的是形成自我保护，即赖希所说的性格盔甲，是个体与社会之间的潜意识保护层。

如果从方法论角度看人际交往里的示伪，并没有什么特别之处。如果社会是江湖，江湖是战场，那么《孙子兵法》里的战争原则也适用于人际江湖。兵者，诡道也。故能而示之不能，用而示之不用，近而示之远，远而示之近。利而诱之，乱而取之，实而备之，强而避之，怒而挠之，卑而骄之，佚而劳之，亲而离之，攻其无备，出其不意。此兵家之胜，不可先传也。

冯道的示伪之论，也就是多了点人情世故的洞察，在示伪的方法上，还是孙子兵法与三十六计更详细。

没有虚假，也就谈不上真实。真实不害怕虚伪，因为虚伪代替不了真实，但如果辨别不清，就成了忌讳的事情。无伪则无真也。真不忌伪，伪不代真，忌其莫辩。

某名导演因嫖娼被抓，没过两天，网上流传名导的妻子是幕后主使的谣言，甚至将案发时其人在美国说成是故意不在现场，目的就是为了与名导离婚，嫖娼案变成了一个离婚分家产的阴谋。这个说法属于前一章"谤言"里"设其恶言人弗辩，谤之成也"的类型，使当事人陷于"忌其莫辩"的真伪难辨窘境。

但是，造假如果不充分，会自取其祸；真实如果不分场合，也会招人厌恶。伪不足自祸，真无忌人恶。

针对谣传，作为名导的妻子，应对的上策不是去辩解（如果出面澄清，捕风或许真是捉到了影子），而是立即动用网络技术，对谣言发出、流传的线索进行追查，找到源头，找到造谣者，去揭开造谣者的动机，并对线索与证据采取司法保全手段，以备揭露及起诉。

也就是说，造假者如果留下马脚，是会引火烧身的，即所谓"伪不足自祸"。至于"真无忌人恶"，就是鲁迅先生举过的例子，小孩出生，大家都在说关于这孩子未来会出将入相的夸饰之辞，有位仁兄说这孩子未来会死，这样的真话哪能不招人厌恶呢！

每个人都有青春叛逆期，有一部分人最后会明白：孝顺孝顺，不是供养父母就尽孝，顺从才是大孝。《论语》子夏问孝。子曰：色难。色难，对父母保持和颜悦色是困难的。色难的根本原因是缺乏一个自然的"敬"的心。子游问孝。子曰：今之孝者，是谓能养，至于犬马，皆能有养，不敬，何以别乎？

难才有价值，才有大价值。

冯道将孝顺的教训放到了官场上：顺从上司，就算说的是假话，也不是过错；违逆上司，就算说了真话，也是会招来罪祸。顺其上者，伪非过焉。逆其上者，真亦罪焉。

说到底，身在官场、职场、江湖里，有一个基本底线不要碰，那就是不要因为你认为上司是聪明或愚蠢，就不听话或两面三刀，这是江湖第一大忌，会"死人"的。

如果有求于人，不能直来直去，而要含蓄地说才能达到目的。拒绝别人也不能公开表示，否则会让人面子上过不去，委婉地拒绝才会让人不生怪罪。求忌直也，曲之乃得。拒忌明也，婉之无失。这两个处理方法，不管是有求于人还是拒绝别人，都是对对方的尊重。

忠诚的人一定仁厚，仁厚的人都会感念旧情旧恩，并会因此行动起来，想办法关照老朋友。小人则不然，小人虽然也行动，却不会有怀旧感恩之心。忠主仁也，君子仁不弃旧，仁主行也，小人行弗怀恩。

从上下文意看，冯道这句话的意思是指：小人就算有表示感谢的行动，也不会做出仁厚与忠诚之人的行为，即不会因为得到过帮助就心怀感激。

君子即使在困难的时候也不会欺骗别人；小人只要得势，一定会背叛主人。为什么呢？与人有钱还是没钱、顺境还是逆境无关。小人从来就是两面三刀，虚假、虚伪是深入其骨髓的。君子困不惑人，小人达则背主，伪之故，非困达也。

就是说，不要指望因为帮助了小人，就能得到他的感激。没有例外，永远没有。小人不仅不会感激帮助过他的人，甚至会第一个背叛昔日帮助过他的恩人。切记切记，不要问为什么？小人就是如此行状，想想"都是你的错"的晋惠公。

如此说来，有些世俗的礼节如果没有遵守，并不说明这人虚假；不是好事，却以信守承诺而不揭发，这也不是讲信用。信守承诺或不拘礼节哪个是真，哪个是伪，不能看行为本身，而要分析行为背后事情的具体状况。俗礼，不拘者非伪；事恶，守诺者非信。物异而情易矣。

这一章显示出冯道是个儒家君子情怀很重的人。冯道早年诗作《天道》云：

穷达皆由命，何劳发叹声。但知行好事，莫要问前程。

冬去冰须泮，春来草自生。请君观此理，天道甚分明。

君子困不惑人，小人达则背主——这句话之外，是一种"多么痛的领悟"，又是一种怎样的豪迈！

困不惑人，赤心如金。

降心卷九：谋以暗成

【原文】

以智治人，智穷人背也。伏人慑心，其志无改矣。

上宠者弗明贵，上怨者休暗结。术不显则功成，谋暗用则致胜。

君子制于亲，亲为质自从也。小人畏于烈，奸恒施自败也。

理不直言，谏非善辩，无嫌乃及焉。

情非彰示，事不昭显，顺变乃就焉。

仁堪诛君子，义不灭小人，仁义戒滥也。

恩莫弃贤者，威亦施奸恶，恩威戒偏也。

【译析】

有人问：为什么中国的民营企业家开始热衷佛学、国学？我说：人心乱了，队伍不好带。管他是佛是教，《三字经》还是《金刚经》，能统一下属们混乱的思想，总比什么也没有强。

如今的培训界，用道服袈裟、长衫开襟、一派仙风道骨装大师者比比皆是，这个说国学，那个谈禅宗，还有易经占卜、中医八卦，好不热闹。这些伪大师的脑子里没有半点其所谈知识的逻辑，他们只有一个共同的归宿，那就是抓住听众的需求痛点，从思想上催眠洗脑。

这些企业家们显然都碰到了瓶颈，即用智谋管理下属，智谋迟早有用尽以至有下属背叛的时候；如果管人能管到下属心服，外在的引诱也就很难改变他的志向。以智治人，智穷人背也。伏人慑心，其志无改矣。这句话是告诫领导者不要迷信小智小谋，不要迷恋耍小聪明。

世界上所有的宗教都有其可敬的一面，但任何宗教只要变成组织信条，无不变得丑陋无比、藏污纳垢。宗教与道德一样，是内裤，圣徒都是小概率；非要穿在外面显示自己的信仰，一定会演变成大概率的虚伪与荒唐。

如何伏人摄心？

《金刚经》须菩提白佛言：希有，世尊！善男子、善女人，发阿耨多罗三藐三菩提心，应云何住？云何降伏其心？佛言：善男子、善女人，发阿耨多罗三藐三菩提心，应如是住，如是降伏其心。诸菩萨摩诃萨，应如是降伏其心：所有一切众生之类，我皆令入无余涅槃而灭度之。

所谓发"阿耨多罗三藐三菩提"心：阿为无，耨多罗为上，三藐为正，三为遍。菩提为道，统而译之，名为无上正遍道，新译曰无上正等正觉，真正平等觉知一切真理之无上智慧也。显然，这样的佛心岂是容易修得？伏人摄心，说得容易，做起来可不简单。

回到现实的官场、职场等人际关系江湖，还是有一些伏人摄心的具体法门。如被上司宠信的人，不要明着去抬高他；被上司怨恨的人，不要暗地里去交往。上宠者弗明贵，上怨者休暗结。

这两句话，有人翻译为上司宠信你，不要趾高气扬；上司埋怨你，不要暗地里结党与上司对抗，这个理解不符合原文意思，把主体搞反了。冯道此句是规劝官场里的人对于上司（皇帝）宠信或不满的人应该怎么做，而不是针对被上司宠信或埋怨者的劝谕。这里的处世技巧，是以上司是否高兴为目的，体现了冯道"悦上者荣，悦下者蹇"（闻达卷二）的一贯思想。

取得了成功，别人却看不到用了什么方法，这是真正的成功；战胜对手，别人看不到用了什么智谋，这是真胜利。术不显则功成，谋暗用则致胜。

与《老子》"功成事遂，百姓皆谓我自然"、《孙子兵法》"善战者之胜也，无智功，无勇名，故其战胜不忒"、《韩非子》"事以密成，语以泄败"等，都是一个意趣。中国式智慧特别推崇"隐胜"，高手都很喜欢这种有术不显、用谋暗成、功成不知的境界。

伏人摄心，有思想洗脑式，也有霸王硬上弓式。现实里，等不及对方心甘情愿也要让他老实听话。怎么做呢？

可以区分对象对症下药。正人君子的软肋是他们的亲人，用亲人做人质，他们就会乖乖听话；小人不在乎亲人，他们畏惧的是比他们更狠的人，只要坚持以毒攻毒，小人自然会投降。君子制于亲，亲为质自从也。小人畏于烈，奸恒施自败也。

有理未必要较真直言，劝谏并不是比是否善辩，要对方接受道理与劝谏，重要的是不要引起对方的嫌忌，否则自己的好心反而得不到好报。感情或态度不要到处宣扬搞得人尽皆知，办了事也不要摆在明处，顺应变化才是得其所哉。理不直言，谏非善辩，无嫌乃及焉。情非彰示，事不昭显，顺变乃就焉。

儒家将仁作为处世的最高标准，如果对仁过于偏执，以仁的名义，真正的君子也都可以被斩杀。义是"羞恶之心"（孟子），"天下有义则治，无义则乱"（墨子），"人何以能群，曰分；分何以能行？曰以义"，这么重要的一个义字，却未必能让小人消失。所以，讲求仁义，要警惕上纲上线。仁堪诛君子，义不灭小人，仁义戒滥也。

权力的本质是惩罚与奖励，掌权者的两个利器，左手是恩，右手是威；恩威二柄是伏人摄心的重要工具。怎么用好呢？

上司都喜欢施恩给善于逢迎的人，这样是不对的，要对不善逢迎的贤德之人给予恩惠；对于万金油、西瓜皮之类的奸恶之徒，即使他们善于躲避，也要给他们一点颜色，让这些奸恶之徒不要自以为得计。这就是说，施恩施威要避免偏颇。恩莫弃贤者，威亦施奸恶，恩威戒偏也。

恩威不测，才是伏人摄心的要诀。

仁义恩威，术谋情理，都是用，目的是伏人摄心。能做到其志不改，效果自然好；不能自觉自愿，用隐术暗谋或质亲恩威，也要达到同样的目的。

佛门的伏人摄心，除了发阿耨多罗三藐三菩提心，其实还有别的开悟法门。

慧可对达摩云：我心未宁，乞师与安。达摩祖师曰：将心来，与汝安。慧可沉吟了好久，回答道："心了不可得。达摩答曰：我与汝安竟。慧可言下大悟。

心既了不可得，即是虚妄，何必去安？何以安为？

伏人摄心，心不可得，自然无需去摄；以万物为刍狗，人亦为刍狗，何必要伏？

这是顶上智慧。

揣知卷十：看破不说破

【原文】

善察者知人，善思者知心。知人不惧，知心堪御。

知不示人，示人者祸也。密而测之，人忌处解矣。

君子惑于微，不惑于大。小人虑于近，不虑于远。

设疑而惑，真伪可鉴焉。附贵而缘，殃祸可避焉。

结左右以观情，无不知也。置险难以绝念，无不破哉。

【译析】

这是《荣枯鉴》的最后一篇，作为一部处世学文章，冯道的本意是揭示官场应对术，今人借鉴这些乱世官场应对术，或许假设的是当下社会过于复杂。

两年前流行过一本书，名为《世界如此险恶，你要内心强大》，冯道所要构建的，岂不就是乱世不倒翁的强大内心？

最后一章以"揣知"结束，与《鬼谷子》以"捭阖"开始，有异曲同工之处：不能揣知，无以捭阖；捭阖之基，就在揣知明白。

如何揣知？善于观察的人可以了解他人，善于思考的人才能了解他人的内心。对他人知根知底，就不会害怕；知道他心里在想什么，就可以驾驭对方。善察者知人，善思者知心。知人不惧，知心堪御。

但是，了解对方却不能让对方知道，如果炫耀对他人的了解，反而会给自己带来祸害。秘密地检测对他人了解的真伪，就可以让对方放松对自己的戒备嫉妒。知不示人，示人者祸也。密而测之，人忌处解矣。

世间君子，往往小事糊涂，大事不糊涂；小人呢，通常只考虑眼前，却不考虑长远。所以故意设置一些疑点去迷惑他，就能看到对方的真伪之情；与权贵结缘攀附，灾难祸害都会自然避开。君子惑于微，不惑于大。小人虑于近，不虑于远。设疑而惑，真伪可鉴焉。附贵而缘，殃祸可避焉。

怎样了解别人呢？与他身边的人结交，透过他身边的人了解对方，可以做到无所不知。要想利用对方，就让他进入危险困难的情境，让对方乖乖听话还不是轻而易举之事？结左右以观情，无不知也。置险难以绝念，无不破哉。

揣知是为了驾驭：第一是了解对方的底细；第二是知不示人，密而测之；第三是设疑而惑，看他在关键时候的选择，辨别其真伪情感；第四是与权贵结缘，让他人知道自己上边有人罩着；第五是从对方的身边人身上获取信息；第六是攻取对方，这样就很容易设计危难情境，让对方断了犹豫想法，听从自己。

冯道此章阐述的揣知，是指应对官场同侪，而不是揣摩上司意图。《鬼谷子》的捭阖之道，是阐述说服对方的技巧；《荣枯鉴》的揣知，是"术不显则功成，谋暗用则致胜"（降心第九）的江湖世故。看破不可说破，说破可能会陷于灾祸。

将冯道的《荣枯鉴》名为《小人经》，有哗众取宠之嫌，与《厚黑学》相比，《荣枯鉴》是一个明哲保身的儒士的官场指南。

《荣枯鉴》的普遍价值是什么？是认识世界、洞察世界、理解他人的意图、了解江湖规则就可以驾驭江湖、守荣避祸。

冯道的《偶作》云：

莫为危时便怆神，前程往往有期因。须知海岳归明主，未必乾坤陷吉人。

道德几时曾去世，舟车何处不通津。但教方寸无诸恶，狼虎丛中也立身。

可以看出，冯道对于因果律、不可测性、道德的确实性都是笃信不疑，"但教方寸无诸恶，狼虎丛中也立身"的说法，显示出冯道早年还是一个很文青的人，与日后不倒翁的世故圆滑距离甚远。

时代对人的改变比人们想象的更多。1200多年后，那个少年时代写下"丈夫只手把吴钩，意气高于百尺楼。一万年来谁著史，三千里外觅封侯"

的李鸿章，最终不惜为一个朽败朝廷担负骂名，做了没落王朝的忠实裱糊匠。

十朝不倒翁与一朝裱糊匠，结果都是毁誉参半，却又不能掩盖其绝世才华、卓越事功。

中国这片土地，太多外部的纠缠、太多内心的噬啮，把本可简单的社会与人情变得复杂莫测。

这片土地需要洗落千年的藤蔓，被许以"自由与自然"（Freedom & Nature），在这个原点上，万物重新生长。

《权经》译评

中国的《君主论》

译析完《荣枯鉴》，比较了一下冯道的另外两篇著作《宦经》（亦做《仕赢经》）与《权经》，我决定将《权经》做简要译析。

原因是《宦经》所谈的是做官的注意事项。官僚学（为政）从孔子以降，不绝如缕，冯道的官场不倒翁哲学也没有多少特出之见。这篇《权经》却不可小看，从中国政治思想史来看，这是古代唯一一部如何运用权力的论文；从世界政治思想史看，它比马基雅维利的《君主论》早了 600 多年。

萧公权的《中国政治思想史》竟然对冯道不着一字！中国体制内学者对于冯道这样的异端思想，显然是当成了"形而下"的阴谋学略而不论。谈政治与政治思想不谈权力，何其古板的研究视角？中国出不了《权力的眼睛》（福柯）这等著作，也就不奇怪了。

不谈权力，权力却无时不在；对权力认识不清，权力却无处不决定人的生活。比起个人修养、处世经验，经营权力岂不是人生最重要的功课?!

我们来看看《权经》究竟说了什么，有什么启发。

求权卷一：权力的来源

【原文】

富不敌权焉，穷以权贵焉。

无欲不得，无心难获，无术弗成。

携为上，功次之。揣为上，事次之。

权乃人授，授为大焉。

【白话】

权力与贫富无关，有钱的人抗不过有权的，穷人有了权力，自然就贵人一等。

对权力没有欲望的人不会得到权力，不用心追求权力的人难以获得权力，追求权力而缺乏方法的人也不会成功。

权从何来？上司提携为上策，立功受奖是次要；揣摩上司心思是上策，帮领导办事是次要。

要记住，权力来自上司的授予，愿意授予你权力才是最重要的。

【点评】

我们将这一段总结为求权321法则：

三个方法：欲望、用心、手腕。

两个途径：提携、揣摩。

一个关键：授予。

比起那些宣称修身、读书、正直、办事就能得到赏识的迂腐之见，冯道的求权321法则不啻是一瓢冷水，却是早知早受益的一剂良药。

争权卷二：暗争为上

【原文】

权乃利也，不争弗占。权乃主也，不取弗安。

权乃恃也，不依弗久。

愚不与智争也，弱不与强斗也，长不与少绝也。

明争为下，暗争为上。进求为下，退求为上。

【白话】

权力是什么？权力就是利益，你不争就不会占有。权力就是主导权，你不争取就不得安宁。权力就是靠山，失去靠山就不能长久。

愚昧的人就不要与聪明人去争夺权力；实力弱的人就不要与实力强的人角逐；年纪大的人不要断了年轻人的进路。

要争取权力，公开争夺是下策，暗地里争夺是上策。毛遂自荐地争取是下策，以退为进地争取是上策。

【点评】

不管你是否用权力为民谋福利，权力的本质是利益、主导权与靠山，有了权力，讲话才算数。

争取权力有五个潜规则：愚不与智争，弱不与强斗，长不与少绝，暗争为上，退求为上。

想争权夺利，先掂量一下自己及对手。

用权卷三：能用的才是真权力

【原文】

权惟用，不为大也。权为实，不为名也。

权为恒，不为时也。君子谋公，小人谋私。

威源于明也，信源于诚也，功源于和也。

【白话】

权力要管用，不在于大，重要的是有实权，而不是图虚名；权力还得持久，而不是只能用一时。君子用权力是为公事谋划，小人用权力是为自己捞好处。

权力的威严源于透明，权力的信任源于诚实，权力的效用源于上下和睦。

【点评】

一朝权在手，便把令来行。县官不如现管，虚名不如实权，短暂不如长久。总之，权力要经常用才知道权力是真实还是虚名、是大还是小、是恒久还是短暂。

固权卷四：重权要抓在手里

【原文】

得之难，失之易也，权也。困则奋，顺则怠，人也。

制敌以严，驭众以慈。成事勿矫，败事勿蹶。

势单害权，性烈祸身。权重当守，权轻当舍。

【白话】

权力这个东西，得到很难，失去却很容易。

处于困难境地就会奋发，日子太平就容易懈怠，这是人之常情，掌权者要警惕这种趋势。

要巩固权力，对敌人（对手）要狠，要毫不留情；对大众要仁慈，以获得爱戴。

事情做成了，不要骄傲；事情没有做成，也不要气馁。

势力单薄时，权力就会被削弱；性格太冲动，容易惹祸上身。

重要的权力要牢牢掌握在手里；无关紧要的权力可以放弃给别人。

【点评】

争夺权力的时候故事精彩，实际上，掌握权力后如何巩固权力更难，正所谓打江山不易，坐江山更难！

中国历史上共408位皇帝，有16种死法：臣杀、兄弟互杀、宦官杀、子杀、叔杀、父杀、外公杀、岳父杀、兵杀、俘杀、自杀、病杀、母杀、妻杀、祖母杀、寿终。16种死法中，有一半以上的皇帝是被自己身边的人给害死的。可见有权力而不能巩固，是要反遭其祸的。

巩固权力有四法：一是制敌以严，驭众以慈；二是成事勿矫，败事勿蹶；三是势单害权，性烈祸身；四是权重当守，权轻当舍。

权力既然争夺到手，就必须牢牢掌握，切不可懈怠而失。

分权卷五：权力可以分给谁

【原文】

愚不分权也，智不尽占也。

权予能者，其身不倦。权予忠者，其业不毁。

权予善者，其名不损。安莫待，危即行。

贵勿吝，败不拘。事变人变也。

【白话】

把所有的权力都抓在自己手上的统治者是愚蠢的，有智慧的掌权者不会把权力一人独占，而是懂得分权。

把权力授予能干的人，领导就不会自己累得半死；把权力授予忠诚的人，权力的基业就不会被毁掉；把权力授予善良的人，领导的名声就不会有损伤。

风平浪静的时候不要消极等待，碰到危急境况要立即行动。

富贵了不要吝啬，落魄时不要拘泥。事情变了，人的思想行为也要跟着改变。

【点评】

掌权者需要把权力授予三种人，即能干的人、忠诚的人、善良的人。宠臣马屁精要不要？要，但要限制在娱乐领导的范围里，不要给他们授予实际的权力，宠臣掌权必然让领导形象受损。

掌权者千万不要吝啬。崇祯就是因为吝啬，把能干的、忠诚的、善良的大臣都得罪光了，明朝也就亡了。

夺权卷六：夺权先夺心

【原文】

上不仁，下乃夺。下不义，上乃失。

做伪者奸，逆功者忠。惑上者险，纵下者愚。

乏力勿为，少智莫与。助善不助恶，夺权亦夺心。

【白话】

夺权就是发动政变。

掌权者失去仁义，下属就会夺取权力。下属不讲信义、道义，掌权者也会失去权力。

掌权者要警惕以下情况：喜欢讲谎话的必定是奸佞之徒，有功也不倨傲的才是忠臣，喜欢迷惑上司的人必然危险，纵容包庇下属错误的领导是笨蛋。

力量不足的时候，不要轻举妄动；智慧不够的时候，不要参与抢班夺权。

碰到夺权的事情，要分清善恶，帮助善良的，不要成为恶人的爪牙。

夺权，其实是在争夺人心。

【点评】

权力江湖，外人及后人其实很难评估。在掌权者与下属的微妙关系里，如何识别忠奸善恶，不是件容易的事情。

拒权卷七：危险的权力不要碰

【原文】

君子不仕也，士子莫适也。

以权惑人，取之非祥。以权弄人，得之乃伤。

以权欺人，信之就祸。危权固辞，虚权弗受。

上权勿侵，下权莫扰。规不可破也。

【白话】

道德感太强的君子最好不要去当官，有志于学的读书人不一定适应官场的游戏。

有些权力要学会拒绝。欺骗蒙蔽人的权力，取得了不是好事；玩弄人的权力，得到了会伤害到自己；欺压人的权力，跟随他会惹祸上身。摇摇欲坠的权力，一定要推辞不受；有名无实的任命，不如自己一边凉快。

上级的权力不要想着挖出一点，下属的权力不要去干扰他，上下级的权力游戏规则是不可以破坏的。

【点评】

危权莫受。想玩转权力，就要遵守权力的游戏规则。君子、学者未必适合掌权做官，有一些权力必须学会拒绝。没有判断的贪权是危险的。

让权卷八：贪权者丧命

【原文】

盛则衰也，极则没也。君子让权，小人让命。

权不束君子，祸不警小人。

上疑之，下释之。下不制，上必谋。

上下可让，荣辱可以易。

【白话】

权力到了鼎盛的时候，也就面临着衰败；如果权力用尽，必然会灭亡。

在权力由盛转衰的关键时刻，君子宁可让出权力，全身而退；小人不愿放权，丢了性命。

权力是约束不了君子的，所以君子可以选择让权保身；灾祸也警示不了小人，所以小人依旧会死在抓权的路上。

上司如果产生怀疑，下属一定要去解释清楚；下属不服从管束，上司一定会想办法除掉你。上级与下级都是可以转换的，荣辱也是会变化的。

【点评】

杯酒释兵权的故事，不就是避免了"上疑之，下释之。下不制，上必谋"的惨剧吗？

要权还是要命，有时只能选一个。

【总评】

寇准说：熟读《权经》，必有大成也。王阳明说：权之秘，冯道尽道也。恃之无畏，行之无蹇。

中国的教育，对于权力、性、利益、安全等人生最重要的事情，往往顾左右而言他，导致进入社会的人，都要经历一番潜规则的折磨。

客观地认识及对待权力、性、利益、安全，是心智成熟进入社会的表现，也是理性地看待世界与自我的表现。

归根结底，虚假的观念、鸵鸟式回避的观念，就像送一个未经训练的士兵上战场，是不负责任的教育。

权力是人生的重要课题，不可不察。

企业案例·老板传记

	书名.作者	内容/特色	读者价值
企业案例·老板传记	娃哈哈区域标杆:豫北市场营销实录 罗宏文 赵晓萌 等著	本书从区域的角度来写娃哈哈河南分公司豫北市场是怎么进行区域市场营销,成为娃哈哈全国第一大市场、全国增量第一高市场的一些操作方法	参考性、指导性,一线真实资料
	像六个核桃一样:打造畅销书的 36 个简明法则 王 超 范 萍 著	本书分上下两篇:包括"六个核桃"的营销战略历程和 36 条畅销法则	知名企业的战略历程极具参考价值,36 条法则提供操作方法
	六个核桃凭什么:从 0 过 100 亿 张学军 著	首部全面揭秘养元六个核桃裂变式成长的巨著	学习优秀企业的成长路径,了解其背后的理论体系
	借力咨询:德邦成长背后的秘密 官同良 王祥伍 著	讲述德邦是如何借助咨询公司的力量进行自身 与发展的	来自德邦内部的第一线资料,真实、珍贵,令人受益匪浅
	解决方案营销实战案例 刘祖轲 著	用 10 个真案例讲明白什么是工业品的解决方案式营销,实战、实用	有干货,真正操作过的才能写得出来
	招招见销量的营销常识 刘文新 著	如何让每一个营销动作都直指销量	适合中小企业,看了就能用
	我们的营销真案例 联纵智达研究院 著	五芳斋粽子从区域到全国/诺贝尔瓷砖门店销量提升/利豪家具出口转内销/汤臣倍健的营销模式	选择的案例都很有代表性,实在、实操!
	中国营销战实录:令人拍案叫绝的营销真案例 联纵智达 著	51 个案例,42 家企业,38 万字,18 年,累计 2000 余人次参与……	最真实的营销案例,全是一线记录,开阔眼界
	双剑破局:沈坤营销策划案例集 沈 坤 著	双剑公司多年来的精选案例解析集,阐述了项目策划中每一个营销策略的诞生过程,策划角度和方法	一线真实案例,与众不同的策划角度令人拍案叫绝、受益匪浅
	宗:一位制造业企业家的思考 杨 涛 著	1993 年创业,引领企业平稳发展20 多年,分享独到的心得体会	难得的一本老板分享经验的书
	简单思考:AMT 咨询创始人自述 孔祥云 著	著名咨询公司(AMT)的 CEO 创业历程中点点滴滴的经验与思考	每一位咨询人,每一位创业者和管理经营者,都值得一读
	边干边学做老板 黄中强 著	创业 20 多年的老板,有经验、能写、又愿意分享,这样的书少	处处共鸣,帮助中小企业老板少走弯路
	三四线城市超市如何快速成长:解密甘雨亭 IBMG 国际商业管理集团 著	国内外标杆企业的经验 + 本土实践量化数据 + 操作步骤、方法	通俗易懂,行业经验丰富,宝贵的行业量化数据,关键思路和步骤
	中国首家未来超市:解密安徽乐城 IBMG 国际商业管理集团 著	本书深入挖掘了安徽乐城超市的试验案例,为零售企业未来的发展提供了一条可借鉴之路	通俗易懂,行业经验丰富,宝贵的行业量化数据,关键思路和步骤

互联网 +

	书名.作者	内容/特色	读者价值
互联网 +	触发需求:互联网新营销样本·水产 何足奇 著	传统产业都在苦闷中挣扎前行,本书通过鲜活的案例告诉你如何以需求链整合供应链,从而把大家熟知的传统行业打碎了重构、重做一遍	全是干货,值得细读学习,并且作者的理论已经经过了他亲自操刀的实践检验,效果惊人,就在书中全景展示
	移动互联新玩法:未来商业的格局和趋势 史贤龙 著	传统商业、电商、移动互联,三个世界并存,这种新格局的玩法一定要懂	看清热点的本质,把握行业先机,一本书搞定移动互联网
	微商生意经:真实再现 33 个成功案例操作全程 伏泓霖 罗晓慧 著	本书为 33 个真实案例,分享案例主人公在做微商过程中的经验教训	案例真实,有借鉴意义
	阿里巴巴实战运营——14 招玩转诚信通 聂志新 著	本书主要介绍阿里巴巴诚信通的十四个基本推广操作,从而帮助使用诚信通的用户及企业更好地提升业绩	基本操作,很多可以边学边用,简单易学

	书名·作者	内容/特色	读者价值
互联网+	今后这样做品牌:移动互联时代的品牌营销策略 蒋 军 著	与移动互联紧密结合,告诉你老方法还能不能用,新方法怎么用	今后这样做品牌就对了
	互联网+"变"与"不变":本土管理实践与创新论坛集萃·2016 本土管理实践与创新论坛 著	本土管理领域正在产生自己独特的理论和模式,尤其在移动互联时代,有很多新课题需要本土专家们一起研究	帮助读者拓宽眼界、突破思维
	创造增量市场:传统企业互联网转型之道 刘红明 著	传统企业需要用互联网思维去创造增量,而不是用电子商务去转移传统业务的存量	教你怎么在"互联网+"的海洋中创造实实在在的增量
	重生战略:移动互联网和大数据时代的转型法则 沈 拓 著	在移动互联网和大数据时代,传统企业转型如同生命体打算与再造,称之为"重生战略"	帮助企业认清移动互联网环境下的变化和应对之道
	画出公司的互联网进化路线图:用互联网思维重塑产品、客户和价值 李 蓓 著	18个问题帮助企业一步步梳理出互联网转型思路	思路清晰、案例丰富,非常有启发性
	7个转变,让公司3年胜出 李 蓓 著	消费者主权时代,企业该怎么办	这就是互联网思维,老板有能这样想,肯定倒不了
	跳出同质思维,从跟随到领先 郭 剑 著	66个精彩案例剖析,帮助老板突破行业长期思维惯性	做企业竟然有这么多玩法,开眼界

行业类:零售、白酒、食品/快消品、农业、医药、建材家居等

	书名·作者	内容/特色	读者价值
零售·超市·餐饮·服装·汽车	1. 总部有多强大,门店就能走多远 2. 超市卖场定价策略与品类管理 3. 连锁零售企业招聘与培训破解之道 4. 中国首家未来超市:解密安徽乐城 5. 三四线城市超市如何快速成长:解密甘雨亭 IBMG国际商业管理集团 著	国内外标杆企业的经验+本土实践量化数据+操作步骤、方法	通俗易懂,行业经验丰富,宝贵的行业量化数据,关键思路和步骤
	涨价也能卖到翻 村松达夫 【日】	提升客单价的15种实用、有效的方法	日本企业在这方面非常值得学习和借鉴
	零售:把客流变成购买力 丁 昀 著	如何通过不断升级产品和体验式服务来经营客流	如何进行体验营销,国外的好经营,这方面有启发
	餐饮企业经营策略第一书 吴 坚 著	分别从产品、顾客、市场、盈利模式等几个方面,对现阶段餐饮企业的发展提出策略和思路	第一本专业的、高端的餐饮企业经营指导书
	赚不赚钱靠店长:从懂管理到会经营 孙彩军 著	通过生动的案例来进行剖析,注重门店管理细节方面的能力提升	帮助终端门店店长在管理门店的过程中实现经营思路的拓展与突破
	汽车配件这样卖:汽车后市场销售秘诀100条 俞士耀 著	汽配销售业务员必读,手把手教授最实用的方法,轻松得来好业绩	快速上岗,专业实效,业绩无忧
耐消品	跟行业老手学经销商开发与管理:家电、耐消品、建材家居 黄润霖 著	全部来源于经销商管理的一线问题,作者用丰富的经验将每一个问题落实到最便捷快速的操作方法上去	书中每一个问题都是普通营销人亲口提出的,这些问题你也会遇到,作者进行的解答则精彩实用
白酒	变局下的白酒企业重构 杨永华 著	帮助白酒企业从产业视角看清趋势,找准位置,实现弯道超车的书	行业内企业要减少90%,自己在什么位置,怎么做,都清楚了
	1. 白酒营销的第一本书(升级版) 2. 白酒经销商的第一本书 唐江华 著	华泽集团湖南开口笑公司品牌部长,擅长酒类新品推广、新市场拓展	扎根一线,实战

白酒	区域型白酒企业营销必胜法则 朱志明 著	为区域型白酒企业提供 35 条必胜法则，在竞争中赢销的葵花宝典	丰富的一线经验和深厚积累，实操实用
	10 步成功运作白酒区域市场 朱志明 著	白酒区域操盘者必备，掌握区域市场运作的战略、战术、兵法	在区域市场的攻伐防守中运筹帷幄，立于不败之地
	酒业转型大时代：微酒精选 2014－2015 微酒 主编	本书分为五个部分：当年大事件、那些酒业营销工具、微酒独立策划、业内大调查和十大经典案例	了解行业新动态、新观点，学习营销方法
快消品·食品	乳业营销第一书 侯军伟 著	对区域乳品企业生存发展关键性问题的梳理	唯一的区域乳业营销书，区域乳品企业一定要看
	食用油营销第一书 余 盛 著	10 多年油脂企业工作经验，从行业到具体实操	食用油行业第一书，当之无愧
	中国茶叶营销第一书 柏 篑 著	如何跳出茶行业"大文化小产业"的困境，作者给出了自己的观察和思考	不是传统做茶的思路，而是现在商业做茶的思路
	调味品营销第一书 陈小龙 著	国内唯一一本调味品营销的书	唯一的调味品营销的书，调味品的从业者一定要看
	快消品营销人的第一本书：从入门到精通 刘 雷 伯建新 著	快消行业必读书，从入门到专业	深入细致，易学易懂
	变局下的快消品营销实战策略 杨永华 著	通胀了，成本增加，如何从被动应战变成主动的"系统战"	作者对快消品行业非常熟悉、非常实战
	快消品经销商如何快速做大 杨永华 著	本书完全从实战的角度，评述现象，解析误区，揭示原理，传授方法	为转型期的经销商提供了解决思路，指出了发展方向
	一位销售经理的工作心得 蒋 军 著	一线营销管理人员想提升业绩却无从下手时，可以看这本书	一线的真实感悟
	快消品营销：一位销售经理的工作心得2 蒋 军 著	快消品、食品饮料营销的经验之谈，重点图书	来源与实战的精华总结
	快消品营销与渠道管理 谭长春 著	将快消品标杆企业渠道管理的经验和方法分享出来	可口可乐、华润的一些具体的渠道管理经验，实战
	成为优秀的快消品区域经理 伯建新 著	37 个"怎么办"分析区域经理的工作关键点	可以作为区域经理的'速成催化器'
	销售轨迹：一位快消品营销总监的拼搏之路 秦国伟 著	本书讲述了一个普通销售员打拼成为跨国企业营销总监的真实奋斗历程	激励人心，给广大销售员以力量和鼓舞
	快消老手都在这样做：区域经理操盘锦囊 方刚 著	非常接地气，全是多年沉淀下来的干货，丰富的一线经验和实操方法不可多得	在市场摸爬滚打的"老油条"，那些独家绝招妙招一般你问都是问不来的
	动销四维：全程辅导与新品上市 高继中 著	从产品、渠道、促销和新品上市详细讲解提高动销的具体方法，总结作者 18 年的快消品行业经验，方法实操	内容全面系统，方法实操
农业	中小农业企业品牌战法 韩 旭 著	将中小农业企业品牌建设的方法，从理论讲到实践，具有指导性	全面把握品牌规划，传播推广，落地执行的具体措施
	农资营销实战全指导 张 博 著	农资如何向"深度营销"转型，从理论到实践进行系统剖析，经验资深	朴实、使用！不可多得的农资营销实战指导
	农产品营销第一书 胡浪球 著	从农业企业战略到市场开拓、营销、品牌、模式等	来源于实践中的思考，有启发
	变局下的农牧企业 9 大成长策略 彭志雄 著	食品安全、纵向延伸、横向联合、品牌建设……	唯一的农牧企业经营实操的书，农牧企业一定要看

医药	新医改下的医药营销与团队管理 史立臣 著	探讨新医改对医药行业的系列影响和医药团队管理	帮助理清思路,有一个框架
	医药营销与处方药学术推广 马宝琳 著	如何用医学策划把"平民产品"变成"明星产品"	有真货、讲真话的作者,堪称处方药营销的经典!
	新医改了,药店就要这样开 尚锋 著	药店经营、管理、营销全攻略	有很强的实战性和可操作性
	电商来了,实体药店如何突围 尚锋 著	电商崛起,药店该如何突围?本书从促销、会员服务、专业性、客单价等多重角度给出了指导方向	实战攻略,拿来就能用
	在中国,医药营销这样做:时代方略精选文集 段继东 主编	专注于医药营销咨询15年,将医药营销方法的精华文章合编,深入全面	可谓医药营销领域的顶尖著作,医药界读者的必读书
	OTC医药代表药店销售36计 鄢圣安 著	以《三十六计》为线,写OTC医药代表向药店销售的一些技巧与策略	案例丰富,生动真实,实操性强
	OTC医药代表药店开发与维护 鄢圣安 著	要做到一名专业的医药代表,需要做什么、准备什么、知识储备、操作技巧等	医药代表药店拜访的指导手册,手把手教你快速上手
	引爆药店成交率1:店员导购实战 范月明 著	一本书解决药店导购所有难题	情景化、真实化、实战化
	引爆药店成交率2:经营落地实战 范月明 著	最接地气的经营方法全指导	揭示了药店经营的几类关键问题
	医药企业转型升级战略 史立臣 著	药企转型升级有5大途径,并给出落地步骤及风险控制方法	实操性强,有作者个人经验总结及分析
建材家居	建材家居营销实务 程绍珊 杨鸿贵 主编	价值营销运用到建材家居,每一步都让客户增值	有自己的系统、实战
	建材家居门店销量提升 贾同领 著	店面选址、广告投放、推广助销、空间布局、店面运营等	门店销量提升是一个系统工程,非常系统、实战
	10步成为最棒的建材家居门店店长 徐伟泽 著	实际方法易学易用,让员工能够迅速成长,成为独当一面的好店长	只要坚持这样干,一定能成为好店长
	手把手帮建材家居导购业绩倍增:成为顶尖的门店店员 熊亚柱 著	生动的表现形式,让普通人也能成为优秀的导购员,让门店业绩长红	读着有趣,用着简单,一本在手、业绩无忧
	建材家居经销商实战42章经 王庆云 著	告诉经销商:老板怎么当、团队怎么带、生意怎么做	忠言逆耳,看着不舒服就对了,实战总结,用一招半式就值了
工业品	销售是门专业活:B2B、工业品 陆和平 著	销售流程就应该跟着客户的采购流程和关注点的变化向前推进,将一个完整的销售过程分成十个阶段,提供具体方法	销售不是请客吃饭拉关系,是个专业的活计!方法在手,走遍天下不愁
	解决方案营销实战案例 刘祖轲 著	用10个真案例讲明白什么是工业品的解决方案式营销,实战、实用	有干货,真正操作过的才能写得出来
	变局下的工业品企业7大机遇 叶敦明 著	产业链条的整合机会、盈利模式的复制机会、营销红利的机会、工业服务商转型机会……	工业品企业还可以这样做,思维大突破
	工业品市场部实战全指导 杜忠 著	工业品市场部经理工作内容全指导	系统、全面、有理论、有方法,帮助工业品市场部经理更快提升专业能力
	工业品营销管理实务 李洪道 著	中国特色工业品营销体系的全面深化、工业品营销管理体系优化升级	工具更实战,案例更鲜活,内容更深化
	工业品企业如何做品牌 张东利 著	为工业品企业提供最全面的品牌建设思路	有策略、有方法、有思路、有工具
	丁兴良讲工业4.0 丁兴良 著	没有枯燥的理论和说教,用朴实直白的语言告诉你工业4.0的全貌	工业4.0是什么?本书告诉你答案

	书名．作者	内容/特色	读者价值
工业品	资深大客户经理:策略准,执行狠 叶敦明 著	从业务开发、发起攻势、关系培育、职业成长四个方面,详述了大客户营销的精髓	满满的全是干货
	一切为了订单:订单驱动下的工业品营销实战 唐道明 著	其实,所有的企业都在围绕着两个字在开展全部的经营和管理工作,那就是"订单"	开发订单、满足订单、扩大订单。本书全是实操方法,字字珠玑、句句干货,教你获得营销的胜利
金融	交易心理分析 (美)马克·道格拉斯 著 刘真如 译	作者一语道破赢家的思考方式,并提供了具体的训练方法	不愧是投资心理的第一书,绝对经典
	精品银行管理之道 崔海鹏 何屹 主编	中小银行转型的实战经验总结	中小银行的教材很多,实战类的书很少,可以看看
	支付战争 Eric M. Jackson 著 徐彬 王晓 译	PayPal 创业期营销官,亲身讲述 PayPal 从诞生到壮大到成功出售的整个历史	激烈、有趣的内幕商战故事! 了解美国支付市场的风云巨变
房地产	产业园区/产业地产规划、招商、运营实战 阎立忠 著	目前中国第一本系统解读产业园区和产业地产建设运营的实战宝典	从认知、策划、招商到运营全面了解地产策划
	人文商业地产策划 戴欣明 著	城市与商业地产战略定位的关键是不可复制性,要发现独一无二的"味道"	突破千城一面的策划困局
	电影院的下一个黄金十年:开发·差异化·案例 李保煜 著	对目前电影院市场存大的问题及如何解决进行了探讨与解读	多角度了解电影院运营方式及代表性案例

经营类:企业如何赚钱,如何抓机会,如何突破,如何"开源"

	书名．作者	内容/特色	读者价值
抓方向	让经营回归简单．升级版 宋新宇 著	化繁为简抓住经营本质:战略、客户、产品、员工、成长	经典,做企业就这几个关键点!
	公司由小到大要过哪些坎 卢强 著	老板手里的一张"企业成长路线图"	现在我在哪儿,未来还要走哪些路,都清楚了
	企业二次创业成功路线图 夏惊鸣 著	企业曾经抓住机会成功了,但下一步该怎么办?	企业怎样获得第二次成功,心里有个大框架了
	老板经理人双赢之道 陈明 著	经理人怎样选平台、怎么开局,老板怎样选/育/用/留	老板生闷气,经理人牢骚大,这次知道该怎么办了
	简单思考:AMT 咨询创始人自述 孔祥云 著	著名咨询公司(AMT)的 CEO 创业历程中点点滴滴的经验与思考	每一位咨询人,每一位创业者和管理经营者,都值得一读
	企业文化的逻辑 王祥伍 黄健江 著	为什么企业绩效如此不同,解开绩效背后的文化密码	少有的深刻,有品质,读起来很流畅
	使命驱动企业成长 高可为 著	钱能让一个人今天努力,使命能让一群人长期努力	对于想做事业的人,'使命'是绕不过去的
思维突破	移动互联新玩法:未来商业的格局和趋势 史贤龙 著	传统商业、电商、移动互联,三个世界并存,这种新格局的玩法一定要懂	看清热点的本质,把握行业先机,一本书搞定移动互联网
	画出公司的互联网进化路线图:用互联网思维重塑产品、客户和价值 李蓓 著	18 个问题帮助企业一步步梳理出互联网转型思路	思路清晰、案例丰富,非常有启发性
	重生战略:移动互联网和大数据时代的转型法则 沈拓 著	在移动互联网和大数据时代,传统企业转型如同生命体打算与再造,称之为"重生战略"	帮助企业认清移动互联网环境下的变化和应对之道
	创造增量市场:传统企业互联网转型之道 刘红明 著	传统企业需要用互联网思维去创造增量,而不是用电子商务去转移传统业务的存量	教你怎么在"互联网＋"的海洋中创造实实在在的增量
	7 个转变,让公司 3 年胜出 李蓓 著	消费者主权时代,企业该怎么办	这就是互联网思维,老板有能这样想,肯定倒不了

分类	书名·作者	内容/特色	读者价值
思维突破	跳出同质思维，从跟随到领先 郭剑 著	66个精彩案例剖析，帮助老板突破行业长期思维惯性	做企业竟然有这么多玩法，开眼界
	麻烦就是需求 难题就是商机 卢根鑫 著	如何借助客户的眼睛发现商机	什么是真商机，怎么判断、怎么抓，有借鉴
	互联网+"变"与"不变"：本土管理实践与创新论坛集萃·2016 本土管理实践与创新论坛 著	加速本土管理思想的孕育诞生，促进本土管理创新成果更好地服务企业、贡献社会	各个作者本年度最新思想，帮助读者拓宽眼界、突破思维
财务	写给企业家的公司与家庭财务规划——从创业成功到富足退休 周荣辉 著	本书以企业的发展周期为主线，写各阶段企业与企业主家庭的财务规划	为读者处理人生各阶段企业与家庭的财务问题提供建议及方法，让家庭成员真正享受财富带来的益处
	互联网时代的成本观 程翔 著	本书结合互联网时代提出了成本的多维观，揭示了多维组合成本的互联网精神和大数据特征，论述了其产生背景、实现思路和应用价值	在传统成本观下为盈利的业务，在新环境下也许就成为亏损业务。帮助管理者从新的角度来看待成本，进一步做好精益管理

管理类：效率如何提升，如何实现经营目标，如何"节流"

分类	书名·作者	内容/特色	读者价值
通用管理	1. 让管理回归简单·升级版 2. 让经营回归简单·升级版 3. 让用人回归简单 宋新宇 著	宋博士的"简单"三部曲，影响20万读者，非常经典	被读者热情地称作"中小企业的管理圣经"
	分股合心：股权激励这样做 段磊 周剑 著	通过丰富的案例，详细介绍了股权激励的知识和实行方法	内容丰富全面、易读易懂，了解股权激励，有这一本就够了
	边干边学做老板 黄中强 著	创业20多年的老板，有经验、能写、又愿意分享，这样的书很少	处处共鸣，帮助中小企业老板少走弯路
	阿米巴经营的中国模式 李志华 著	让员工从"要我干"到"我要干"，价值量化出来	阿米巴在企业如何落地，明白思路了
通用管理	中国式阿米巴落地实践之激活组织 胡八一 著	重点讲解如何科学划分阿米巴单元，阐述划分的实操要领、思路、方法、技术与工具	最大限度减少"推行风险"和"摸索成本"，利于公司成功搭建适合自身的个性化阿米巴经营体系
	欧博心法：好管理靠修行 曾伟 著	用佛家的智慧，深刻剖析管理问题，见解独到	如果真的有'中国式管理'，曾老师是其中标志性人物
流程管理	1. 用流程解放管理者 2. 用流程解放管理者2 张国祥 著	中小企业阅读的流程管理、企业规范化的书	通俗易懂，理论和实践的结合恰到好处
	跟我们学建流程体系 陈立云 著	畅销书《跟我们学做流程管理》系列，更实操，更细致，更深入	更多地分享实践，分享感悟，从实践总结出来的方法论
质量管理	1. ISO9001：2015新版质量管理体系详解与案例文件汇编 2. ISO14001：2015新版环境管理体系详解与案例文件汇编 谭洪华 著	紧密围绕2015新版，逐条详细解读，工具可以直接套用，易学易上手	企业认证、内审必备
战略落地	重生——中国企业的战略转型 施炜 著	从前瞻和适用的角度，对中国企业战略转型的方向、路径及策略性举措提出了一些概要性的建议和意见	对企业有战略指导意义
	公司大了怎么管：从靠英雄到靠组织 AMT 金国华 著	第一次详尽阐释中国快速成长型企业的特点、问题及解决之道	帮助快速成长型企业领导与管理团队理清思路，突破瓶颈
	低效会议怎么改：每年节省一半会议成本的秘密 AMT 王玉荣 著	教你如何系统规划公司的各级会议，一本工具书	教会你科学管理会议的办法

战略落地	年初订计划，年尾有结果：战略落地七步成诗 AMT 郭晓 著	7个步骤教会你怎么让公司制定的战略转变为行动	系统规划，有效指导计划实现
人力资源	回归本源看绩效 孙 波 著	让绩效回顾"改进工具"的本源，真正为企业所用	确实是来源于实践的思考，有共鸣
	世界500强资深培训经理人教你做培训管理 陈 锐 著	从7大角度具体细致地讲解了培训管理的核心内容	专业、实用、接地气
	曹子祥教你做激励性薪酬设计 曹子祥 著	以激励性为指导，系统性地介绍了薪酬体系及关键岗位的薪酬设计模式	深入浅出，一本书学会薪酬设计
	曹子祥教你做绩效管理 曹子祥 著	复杂的理论通俗化，专业的知识简单化，企业绩效管理共性问题的解决方案	轻松掌握绩效管理
	把招聘做到极致 远 鸣 著	作为世界500强高级招聘经理，作者数十年招聘经验的总结分享	带来职场思考境界的提升和具体招聘方法的学习
	人才评价中心·超级漫画版 邢 雷 著	专业的主题，漫画的形式，只此一本	没想到一本专业的书，能写成这效果
	走出薪酬管理误区 全怀周 著	剖析薪酬管理的8大误区，真正发挥好枢纽作用	值得企业深读的实用教案
	集团化人力资源管理实践 李小勇 著	对搭建集团化的企业很有帮助，务实，实用	最大的亮点不是理论，而是结合实际的深入剖析
	我的人力资源咨询笔记 张 伟 著	管理咨询师的视角，思考企业的HR管理	通过咨询师的眼睛对比很多企业，有启发
	本土化人力资源管理8大思维 周 剑 著	成熟HR理论，在本土中小企业实践中的探索和思考	对企业的现实困境有真切体会，有启发
	HRBP是这样炼成之的"菜鸟起飞" 新 海 著	以小说的形式，具体解析HRBP的职责，应该如何操作，如何为业务服务	实践者的经验分享，内容实务具体，形式有趣
企业文化	华夏基石方法：企业文化落地本土实践 王祥伍 谭俊峰 著	十年积累、原创方法、一线资料，和盘托出	在文化落地方面真正有洞察，有实操价值的书
	企业文化的逻辑 王祥伍 著	为什么企业之间如此不同，解开绩效背后的文化密码	少有的深刻，有品质，读起来很流畅
	企业文化激活沟通 宋杼宸 安 琪 著	透过新任HR总经理的眼睛，揭示出沟通与企业文化的关系	有实际指导作用的文化落地读本
	在组织中绽放自我：从专业化到职业化 朱仁健 王祥伍 著	个人如何融入组织，组织如何助力个人成长	帮助企业员工快速认同并投入到组织中去，为企业发展贡献力量
	企业文化定位·落地一本通 王明胤 著	把高深枯燥的专业理论创建成一套系统化、实操化、简单化的企业文化缔造方法	对企业文化不了解，不会做？有这一本从概念到实操，就够了
生产管理	高员工流失率下的精益生产 余伟辉 著	中国的精益生产必须面对和解决高员工流失率问题	确实来源于本土的工厂车间，很务实
	车间人员管理那些事儿 岑立聪 著	车间人员管理中处理各种"疑难杂症"的经验和方法	基层车间管理者最闹心、头疼的事，'打包'解决
	1. 欧博心法：好管理靠修行 2. 欧博心法：好工厂这样管 曾 伟 著	他是本土最大的制造业管理咨询机构创始人，他从400多个项目、上万家企业实践中锤炼出的欧博心法	中小制造型企业，一定会有很强的共鸣

	书名.作者	内容/特色	读者价值
生产管理	欧博工厂案例1:生产计划管控对话录 欧博工厂案例2:品质技术改善对话录 欧博工厂案例3:员工执行力提升对话录 曾　伟　著	最典型的问题、最详尽的解析,工厂管理9大问题27个经典案例	没想到说得这么细,超出想象,案例很典型,照搬都可以了
	苦中得乐:管理者的第一堂必修课 曾　伟　编著	曾伟与师傅大愿法师的对话,佛学与管理实践的碰撞,管理禅的修行之道	用佛学最高智慧看透管理
	比日本工厂更高效1:管理提升无极限 刘承元　著	指出制造型企业管理的六大积弊;颠覆流行的错误认知;掌握精益管理的精髓	每一个企业都有自己不同的问题,管理没有一剑封喉的秘笈,要从现场、现物、现实出发
	比日本工厂更高效2:超强经营力 刘承元　著	企业要获得持续盈利,就要开源和节流,即实现销售最大化,费用最小化	掌握提升工厂效率的全新方法
	比日本工厂更高效3:精益改善力的成功实践 刘承元　著	工厂全面改善系统有其独特的目的取向特征,着眼于企业经营体质(持续竞争力)的建设与提升	用持续改善力来飞速提升工厂的效率,高效率能够带来意想不到的高效益
	3A顾问精益实践1:IE与效率提升 党新民　苏迎斌　蓝旭日　著	系统的阐述了IE技术的来龙去脉以及操作方法	使员工与企业持续获利
	3A顾问精益实践2:JIT与精益改善 肖志军　党新民　著	只在需要的时候,按需要的量,生产所需的产品	提升工厂效率
员工素质提升	跟老板"偷师"学创业 吴江萍　余晓雷　著	边学边干,边观察边成长,你也可以当老板	不同于其他类型的创业书,让你在工作中积累创业经验,一举成功
	销售轨迹:一位快消品营销总监的拼搏之路 秦国伟　著	本书讲述了一个普通销售员打拼成为跨国企业营销总监的真实奋斗历程	激励人心,给广大销售员以力量和鼓舞
	在组织中绽放自我:从专业化到职业化 朱仁健　王祥伍　著	个人如何融入组织,组织如何助力个人成长	帮助企业员工快速认同并投入到组织中去,为企业发展贡献力量
	企业员工弟子规:用心做小事,成就大事业 贾同领　著	从传统文化《弟子规》中学习企业中为人处事的办法,从自身做起	点滴小事,修养自身,从自身的改善得到事业的提升
	手把手教你做顶尖企业内训师:TTT培训师宝典 熊亚柱　著	从课程研发到现场把控、个人提升都有涉及,易读易懂,内容丰富全面	想要做企业内训师的员工有福了,本书教你如何抓住关键,从入门到精通

营销类:把客户需求融入企业各环节,提供"客户认为"有价值的东西

	书名.作者	内容/特色	读者价值
营销模式	动销操盘:节奏掌控与社群时代新战法 朱志明　著	在社群时代把握好产品生产销售的节奏,解析动销的症结,寻找动销的规律与方法	都是易读易懂的干货!对动销方法的全面解析和操盘
	变局下的营销模式升级 程绍珊　叶宁著	客户驱动模式、技术驱动模式、资源驱动模式	很多行业的营销模式被颠覆,调整的思路有了!
	卖轮子 科克斯【美】	小说版的营销学!营销理念巧妙贯穿其中,贵在既有趣,又有深度	经典、有趣!一个故事读懂营销精髓
	弱势品牌如何做营销 李政权　著	中小企业虽有品牌但没名气,营销照样能做的有声有色	没有丰富的实操经验,写不出这么具体、详实的案例和步骤,很有启发

营销模式	老板如何管营销 史贤龙 著	高段位营销16招,好学好用	老板能看,营销人也能看
	动销:产品是如何畅销起来的 吴江萍 余晓雷 著	真真切切告诉你,产品究竟怎么才能卖出去	击中痛点,提供方法,你值得拥有
销售	资深大客户经理:策略准,执行狠 叶敦明 著	从业务开发、发起攻势、关系培育、职业成长四个方面,详述了大客户营销的精髓	满满的全是干货
	销售是门专业活:B2B、工业品 陆和平 著	销售流程就应该跟着客户的采购流程和关注点的变化向前推进,将一个完整的销售过程分成十个阶段,提供具体方法	销售不是请客吃饭拉关系,是个专业的活计!方法在手,走遍天下不愁
	向高层销售:与决策者有效打交道 贺兵一 著	一套完整有效的销售策略	有工具,有方法,有案例,通俗易懂
	卖轮子 科克斯【美】	小说版的营销学!营销理念巧妙贯穿其中,贵在既有趣,又有深度	经典、有趣!一个故事读懂营销精髓
	学话术 卖产品 张小虎 著	分析常见的顾客异议,将优秀的话术模块化	让普通导购员也能成为销售精英
组织和团队	升级你的营销组织 程绍珊 吴越舟 著	用"有机性"的营销组织替代"营销能人",营销团队变成"铁营盘"	营销队伍最难管,程老师不愧是营销第1操盘手,步骤方法都很成熟
	用数字解放营销人 黄润霖 著	通过量化帮助营销人员提高工作效率	作者很用心,很好的常备工具书
	成为优秀的快消品区域经理 伯建新 著	37个"怎么办"分析区域经理的工作关键点	可以作为区域经理的'速成催化器'
	一位销售经理的工作心得 蒋军 著	一线营销管理人员想提升业绩却无从下手时,可以看看这本书	一线的真实感悟
	快消品营销:一位销售经理的工作心得2 蒋军 著	快消品、食品饮料营销的经验之谈,重点突出	来源于实战的精华总结
	销售轨迹:一位快消品营销总监的拼搏之路 秦国伟 著	本书讲述了一个普通销售员打拼成为跨国企业营销总监的真实奋斗历程	激励人心,给广大销售员以力量和鼓舞
组织和团队	用营销计划锁定胜局:用数字解放营销人2 黄润霖 著	全方位教你怎么做好营销计划,好学好用真简单	照搬套用就行,做营销计划再也不头痛
	快消品营销人的第一本书:从入门到精通 刘雷 伯建新 著	快消行业必读书,从入门到专业	深入细致,易学易懂
产品	产品炼金术Ⅰ:如何打造畅销产品 史贤龙 著	满足不同阶段、不同体量、不同行业企业对产品的完整需求	必须具备的思维和方法,避免在产品问题上走弯路
	产品炼金术Ⅱ:如何用产品驱动企业成长 史贤龙 著	做好产品,关注产品的品质,就是企业成功的第一步	必须具备的思维和方法,避免在产品问题上走弯路
	新产品开发管理,就用IPD 郭富才 著	10年IPD研发管理咨询总结,国内首部IPD专业著作	一本书掌握IPD管理精髓
品牌	中小企业如何建品牌 梁小平 著	中小企业建品牌的入门读本,通俗、易懂	对建品牌有了一个整体框架
	采纳方法:破解本土营销8大难题 朱玉童 编著	全面、系统、案例丰富、图文并茂	希望在品牌营销方面有所突破的人,应该看看
	中国品牌营销十三战法 朱玉童 编著	采纳20年来的品牌策划方法,同时配有大量的案例	众包方式写作,丰富案例给人启发,极具价值
	今后这样做品牌:移动互联时代的品牌营销策略 蒋军 著	与移动互联紧密结合,告诉你老方法还能不能用,新方法怎么用	今后这样做品牌就对了

品牌	中小企业如何打造区域强势品牌 吴之 著	帮助区域的中小企业打造自身品牌,如何在强壮自身的基础上往外拓展	梳理误区,系统思考品牌问题,切实符合中小区域品牌的自身特点进行阐述
渠道通路	快消品营销与渠道管理 谭长春 著	将快消品标杆企业渠道管理的经验和方法分享出来	可口可乐、华润的一些具体的渠道管理经验,实战
	传统行业如何用网络拿订单 张 进 著	给老板看的第一本网络营销书	适合不懂网络技术的经营决策者看
	采纳方法:化解渠道冲突 朱玉童 编著	系统剖析渠道冲突,21 个渠道冲突案例、情景式讲解,37 篇讲义	系统、全面
	学话术 卖产品 张小虎 著	分析常见的顾客异议,将优秀的话术模块化	让普通导购员也能成为销售精英
	向高层销售:与决策者有效打交道 贺兵一 著	一套完整有效的销售策略	有工具,有方法,有案例,通俗易懂
	通路精耕操作全解:快消品 20年实战精华 周 俊 陈小龙 著	通路精耕的详细全解,每一步的具体操作方法和表单全部无保留提供	康师傅二十年的经验和精华,实践证明的最有效方法,教你如何主宰通路

思想·文化

	书名．作者	内容/特色	读者价值
思想·文化	每个中国人身上的春秋基因 史贤龙 著	春秋 368 年(公元前 770－公元前 403 年),每一个中国人都可以在这段时期的历史中找到自己的祖先,看到真实发生的事件,同时也看到自己	长情商、识人心
	史幼波中庸讲记(上下册) 史幼波 著	全面、深入浅出地揭示儒家中庸文化的真谛	儒释道三家思想融汇贯通
	史幼波心经讲记(上下册) 史幼波 著	句句精讲,句句透彻,佛法经典的多角度阐释	通俗易懂,将深刻的教理以浅显的语言讲出来
	史幼波大学讲记 史幼波 著	用儒释道的观点阐释大学的深刻思想	一本书读懂传统文化经典
	史幼波《周子通书》《太极图说》讲记 史幼波 著	把形而上的宇宙、天地,与形而下的社会、人生、经济、文化等融合在一起	将儒家的一整套学修系统融合起来